国家级职业教育规划教材
人力资源和社会保障部职业能力建设司推荐
高等职业技术院校汽车类专业教材

汽车电工电子技术基础

人力资源社会保障部教材办公室　组织编写

主　编　邵展图

副主编　唐培林

中国劳动社会保障出版社

简介

本书主要内容包括直流电路、磁场与电磁感应、交流电、二极管与晶闸管、三极管与集成运算放大器、脉冲数字电路、纯电动汽车与电源变换器等。

本书由邵展图任主编，唐培林任副主编，魏敏、侯荣、王惠祥、何薇、吴厚云、秦珊珊、蒋莉莉、王海霞、韩玉思参与编写。

图书在版编目（CIP）数据

汽车电工电子技术基础 / 人力资源社会保障部教材办公室组织编写；邵展图主编 . -- 北京：中国劳动社会保障出版社，2022

高等职业技术院校汽车类专业教材

ISBN 978-7-5167-5378-1

Ⅰ. ①汽… Ⅱ. ①人… ②邵… Ⅲ. 汽车 - 电工技术 - 高等职业教育 - 教材②汽车 - 电子技术 - 高等职业教育 - 教材 Ⅳ. ①U463.6

中国版本图书馆 CIP 数据核字（2022）第 189926 号

中国劳动社会保障出版社出版发行

（北京市惠新东街 1 号 邮政编码：100029）

*

北京市白帆印务有限公司印刷装订 新华书店经销

787 毫米 ×1092 毫米 16 开本 16.25 印张 283 千字

2022 年 11 月第 1 版 2023 年 12 月第 5 次印刷

定价：36.00 元

营销中心电话：400-606-6496

出版社网址：http://www.class.com.cn

http://jg.class.com.cn

前 言

为了更好地适应全国高等职业技术院校汽车类专业的教学要求，全面提升教学质量，人力资源社会保障部教材办公室组织有关学校的骨干教师和行业、企业专家，在充分调研企业生产和学校教学情况、广泛听取教师对现有教材反馈意见的基础上，吸收和借鉴各地高等职业技术院校教学改革的成功经验，对现有全国高等职业技术院校汽车类专业教材进行了修订（新编）。

本次教材修订（新编）工作的重点主要体现在以下几个方面：

第一，合理更新教材内容。

根据企业岗位和教学实践的需求变化，确定学生应具备的能力与知识结构，调整部分教材内容，使知识点与技能点的深度、难度、广度与实际需求相匹配；根据相关专业领域的最新发展，淘汰陈旧过时的内容，补充新知识、新技术、新设备、新材料方面的内容；根据最新的国家技术标准编写教材内容，保证教材的科学性和规范性。

第二，加强实践技能的培养。

根据就业岗位对技能型人才所需能力的要求，进一步加强实践性教学内容，采用理论知识与技能训练一体化的编写模式，以体现“做中学”“学中做”的教学理念。

第三，精心设计教材形式。

在教材的呈现形式上，尽可能使用图片、实物照片和表格等将知识点生动地展示出来，力求让学生更直观地理解和掌握所学内容。

第四，提供全方位的教学服务。

本套教材配有习题册、电子课件、习题册答案和二维码微视频，电子课件和习题册答案可通过技工教育网（http://jg.class.com.cn）下载。

本次教材的修订（新编）工作得到了辽宁、吉林、江苏、山东、河南、广东等省人力资源社会保障厅及有关学校的大力支持，在此我们表示诚挚的谢意。

人力资源社会保障部教材办公室

2021 年 3 月

目　录

CONTENTS

第一章

直流电路

§1-1　电路的基本概念

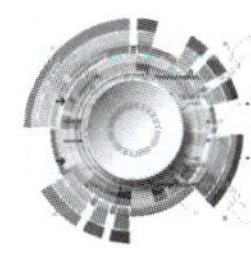

学习目标

1. 掌握电路的基本组成和基本物理量。
2. 掌握电功和电功率的概念。
3. 理解电路的三种状态。
4. 了解汽车电气实训室环境和安全操作规程。

汽车是典型的机电一体化产品。汽车中的各种电气设备（如电动机、发电机、照明、仪表、空调等）、电子控制装置（如燃油喷射装置、自动变速装置等）和通信网络（如CAN 总线等），都是依靠各种电路工作和连接的。其中，直流电路是各种电路的基础。

一、电路的组成和作用

1. 电路的组成

电路是指电流流通的路径。图 1–1–1 所示为一例最简单的电路，图 1–1–2 所示为汽车单线制电路示意图。

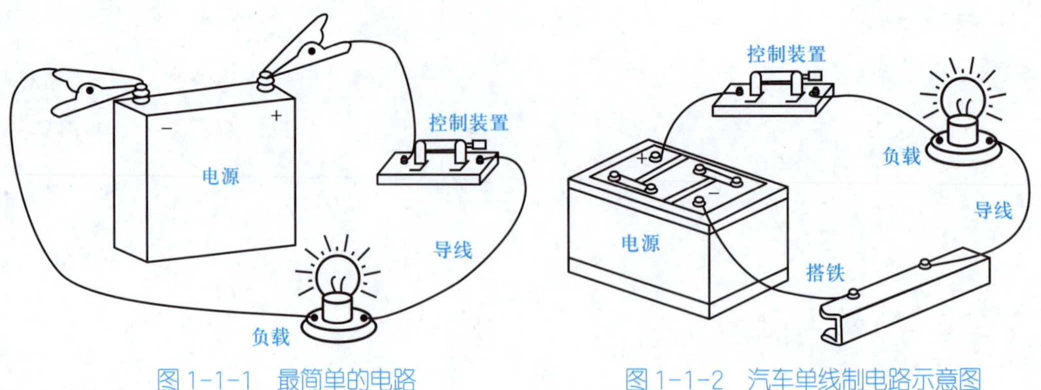

图 1-1-1　最简单的电路　　图 1-1-2　汽车单线制电路示意图

电路一般由以下四个基本部分组成：

（1）电源

电源是为电路提供电能的设备，如蓄电池、发电机等都属于电源。

（2）负载

负载又称用电设备（用电器），其作用是将电能转换为其他形式的能，如电灯、扬声器、电动机等都属于负载。

（3）导线

导线的作用是连接电路、输送电能或传输信息。在汽车单线制电路中，“搭铁”也是一种特殊的导线形式。

（4）控制装置

控制装置的主要作用是控制电路的通断，如开关、继电器等都属于控制装置。有些电路中还装有保护装置，以保证电路的安全运行，如熔断器、热继电器、断路器等。

无论电路的构成如何复杂，电流总是在一个闭合回路中流动。在汽车单线制电路中，从电源到负载只用一根导线相连，称为“火线”，利用车架、电动机等金属机体作为另一根共用导线（搭铁线）构成回路。

2. 电路的作用

电路的作用一般可分为两类：一类是进行电能的传输、转换和利用，如照明电路、动力电路等；另一类是进行信息的产生、处理和传输，如测量电路、通信电路、计算机电路等。

应用链接

汽车蓄电池

1. 汽车蓄电池的类型

汽车蓄电池是一种将化学能转变为电能的装置，属于直流电源。按电解液酸碱性不同，蓄电池可分为酸性蓄电池和碱性蓄电池两种。按用途不同，蓄电池可分为汽车用起动型铅酸蓄电池和汽车用牵引型铅酸蓄电池两种。按加工工艺不同，汽车用起动型铅酸蓄电池又可分为普通蓄电池、干荷蓄电池、湿荷蓄电池、免维护蓄电池等。

电动汽车使用的动力蓄电池主要有铅酸蓄电池、金属氢化物镍蓄电池、锂离子蓄电池及燃料电池、超级电容器等。其中，锂离子蓄电池的应用最广泛。

2. 汽车蓄电池的功能

（1）当起动发动机时，为起动电动机提供强大的起动电流（高达 200 ~ 600 A）。

（2）当发电机过载时，可以协助发电机向用电设备供电。

（3）当发动机处于怠速运转时，可以向用电设备供电。

（4）当发电机端电压高于蓄电池的电动势时，可以对蓄电池进行充电。

（5）汽车蓄电池相当于一个大容量电容器，在发电机转速或用电负载发生较大变化时，可以保持电压相对稳定，同时还可以吸收瞬时高压，对汽车中的用电设备起到保护作用。

提示：内燃机汽车中的蓄电池主要是在汽车起动时提供电能，而纯电动汽车从起动到持续运行所需要的电能，都是由动力蓄电池所提供的。

二、电路的基本物理量

1. 电流

（1）电流的大小

通过导体横截面的电荷量 q 与通过这些电荷所用时间 t 的比值称为电流，用 I 表

示，即

$$I=\frac{q}{t}$$

电流的单位是安培（简称安），用 A 表示；电荷量的单位是库仑，用 C 表示；时间的单位是秒，用 s 表示。

如果在 1 s 内通过导体横截面的电荷量为 1 C，则导体中的电流就是 1 A。常用的电流单位还有毫安（mA）、微安（μA）等。

$$1\ \text{mA}=10^{-3}\ \text{A}\quad 1\ \mu\text{A}=10^{-3}\ \text{mA}=10^{-6}\ \text{A}$$

（2）电流的方向

电荷的定向移动形成电流。在金属导体中，实质上能定向移动的电荷是带负电的自由电子；在导电液体（如蓄电池电解液）中，能定向移动的电荷是正负离子（见图 1–1–3）。习惯上把正电荷移动的方向规定为电流的方向，因此，电流的方向实际上与自由电子和负离子移动的方向相反。

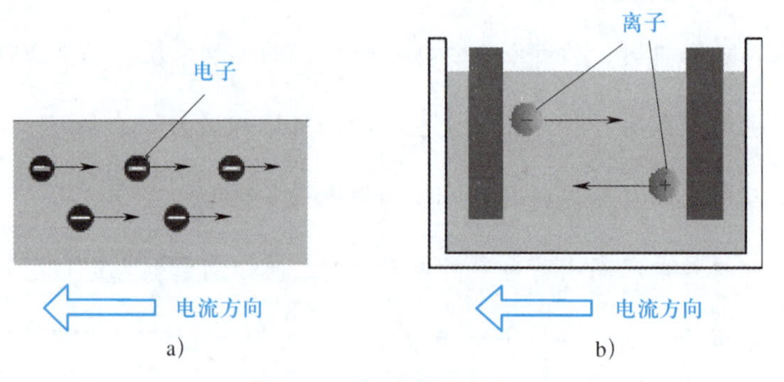

图 1–1–3　电流的方向

a）金属中的电流　b）电解液中的电流

若电流的方向不随时间的变化而变化，则称其为直流电，简称直流，用符号 DC 表示。其中，电流的大小和方向都不随时间变化的电流称为稳恒直流电（见图 1–1–4a）。本章讨论的直流电路就是指电路中通过的是稳恒直流电的电路。

电流大小随时间做周期性变化，而方向不变的电流称为脉动直流电（见图 1–1–4b）。电流大小和方向都随时间做相应变化的电流，称为交流电（见图 1–1–4c），简称交流，用符号 AC 表示。例如，蓄电池提供的是直流电，工业用动力电路、照明电路一般使用交流电。

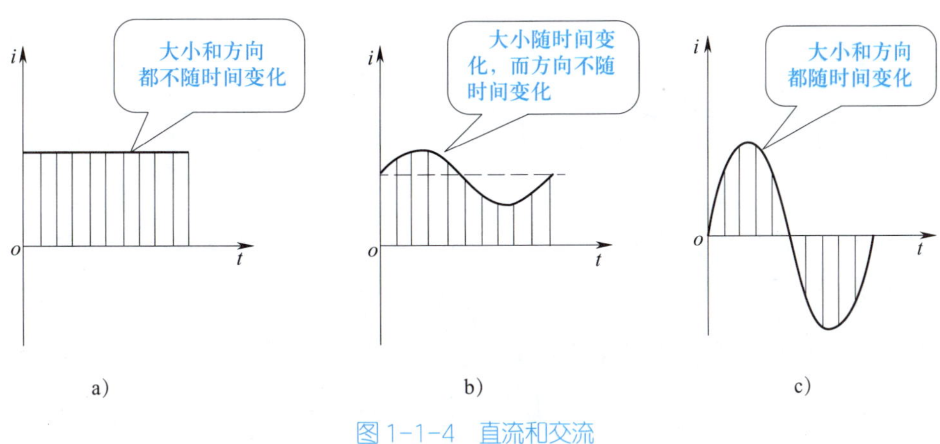

图 1-1-4　直流和交流

a）稳恒直流电　b）脉动直流电　c）交流电

（3）电流的测量

对交流、直流电流应分别使用交流电流表（或万用表交流电流挡）和直流电流表（或万用表直流电流挡）进行测量。电流表或万用表必须串接到被测量的电路中。图 1-1-5 所示为直流电流的测量。

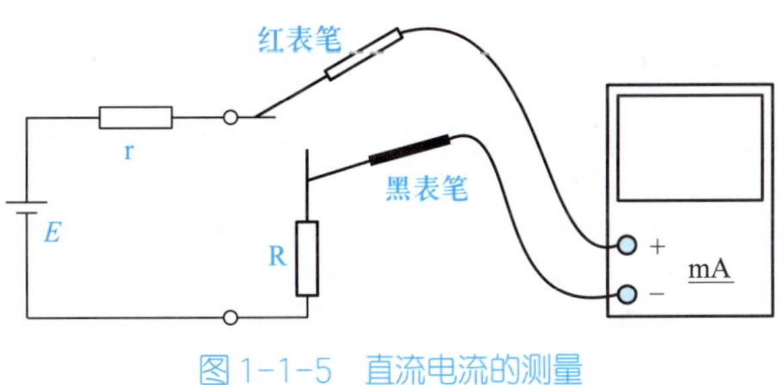

图 1-1-5　直流电流的测量

直流电流表表壳接线柱上标明的“+”“−”记号应与电路的极性一致，不能接错，否则指针会反偏（向反方向偏转），既影响正常测量，又容易损坏电流表。

一般被测电流的数值在电流表量程的一半以上，读数较为准确。因此，在测量之前应先估计被测电流大小，以便选择适当量程的电流表。若无法估计，可先用电流表的最大量程挡测量，当指针偏转不到 1/3 刻度时，再改用较小挡位去测量，直到测得正确数值为止。

在接入电流表后，若想对电路原有工作状况影响较小，则电流表的内阻应尽量小。

注意：在使用电流表时，不允许将电流表与负载并联，也不允许将电流表不经任何负载而直接连接到电源的两极，因为电流表的内阻很小，这样会造成电源短路，甚至损坏电流表。

2. 电压、电位和电动势

（1）电压

在外加电场的作用下，电场力将单位正电荷从 a 点移到 b 点所做的功称为 a、b 两点之间的电压，用 U_{ab} 表示。电压的单位为伏特，简称伏，用 V 表示。

交流、直流电压应分别采用交流电压表（或万用表交流电压挡）和直流电压表（或万用表直流电压挡）进行测量。电压表必须并联在被测电路的两端。图 1–1–6 所示为直流电压的测量。

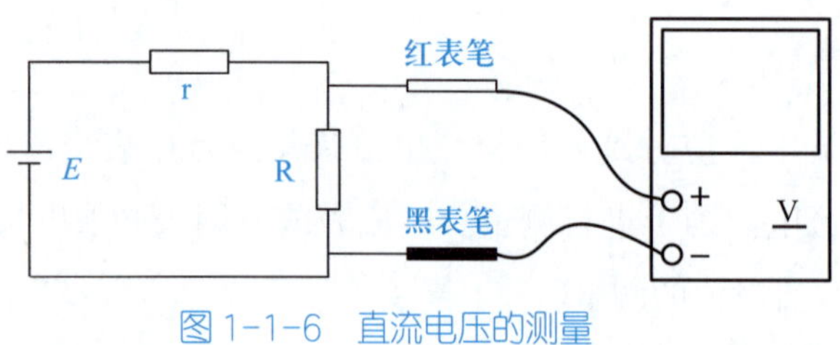

图 1–1–6　直流电压的测量

直流电压表表壳接线柱标明的“+”“–”记号应与被测两点的电位一致，即“+”端接高电位，“–”端接低电位，不能接错，否则指针会反偏，容易损坏电压表。

提示：应合理选择电压表的量程，其方法与电流表相同。

在接入电压表后，为了对电路的原有工作状况影响较小，电压表的内阻应尽量大，使通过电压表的电流相对于正常工作电流小到忽略不计。

（2）电位

如果在电路中选定一个参考点（即零电位点），则电路中某一点与参考点之间的电压即为该点的电位。电位的单位也是伏特。原则上参考点可以任意选择，但为了便于分析计算，在电力电路中常以大地作为参考点，其电路符号为“⏚”；在汽车电路中通常以金属车架作为参考点，其电路符号为“⊥”或“⊥”。高于参考点的电位取正，低于参考点的电位取负。

电路中任意两点之间的电位差等于这两点之间的电压，即 $U_{ab}=U_a-U_b$，故电压又称电位差。

（3）电动势

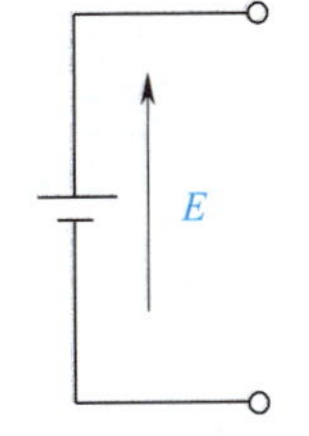

图 1-1-7 电动势的方向

电源将其他形式的能转化为电势能的能力用电动势来表征，常用 E 表示，单位为伏特。电源电动势在数值上等于电源没有接入电路时两极之间的电压，电动势的方向规定为在电源内部由负极指向正极，如图 1-1-7 所示。

3. 电阻

电阻反映导体对电流的阻碍作用。在同一段导体两端加上不同的电压，导体上的电流也不相同，电压 U 和电流 I 的比值称为电阻，用 R 表示。

电阻的单位为欧姆，简称欧，用 Ω 表示，还有千欧（kΩ）、兆欧（MΩ）等单位。导体的电阻是导体本身的一种性质，它的大小取决于导体的材料、长度和横截面积，可按下式计算

$$R=\rho\frac{l}{S}$$

式中，ρ 的单位为 Ω·m；l 的单位为 m；S 的单位为 m^2。

各种材料的电阻率随温度的变化而变化。一般来说，金属的电阻率随温度升高而增大；电解液、半导体和绝缘体的电阻率随温度升高而减小；有些合金，如锰铜合金和镍铜合金的电阻几乎不受温度变化的影响，常用来制作标准电阻。

某些特殊材料制成的电阻，对温度、电压、湿度、光照、气体、磁场、压力等作用特别敏感，称为敏感电阻，如热敏电阻、压敏电阻、湿敏电阻、光敏电阻等。其中，阻值随温度而减小的热敏电阻称为负温度系数（NTC）的热敏电阻，阻值随温度而增大的热敏电阻称为正温度系数（PTC）的热敏电阻。

传感器是一种检测装置，能够感受被测量的信息，并将感受到的信息按一定规律变换为电信号或其他所需形式的信息输出。利用热敏电阻对于温度的敏感特性，可将其制成电阻式温度传感器，其在汽车电路中有广泛的应用。

通常使用万用表测量电阻，测量方法见表 1-1-1。

表 1-1-1　使用万用表测量电阻

测量步骤	示意图
1. 准备测量电路中的电阻时应先切断电源，切不可带电测量	Ω R1 R2 SA GB
2. 先估计被测电阻的大小，选择适当的倍率挡，然后调零，即将两支表笔相触，旋动调零电位器，使指针指在零位	∞ 0 R×1k 调零电位器 + −
3. 测量时双手不可碰到电阻引脚及表笔金属部分，以免接入人体电阻，引起测量误差	Ω × R
4. 测量电路中某一电阻时，应将电阻的一端断开	R1 R2 断开 × R Ω SA GB

应用链接

电阻器在汽车电路中的应用

1. 可变电阻的应用

图 1-1-8 所示为一种具有 3 个引出端的可变电阻，又称电位器。电流通过电阻搭

铁，滑臂（接触弹簧）依据其在电阻片（或线圈）上的位置不同产生一个介于源电压和零电压之间的输出电压。在汽车电控系统中，电位器常用于检测某一机械部件的运动状况，如加速踏板位置传感器、节气门位置传感器（见图 1–1–9）等。

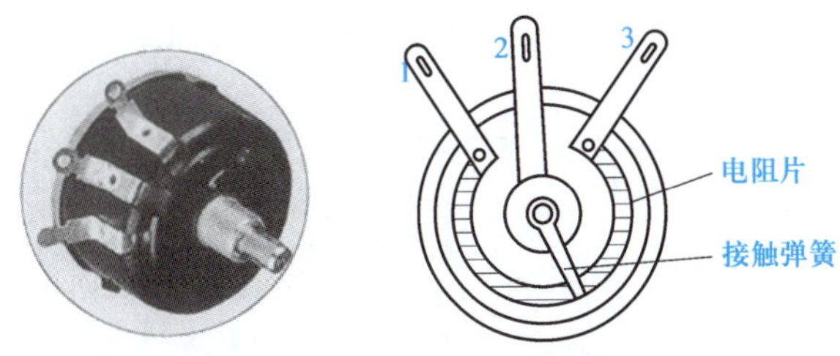

图 1–1–8　可变电阻（电位器）

a)

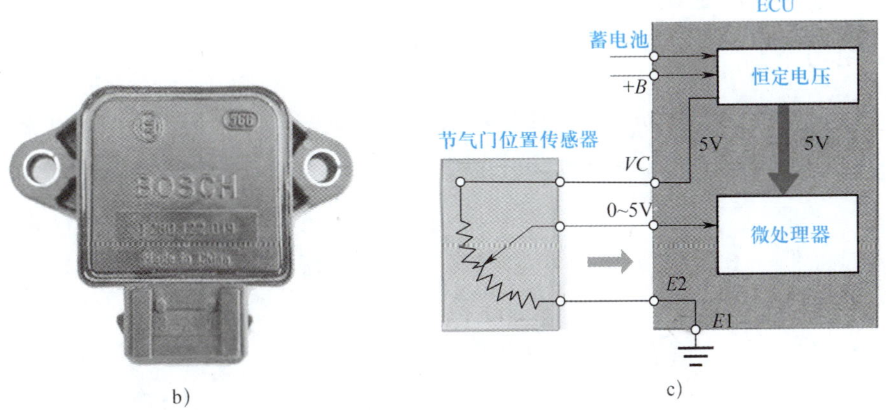

b)　c)

图 1–1–9　节气门位置传感器

a）在汽车中的安装位置　b）实物图　c）电路原理图

2. 热敏电阻的应用

图 1-1-10 所示为热敏电阻式燃油低油面报警电路。

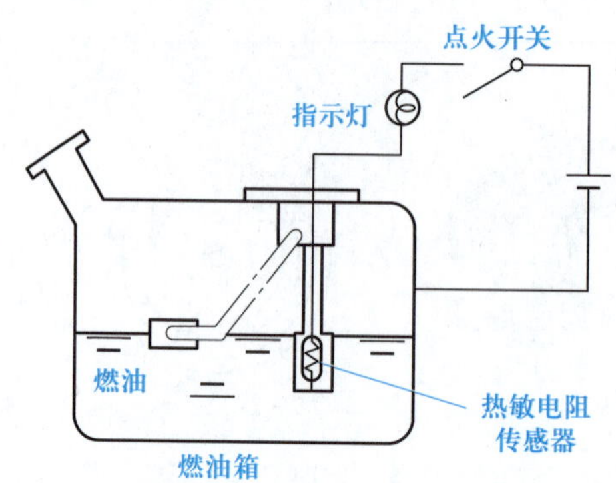

图 1-1-10　热敏电阻式燃油低油面报警电路

电路中的热敏电阻传感器为负温度系数（NTC）的热敏电阻传感器。当热敏电阻传感器浸于油液中时，由于散热良好，其阻值正常；而当燃油量减少时，热敏电阻传感器暴露在空气中，散热性变差，温度升高，其阻值下降。热敏电阻传感器的阻值下降到一定值时，线路中流过的电流增大到可以使继电器触点闭合，从而使燃油液面报警灯点亮报警。

提示：在电动汽车上，空调加热器采用正温度系数（PTC）的热敏电阻，当温度升高时，电阻的增加起到自动限流的作用。

三、电功和电功率

1. 电功

电流所做的功称为电功，用字母 W 表示，单位为焦耳（J）。研究表明，电流在一段电路上所做的功等于这段电路两端的电压 U、电路中的电流 I 和通电时间 t 三者的乘积，即

$$W=UIt$$

式中，W、U、I、t 的单位分别为 J、V、A、s。

电功的另一个常用单位是千瓦时（kW · h），即通常所说的 1 度电，它与焦耳的换算关系为

$$1\ \text{kW}\cdot\text{h}=3.6\times10^{6}\ \text{J}$$

2. 电功率

电流在单位时间内所做的功称为电功率，用字母 P 表示，单位为瓦特（W），其计算式为

$$P=\frac{W}{t}=UI$$

对于纯电阻电路，上式还可以写为

$$P=I^2R \quad 或 \quad P=\frac{U^2}{R}$$

3. 电流的热效应

电流的热效应是指电流通过导体发热的现象。电流与它流过导体时所产生的热量之间的关系可用下式表示

$$Q=I^2Rt$$

Q 的单位是焦耳（J），这种热也称为焦耳热。

4. 电气设备的额定值

电气设备安全工作时所允许的最大电流、最大电压和最大功率分别称为它们的额定电流、额定电压和额定功率。一般元器件和设备的额定值都会在铭牌上标出。

电气设备在额定功率下的工作状态称为额定工作状态，也称满载；低于额定功率的工作状态称为轻载；高于额定功率的工作状态称为过载或超载。由于过载很容易烧坏用电设备，所以一般不允许出现过载的现象。

四、电路的三种状态

1. 通路

如图 1-1-11a 所示，通路也称闭路，是指电流从电源的正极沿着导线经过负载最终回到电源的负极，电流形成闭合路径。这是电路的正常工作状态。

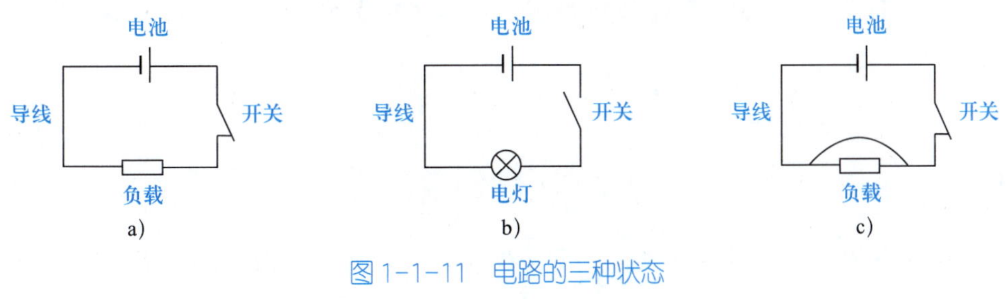

图 1-1-11 电路的三种状态

a）通路 b）断路 c）短路

2. 断路

如图 1-1-11b 所示，断路也称开路，是指电路某处因某种需要或发生故障而断开，不能构成回路，此时电路中的电流为零。

在实际电路中，因导体的接触面有氧化层、脏污或接触面过小、接触压力不足等，会造成电阻过大的现象，严重时会造成断路。

3. 短路

短路是电路中的某元器件因内部击穿损坏或被导线直接短接等原因，电流未经该元器件或负载，直接从电源正极到达负极的现象。短路通常是一种不正常的现象，应尽量避免。图 1-1-11c 所示为负载被导线直接短接的现象，此时流过电路的电流很大。

注意：汽车电路中具有一定电位的部位只要与金属机体相碰就会发生短路现象，应注意防范。

在检查和维修电路时，有时可能会采用将电路某一部分临时短路作为辅助方法，必须在确保安全的条件下进行。

汽车中的熔断器和断路器

1. 汽车中的熔断器

为了防止电路过载或短路烧坏用电设备，汽车电路中接有多种保护元件，常用的、可快速更换的熔断器有熔管式熔断器、绝缘式陶瓷熔断器、插片式熔断器等，如图 1-1-12 所示。

通过熔断器的电流达到额定值时，金属熔体熔断使电路断开。有时凭目视法检查不易发现，这时可借助万用表或者试灯进行检查。

（1）分别测量熔断器两端电压，若熔断器完好，两端均有电压；若熔体已熔断，则末端无电压。

a）　　b）　　c）

图 1-1-12 常用的、可快速更换的熔断器

a）熔管式熔断器　b）绝缘式陶瓷熔断器　c）插片式熔断器

（2）断开电源，测量熔断器两端的电阻，若熔断器完好，阻值应为 0 ~ 1 Ω；若阻值为无穷大，表明熔体已熔断。

注意：熔体熔断后，绝不允许将熔断器旁路或用更大容量的保护元件替代。

通常汽车上都是将很多熔断器组合在一起安装在熔断器盒内，并在熔断器盒盖上标明各熔断器的名称、额定容量等（见图 1-1-13），以便检查和更换。

图 1-1-13 汽车上的熔断器盒

2. 汽车中的断路器

易过载的电路和设备常用断路器进行保护，主要包括自动复位断路器、手动复位断路器和正温度系数（PTC）固态断路器三种类型。

（1）自动复位断路器

自动复位断路器（见图 1-1-14）是利用两种不同金属（双金属）的热效应，将膨胀系数较大的金属片安装在活动触点一面，当电路过载或短路时，双金属片受热弯曲，使触点张开并切断电路；双金属片冷却后，触点自动闭合，电路又有电流流过。在故障尚未排除时，电路时通时断，驾驶员可以从不断闪烁的灯光发现有故障发生，从而及时停车排除故障。

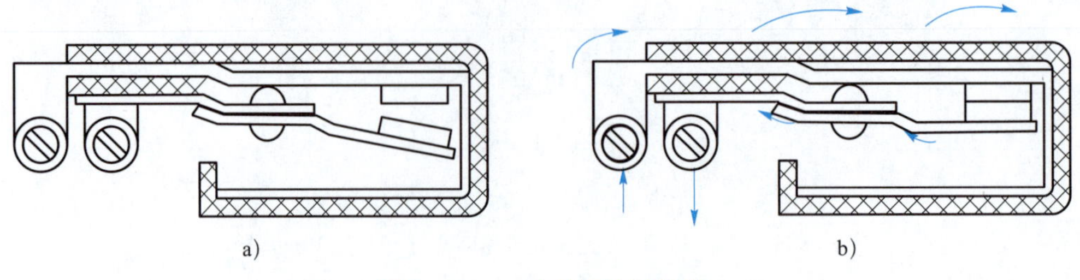

图 1-1-14　自动复位断路器

a）触点张开断路　b）触点闭合通路

（2）手动复位断路器

手动复位断路器有两种：一种是在电路过载、断路器动作后，通过按下断路器上的按钮复位；另一种是通过断开电源，待断路器冷却后自动复位。

（3）正温度系数（PTC）固态断路器

正温度系数（PTC）固态断路器通常置于负载元件的内部，电路过载、电流超限后，PTC 电阻阻值一直增大，直至电路断开；待断路器冷却后自动复位。

汽车电路断路器在电动车窗、雨刮电动机及前照灯电路中都有应用。

实训任务 1

认识汽车电气实训室

一、汽车电气实训室环境

在教师的带领下走进汽车电气实训室（包括电工电子实训室及部分专题实训室），了解实训室设施的分布情况、电源配置情况，认识安全通道、消防设备、各级配电箱的位置以及安全警示标志等。

图 1-1-15 所示为汽车实训室的实景图。

部分常用安全警示标志如图 1-1-16 所示。

a）

b）

c）

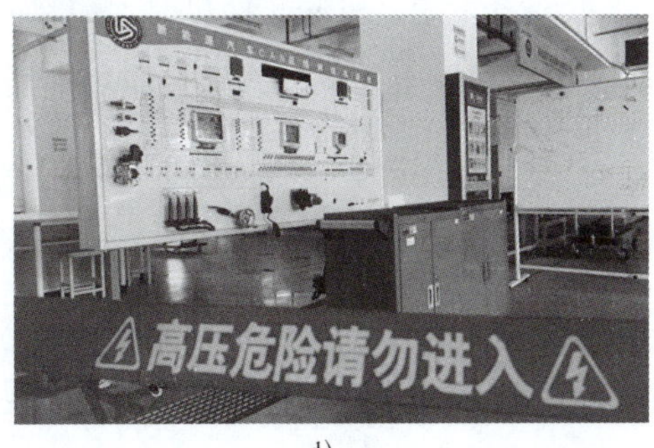

d）

图 1-1-15 汽车实训室的实景图

a）汽车电工电子实训室 b）整车电器实训室

c）双柱式汽车举升机 d）新能源汽车实训室

a） b） c） d）

图 1-1-16 部分常用安全警示标志

a）高压危险 b）禁止合闸 c）禁止启动 d）禁止用水灭火

二、安全操作规程

汽车电气实训的安全操作规程主要包括以下几个方面。由于实训门类较多，不同门类还有一些特定的要求，学生在实训操作时必须严格遵守所有要求。

1. 实训前，应认真阅读实训指导书，了解实训内容和安全操作注意事项，明确操作要求和操作顺序，检查待用工具以及仪表的安全性和可靠性。

2. 严格执行实训项目规定的操作要求和操作顺序，防止误操作导致的设备损坏。

未经许可，严禁扳动教具和设备的电源开关。

3. 新能源汽车上存在高压电，实训时应选用适当种类和规格的绝缘工具及辅助绝缘工具。在操作高压部件进行时，必须使用绝缘万用表进行测量，检查是否存在高压电，确保在没有高压电的情况下进行操作。

4. 使用移动或电动工具时，需熟悉其安全操作规程。将电动工具移到工作地点后才能接电使用。工作完毕，应先关闭电源开关，再用手将插头拔下。

5. 拆装汽车发电机和起动机时，应将汽车电源总开关断开，切断电源后进行。未装电源总开关的，拆下的电线接头应用绝缘胶带包扎好。

6. 需要起动发动机检查电路时，应注意车底有无工作人员在工作，预先招呼、拉驻车制动、放空挡，然后起动汽车。禁止学生随意起动汽车。

7. 如需进行车下操作，车辆必须可靠固定。使用举升机时，应保证前后同步，并注意举升机的最高行程，切勿超过最高行程。放下车辆前应预先招呼，确认车底无人且无障碍物时，才能利用举升机将车辆放下，并注意举升机的最低行程，不能只靠限位行程开关来停止举升机。不需要整车举升的必须稳固不离地的车轮，严禁在没有稳固车轮的情况下进行车下作业。

8. 实训结束后，断开实训室总电源，按教师要求恢复设备原有功能状态后，整理工具和器材，清理场地。

§1-2 简单电路分析

学习目标

1. 掌握电阻串联、并联电路的特点及应用。
2. 能应用闭合电路欧姆定律分析、计算简单电路。
3. 掌握直流电桥的结构形式、平衡条件及应用。
4. 掌握汽车万用表的使用方法。

一、电阻的连接

1. 电阻的串联

图 1–2–1a 所示为三个电阻组成的串联电路，其等效电路如图 1–2–1b 所示。电阻的串联电路具有以下特点。

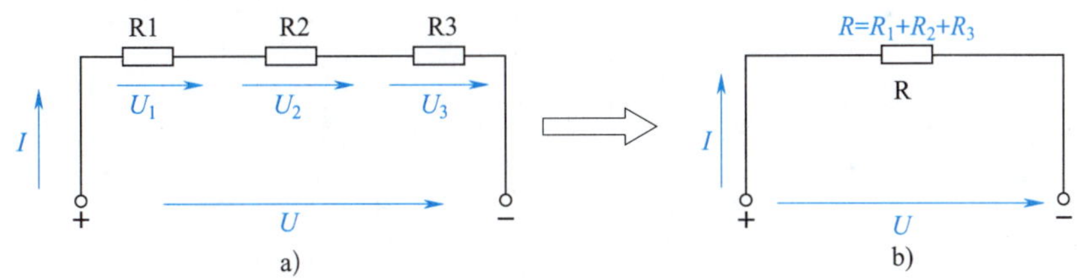

图 1–2–1　电阻的串联电路

a）三个电阻组成的串联电路　b）等效电路

（1）电路中流过每个电阻的电流都相等。

（2）电路两端的总电压等于各电阻两端的分电压之和，即

$$U=U_1+U_2+\cdots+U_n$$

（3）电路的等效电阻（即总电阻）等于各串联电阻之和，即

$$R=R_1+R_2+\cdots+R_n$$

（4）电路中各个电阻两端的电压与它的阻值成正比，即

$$\frac{U_1}{R_1}=\frac{U_2}{R_2}=\cdots=\frac{U_n}{R_n}$$

在电阻的串联电路中，阻值越大的电阻分配到的电压越大反之电压越小。

若已知 R1 与 R2 两个电阻串联，电路总电压为 U，可得到分压公式，如图 1–2–2 所示。

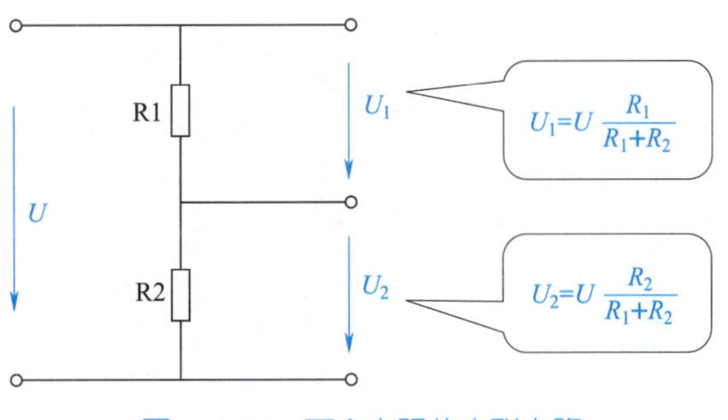

图 1–2–2　两个电阻的串联电路

2. 电阻的并联

图 1–2–3a 所示为由三个电阻组成的并联电路。电阻的并联电路具有以下特点。

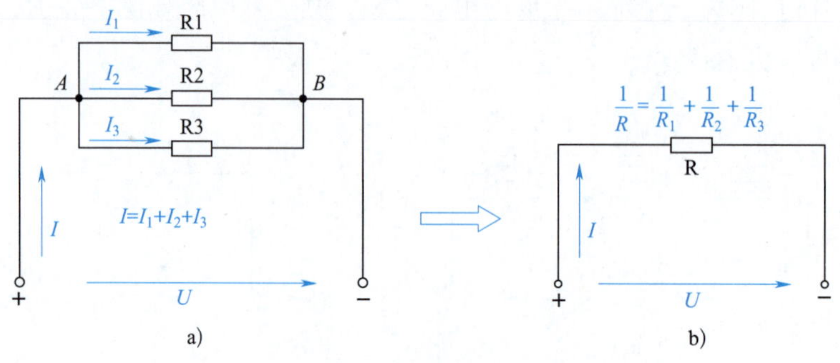

图 1–2–3　电阻的并联电路
a）电阻的并联电路　b）等效电路

（1）电路中各电阻两端的电压相等，且等于电路两端的电压。

（2）电路的总电流等于流过各电阻的电流之和，即

$$I=I_1+I_2+\cdots+I_n$$

（3）电路的等效电阻（即总电阻）的倒数等于各并联电阻的倒数之和，即

$$\frac{1}{R}=\frac{1}{R_1}+\frac{1}{R_2}+\cdots+\frac{1}{R_n}$$

（4）电路中通过各支路的电流与支路的阻值成反比，即阻值越大的电阻所分配到的电流越小；反之，电流越大。

$$IR=I_1R_1=I_2R_2=\cdots=I_nR_n$$

若已知 R1 与 R2 两个电阻并联，并联电路的总电流为 I，可得到分流公式，如图 1–2–4 所示。

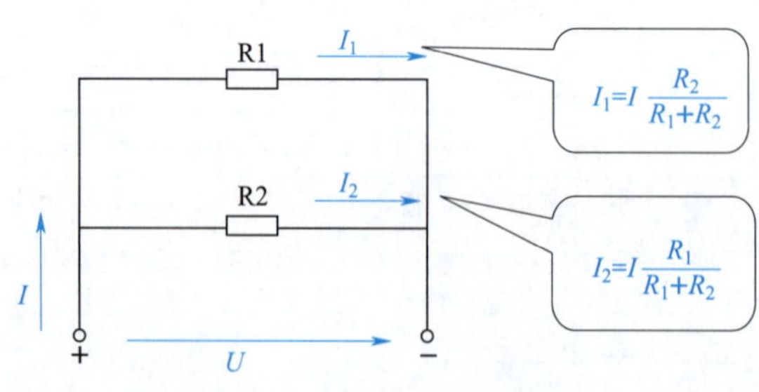

图 1–2–4　两个电阻的并联电路

凡额定工作电压相同的负载采用并联工作方式，每个负载都是一个可独立控制的回路，任一负载的正常打开或关断都不影响其他负载的使用。在汽车电路中，交流发电机和蓄电池两个电源之间，以及与其他支路之间，也都采用并联方式连接，如图 1-2-5 所示。例如，并联支路中接有熔断器，如某一支路因故障导致电流过大，熔断器就会熔断，从而断开故障电路，不会影响其他并联电路中用电设备的正常工作。

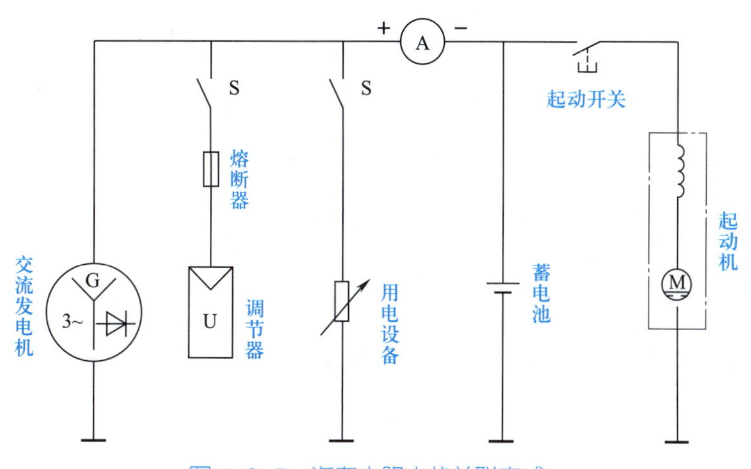

图 1-2-5 汽车电路中的并联方式

3. 电阻的混联

既有电阻串联又有电阻并联的电路称为电阻的混联电路，如图 1-2-6a 所示。

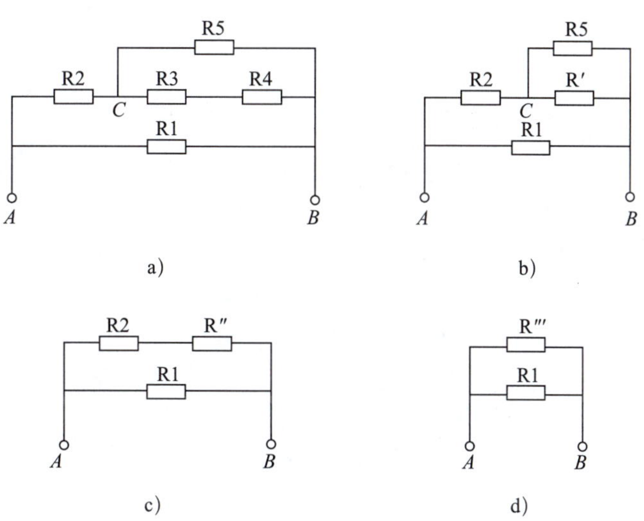

图 1-2-6 电阻的混联电路及其等效电路

分析电阻的混联电路时应将其分解为若干个串联和并联关系的电路，然后在电路中各电阻的连接点上标注不同的字母，再根据电阻串联和并联关系逐一化简、计算等效电阻，并绘制等效电路图。

【例 1–2–1】 已知图 1–2–6a 中的 $R_1=R_2=R_3=R_4=R_5=1\ \Omega$，求 A、B 两点之间的等效电阻 R_{AB}。

解： 分析电路图，可画出图 1–2–6b、c、d 所示的一系列等效电路图，然后进行计算。

图 1–2–6a 中 R3 与 R4 依次相连，中间无分支，它们是串联，其等效电阻为 $R'=R_3+R_4=1\ \Omega+1\ \Omega=2\ \Omega$。

由图 1–2–6b 可以看出，R_5 与 R' 都接在相同的两点 B、C 之间，它们是并联，其等效电阻为 $R''=\dfrac{R_5R'}{R_5+R'}=\dfrac{1\times 2}{1+2}\ \Omega=\dfrac{2}{3}\ \Omega$。

由图 1–2–6c 可以看出，R_2 与 R'' 串联，等效电阻 $R'''=R_2+R''=1\ \Omega+\dfrac{2}{3}\ \Omega=\dfrac{5}{3}\ \Omega$。

由图 1–2–6d 可以看出，等效电阻 $R_{AB}=R_1/\!/R'''=\dfrac{R_1R'''}{R_1+R'''}=\dfrac{1\times\dfrac{5}{3}}{1+\dfrac{5}{3}}\ \Omega=\dfrac{5}{8}\ \Omega$。

式中，符号“//”表示并联。

【例 1–2–2】 如图 1–2–7 所示，已知 $R_1=R_2=R_3=R$，求 A、D 两点之间的总电阻 R_{AD}。

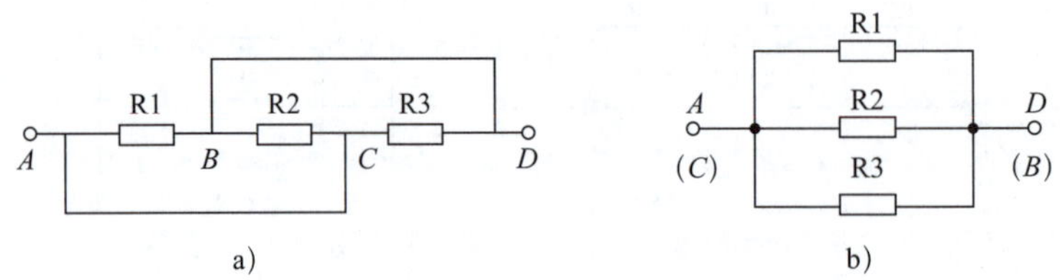

图 1–2–7　并联电路及其等效电路

a）电阻的并联电路　b）等效电路

解： 从电阻的连接关系可以看出，三个电阻为相互并联（见图 1–2–7b），所以

$$R_{AD}=R_1/\!/R_2/\!/R_3=\frac{R}{3}$$

4. 电池的连接

（1）电池的串联

当用电设备的额定电压高于单个电池的电动势时，可以将多个电池串联起来使用，称为串联电池组，如图 1–2–8 所示。例如，收音机、手电筒等采用的就是串联电池组。

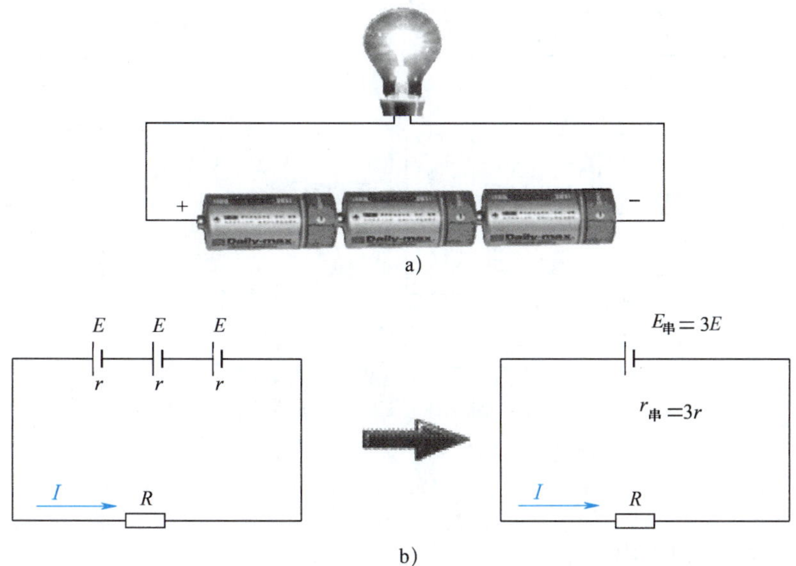

图 1–2–8　串联电池组及其等效电路

a）串联电池组　b）等效电路

设串联电池组是由 n 个电动势都是 E、内阻都是 r 的电池组成，则串联电池组的总电动势为

$$E_{串}=nE$$

串联电池组的总内阻为

$$R_{串}=nr$$

（2）电池的并联

有些用电设备需要电池能输出较大的电流，这时可采用并联电池组，如图 1–2–9 所示。

设并联电池组是由 n 个电动势都是 E、内阻都是 r 的电池组成，则并联电池组的总电动势为

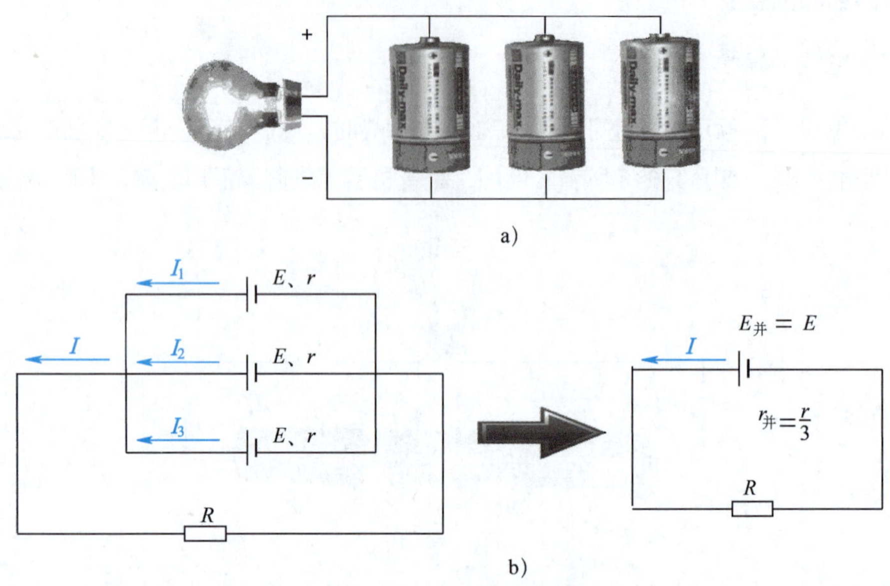

图 1-2-9　并联电池组及其等效电路

a）并联电池组　b）等效电路

$$E_{并}=E$$

并联电池组的总内阻为

$$r_{并}=\frac{r}{n}$$

汽车蓄电池组就是采用这种连接方式。例如，丰田 RAV-4 电动汽车的电池包中放置有 24 块电池模块，每一个电池模块都是由 10 个单体电池并联组成的。

提示：通常情况下，不得将不同容量或不同电动势、不同内阻的电池进行串、并联使用，否则易造成个别电池内部“发热”或“充电”现象，使电池损坏或缩短其使用寿命。

二、闭合电路欧姆定律和电源的外特性

1. 闭合电路欧姆定律

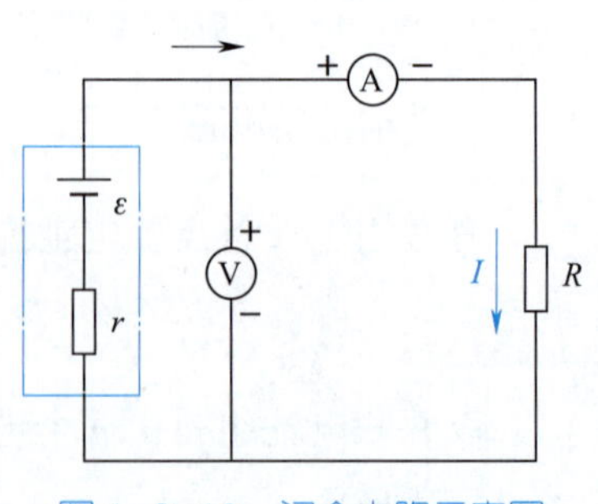

图 1-2-10　闭合电路示意图

闭合电路又称全电路，是指含有电源的电路，如图 1-2-10 所示。电源外部的电路称为外电路，外电路中的电阻称为外电阻；电源内部的电路称为内电路，内电路中的电阻称为内电阻，简称内阻。

在电源内部，电流流过内电阻 r，产生的电动势 Ir 等于内电阻 r 两端的电压，因此也把 Ir 称为电池的内电压 $U_{内}$，即 $U_{内}=Ir$。

在电源外部，电流由电源正极流向负极，在外电路上也有电动势 IR，习惯上把它称为路端电压或外电压 $U_{外}$。

图 1–2–11 中折线上各点表示电路中各处对应的电位。理论和实践都可以证明，当电路中存在电流时，电源电动势 E 等于 $U_{外}$和 $U_{内}$之和，即

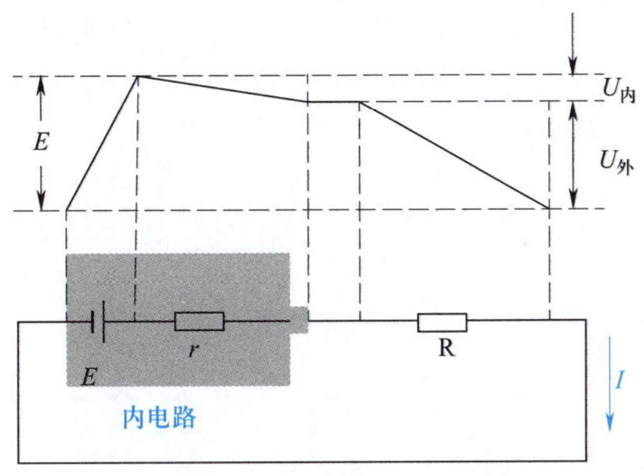

图 1–2–11 电源电动势 $E=U_{内}+U_{外}$

$$E=U_{外}+U_{内}=IR+Ir$$

所以
$$I=\frac{E}{R+r}$$

上式表示在外电路为纯电阻的闭合电路中，电流的大小与电源的电动势成正比，与内外电路的电阻之和成反比，这个规律称为闭合电路欧姆定律。

将公式 $E=IR+I_r$ 两边同时乘以 I，可得

$$IE=I^2R+I^2\mathrm{r}$$

即
$$IE=IU_{外}+I^2\mathrm{r}$$

上述公式的物理意义：电源把其他形式的能量转化为电能的功率 IE，等于电源输出功率 $IU_{外}$与电源内电路的热功率 $I^2\mathrm{r}$ 之和，这种关系称为电路中的功率平衡。因此，闭合电路欧姆定律实质上是能量守恒定律在闭合电路中的具体反映。

2. 电源的外特性

由全电路欧姆定律可知，当电源电动势 E 和内阻 r 一定时，电源路端电压 $U_{外}$将

随负载电流 I 的变化而变化。把电源路端电压随负载电流变化的关系特性称为电源的外特性，其关系特性曲线称为电源的外特性曲线，如图 1–2–12 所示。电源路端电压 $U_{外}$ 随着电流 I 的增大而减小。电源内阻越大，直线倾斜得越厉害；直线与纵轴交点的纵坐标表示电源电动势的大小（I=0 时，$U_{外}=E$）。

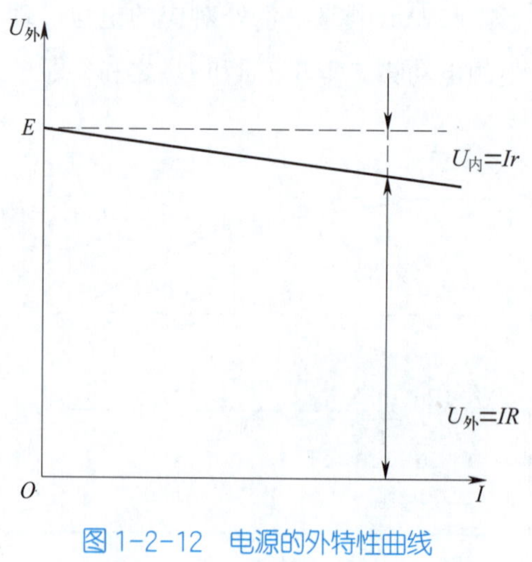

图 1–2–12　电源的外特性曲线

三、直流电桥

电桥是测量技术中常用的一种电路形式，其种类很多，按所测量的对象不同可分为直流电桥和交流电桥两大类。图 1–2–13 所示为直流电桥，其 4 个电阻都称为桥臂，R1、R2 是比例臂电阻，R 是可变标准电阻，R_x 是待测电阻。B、D 两点间接入检流计 G。

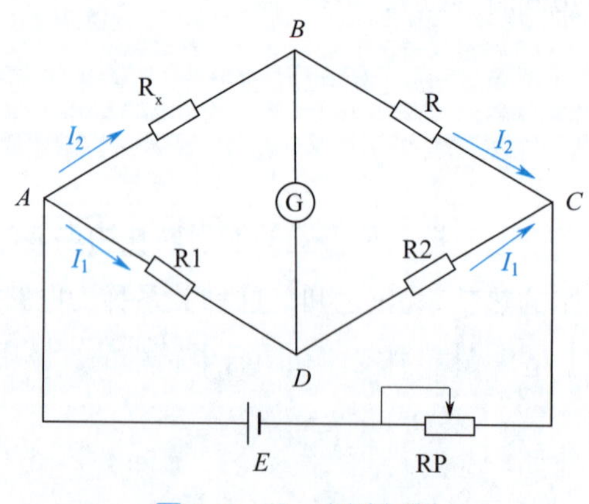

图 1–2–13　电桥电路

直流电桥为复杂电路，它有 6 条支路和 3 个独立回路，若检流计支路电流不为零，电路求解将较为复杂。调整 R_1、R_2、R 三个已知电阻，直至检流计读数为零，这时称为电桥平衡，则可按简单电路求解。

由于直流电桥平衡时 B、D 两点电位相等，即

$$U_{AB}=U_{AD} \quad U_{BC}=U_{DC}$$

因此

$$R_1I_1=R_xI_2 \quad R_2I_1=RI_2$$

可得

$$R_1R=R_2R_x$$

上式说明电桥的平衡条件是电桥相对臂电阻的乘积相等。利用直流电桥平衡条件可求出待测电阻 R_x 的值。

电桥还有另一种用法，当 R_x 为某一定值时将电桥调至平衡，使检流计指向零位。当 R_x 有微小变化（电流随之变化）时，电桥失去平衡，根据检流计的指示值及其与 R_x 之间的对应关系，可间接测出 R_x 的变化及电流的变化，并可转换成电压的变化，因此直流电桥常作为传感器中的转换元件。

应用链接

直流电桥在汽车中的应用

在汽车电控燃油喷射系统中广泛使用的热线式空气流量传感器就是应用直流电桥的工作原理制成的。

热线式空气流量传感器的外形和结构如图 1-2-14 所示。

如图 1-2-15 所示，白金热线电阻 R_H 和冷线电阻 R_K 分别是电桥的一个臂，R_B 为另一个臂。精密电阻 R_A 也是电桥的一个臂，该电阻上的电压 U_0 即为传感器的输出电压。

将点火开关置于“ON”位置，热线电阻 R_H 被电流加热（故称“热线”），温度升高，比冷线电阻 R_K 的温度高出一定值。发动机未起动时，热线电阻 R_H 周围无空气流动，电桥处于平衡状态。发动机起动后，空气流量增大，热线电阻 R_H 温度下降，混

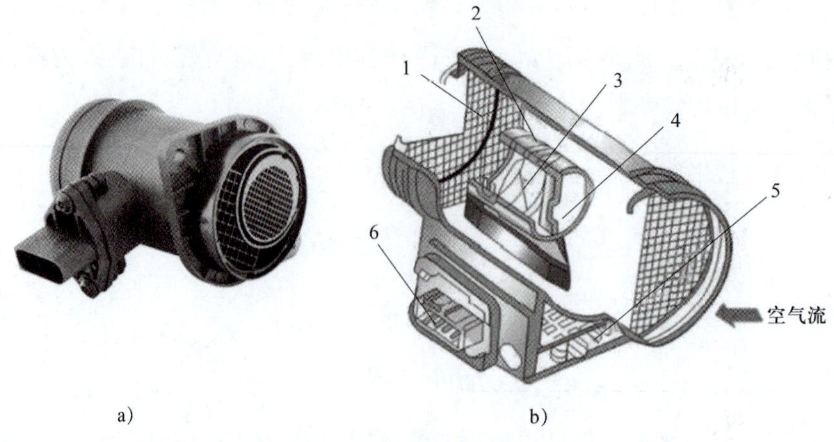

图 1-2-14　热线式空气流量传感器的外形和结构

a）外形图　b）结构图

1—防护网　2—取样管　3—铂金热线电阻

4—冷线电阻（温度补偿电阻）　5—控制电路板　6—电连接器

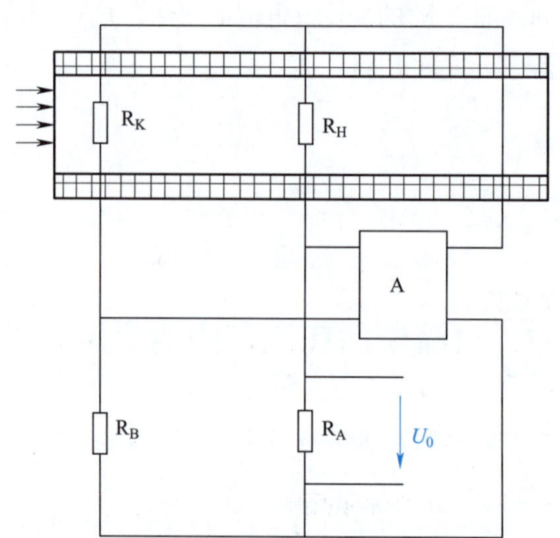

图 1-2-15　热线式空气流量传感器的工作原理

A—混合集成电路　R_H—热线电阻　R_K—冷线电阻　R_A—精密电阻　R_B—电桥电阻

合集成电路 A 即自动调节，增大加热电流 I_H，使热线温度保持比冷线温度（即进气温度）高出一定值；反之，则减小。这样，就使加热电流 I_H 成为空气流量的单一函数。I_H 的变化导致精密电阻 R_A 上电压 U_0 的变化，U_0 作为空气流量传感器的输出信号输入电子控制单元（ECU），ECU 即可据此值判断进气量的多少，从而决定喷油量，以适应发动机不同工况的需要。

练习使用汽车万用表

一、实训目的

初步掌握汽车万用表的使用方法。

二、实训器材

汽车万用表 1 台（MMD540H 型）、教学实车 1 辆（雪佛兰 2013）、汽车检测用接线盒 1 套。

三、实训步骤

1. 蓄电池的检测（见图 1–2–16）

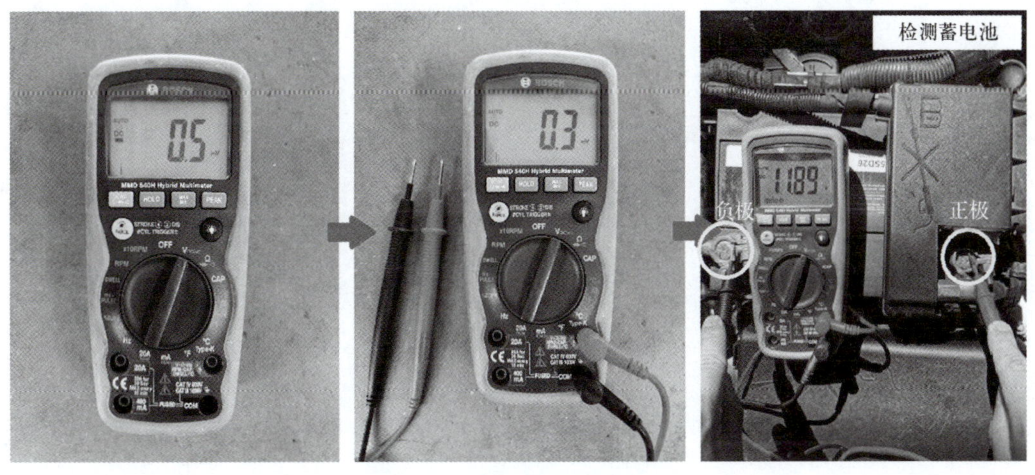

图 1–2–16 蓄电池的检测

（1）将汽车万用表的“选择开关”旋转到直流电压挡，此时汽车万用表进入自动选择量程方式，能自动选择最佳测量量程。也可以按下“量程”按钮，选择手动选择量程方式，每按动“量程”按钮一次，即可选择更高的量程。

（2）将红表笔插入面板电压 / 欧姆（V · Ω）插孔中，黑表笔插入面板 COM 插孔中。再将红、黑表笔短接，示数接近零。

（3）关闭钥匙和车上的全部用电设备。将红表笔接蓄电池“+”极，黑表笔接蓄电池“-”极，数值稳定后即可读数。将测量结果记录在表 1-2-1 中。

表 1-2-1　　测量结果

测量对象	测量值	能否正常使用
蓄电池电压 / V		
熔断器阻值 /Ω		
冷却液温度传感器阻值 /Ω		
压力传感器电压 / V		

提示：示数在 12 V 左右为正常。

2. 熔断器的检测（见图 1-2-17）

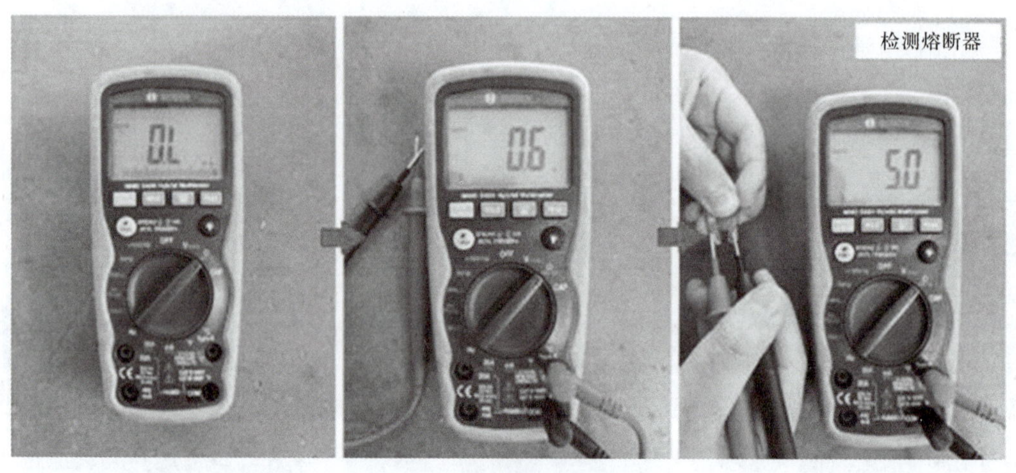

图 1-2-17　熔断器的检测

（1）将汽车万用表的“选择开关”旋转到欧姆（Ω）挡，此时万用表进入自动选择量程方式，能自动选择最佳测量量程。也可以按下“量程”按钮，选择手动选择量程方式，每按动“量程”按钮一次，即可选择更高的量程。

（2）将红表笔插入面板电压 / 欧姆（V · Ω）插孔中，黑表笔插入面板 COM 插孔中。再将红、黑表笔短接，示数接近零。

（3）将红、黑表笔分别接在熔断器的两只引脚上，将测量结果记录在表 1-2-1 中。若示数接近熔断器标称值，则熔断器正常；若显示“OL”表明熔断器已损坏，需更换熔断器。

3. 冷却液温度传感器的检测（见图 1–2–18）

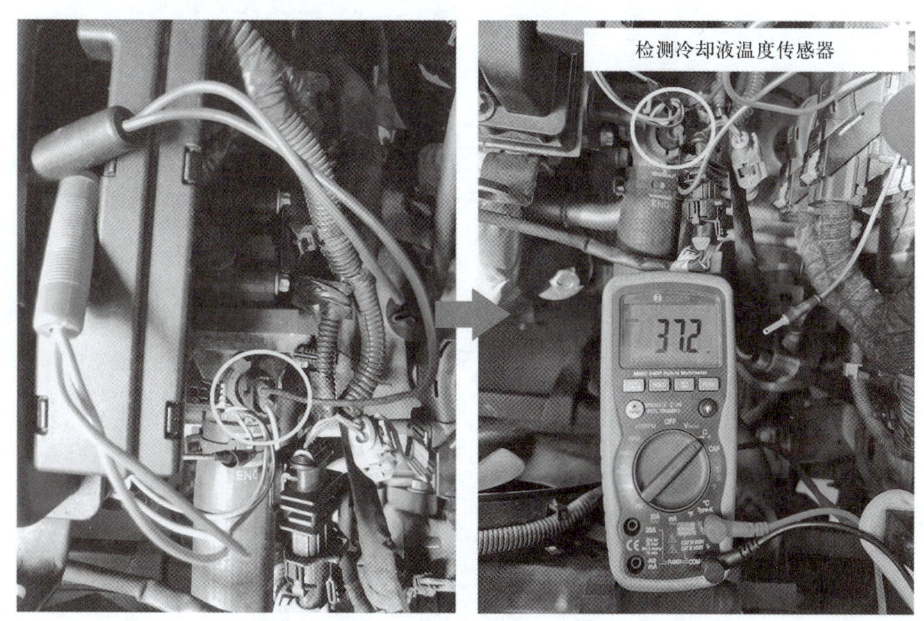

图 1–2–18 冷却液温度传感器的检测

将汽车万用表“选择开关”旋转到直流电压挡，准备工作与检测熔断器的第（1）、第（2）步骤相同。待稳定后即可进行读数，将测量结果记录在表 1–2–1 中。

提示：因发动机冷却液温度传感器的检测是通过测量阻值体现的，故对极性并无严格要求。但需注意如果黑表笔直接搭铁测量，则红表笔一定要接在信号端。

4. 压力传感器的检测（见图 1–2–19）

将汽车万用表“选择开关”旋转到直流电压挡，准备工作与检测蓄电池的第（1）、第（2）步骤相同。待稳定后即可进行读数，将测量结果记录在表 1–2–1 中。

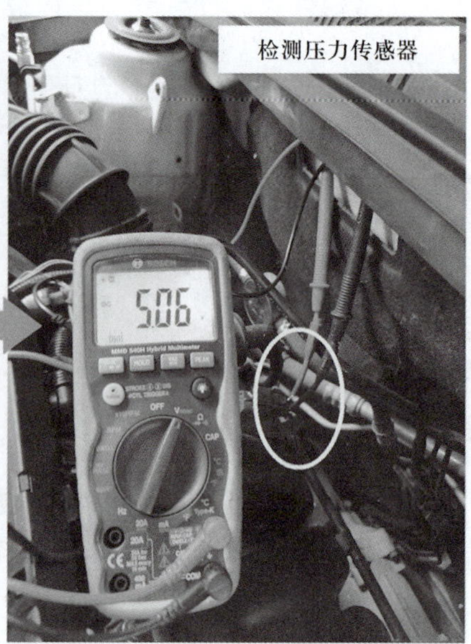

图 1-2-19　压力传感器的检测

§1-3　复杂电路分析

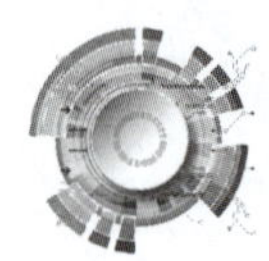

学习目标

1. 了解基尔霍夫电流定律和基尔霍夫电压定律。
2. 了解电压源和电流源的概念及特性，了解等效变换的概念。
3. 掌握负载能获得最大功率的条件。

一个实际的电路往往包含许多元件，在电路分析中，经常会遇到经过串、并联简化后仍有两个或两个以上闭合回路的电路，这样的电路称为复杂电路。对复杂电路的分析计算，只应用欧姆定律是不够的，还需要借助基尔霍夫定律等知识。

一、基尔霍夫定律

1. 基尔霍夫电流定律

基尔霍夫电流定律也称基尔霍夫第一定律或节点电流定律。其内容是电路中任一个节点上，在任一时刻，流入节点的电流之和等于流出节点的电流之和，如图 1-3-1 所示。即

$$\sum I_{进}=\sum I_{出}$$

$$I_1+I_2=I_3+I_4$$

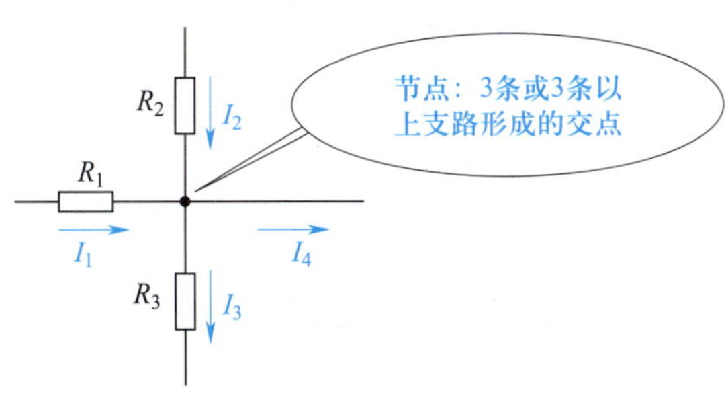

图 1-3-1　基尔霍夫电流定律示意图

基尔霍夫电流定律的依据是电流连续性原理，也就是说，在电路中任一节点上，任何时刻都不会产生电荷的堆积或减少，所有流进节点的电荷必须全部流出该节点。

如果把流入节点的电流规定为正，流出节点的电流规定为负，则基尔霍夫电流定律还可以表述为：各节点支路电流的代数和恒等于零，即

$$\sum I=0$$

基尔霍夫第一定律可以推广应用于任一假设的闭合面（广义节点）。例如，图 1-3-2 所示电路中闭合面所包围的是一个三角形电路，它有 3 个节点。应用基尔霍夫第一定律可以列出

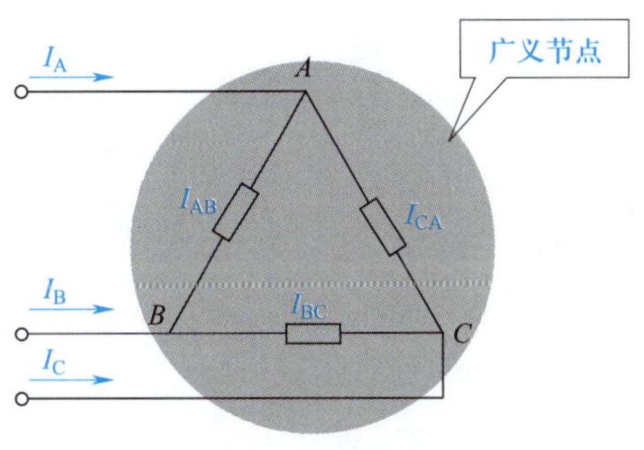

图 1-3-2　广义节点

$$I_A=I_{AB}-I_{CA}$$

$$I_B=I_{BC}-I_{AB}$$

$$I_C=I_{CA}-I_{BC}$$

上面三式相加得

$$I_A+I_B+I_C=0$$

或

$$\sum I=0$$

可见，流入此闭合面的电流恒等于流出该闭合面的电流。

利用基尔霍夫电流定律进行电路分析或计算时要注意以下两点。

（1）合理选取节点，这样可以将复杂电路的分析和计算进行简化。

（2）电流的参考方向可以任意规定，如果计算的结果为负值，则表明实际电流的方向与电流的参考方向相反。

2. 基尔霍夫电压定律

基尔霍夫电压定律也称基尔霍夫第二定律或回路电压定律，其内容是在任何一个闭合回路循环方向上，各段电阻上的电压降的代数和恒等于电动势的代数和，即

$$\sum IR=\sum E$$

基尔霍夫电压定律也可以这样表述：从一点出发绕回路一周回到该点时，各段电压的代数和恒等于零，即

$$\sum U=0$$

利用基尔霍夫电压定律进行电路分析或计算时要注意以下两点。

（1）回路的“绕行方向”是任意选定的，一般以虚线表示。在列写回路电压方程时通常规定，电压的参考方向与回路“绕行方向”相同时，取正号；电压的参考方向与回路“绕行方向”相反时，取负号。

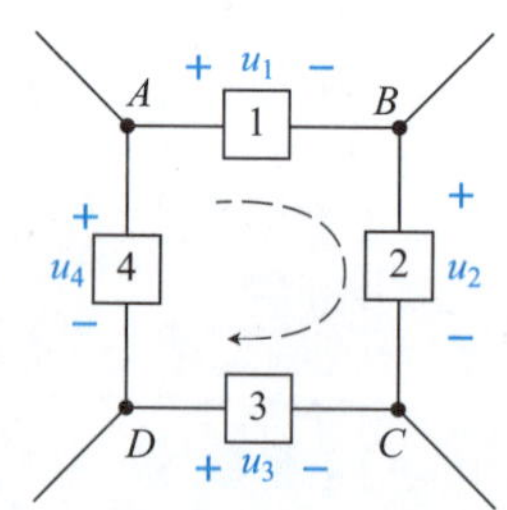

图 1-3-3　基尔霍夫电压定律示意图

例如，在图 1-3-3 所示的电路中，1、2、3、4

分别表示一个元件或一条支路。回路 $ABCDA$ 各支路的电压在所选择的参考方向下为 u_1、u_2、u_3、u_4，根据选定的回路“绕行方向”有

$$u_1+u_2-u_3-u_4=0$$

（2）基尔霍夫电压定律不仅适用于电路中的具体回路，还可以推广应用于电路中的任一假想回路。即在任一瞬间，沿回路绕行方向，电路中假想的回路中各段电压的代数和为零。

设图 1-3-4 为某电路中的一部分，路径 f、b、c、g 并未构成回路，选定图中所示的回路“绕行方向”，对假想的回路 $fbcgf$ 列写电压方程如下。

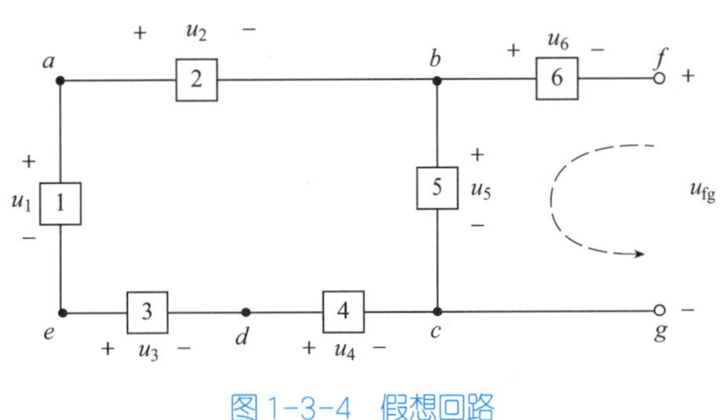

图 1-3-4 假想回路

$$-u_6+u_5-u_{fg}=0$$

即

$$u_{fg}=u_5-u_6$$

由此可见，电路中任意两点间的电压 u_{ab}，等于以 a 为原点、以 b 为终点，沿任一路径绕行方向上各段电压的代数和。

二、有源电路的等效变换

掌握电压源和电流源的概念以及它们之间的等效变换，能使某些复杂电路的分析计算大为简化。

1. 电压源与电流源的概念

一个电源可以用一个恒定电动势 E 与内阻 r 串联表示，如图 1-3-5a 所示；也可以用一个恒定电流 I_s 与内阻 r 并联表示，如图 1-3-5b 所示。前者称为电压源，后者称为电流源。

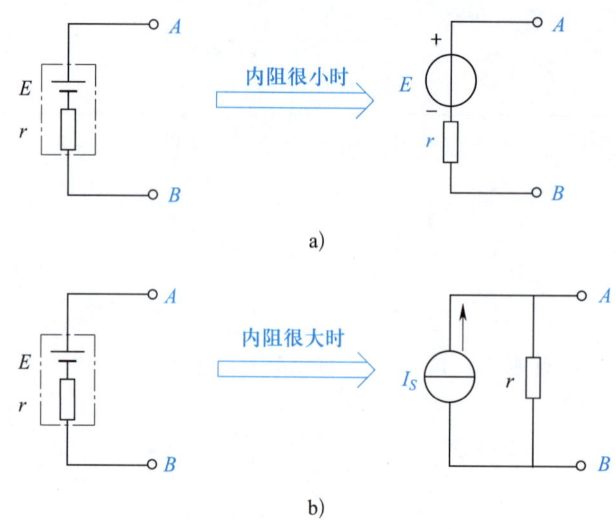

图 1-3-5　电压源和电流源

a）电压源　b）电流源

把一个实际电源看作是电压源还是电流源，通常依据这个电源内阻的大小。如果电源的内阻很小，一般视其为电压源。大多数电源，如干电池、蓄电池、发电机等都可以视为电压源。当电源的内阻 $r=0$，则不管负载如何变动，输出电压将恒定不变，这样的电压源称为理想电压源，又称恒压源，其符号如图 1-3-6 所示。因为实际的电源总有内阻，所以真正的理想电压源是不存在的。但日常所使用的稳压电源、新的蓄电池或内阻 r 远小于负载电阻 R 的电源，在一般情况下可视作理想电压源。

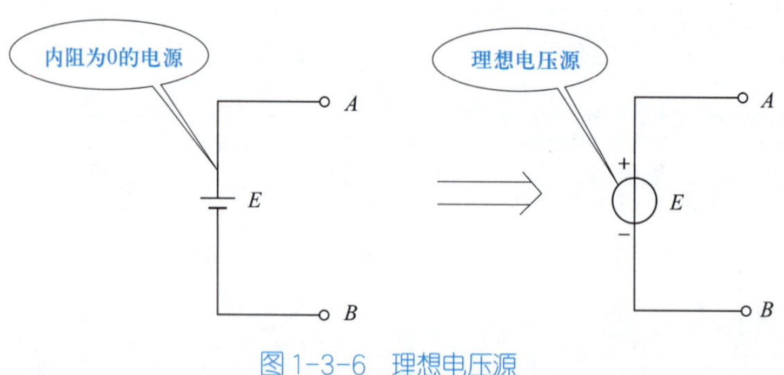

图 1-3-6　理想电压源

如果电源的内阻很大，一般视其为电流源。稳流电源、光电池、串励直流发电机等可以视为电流源。通常把内阻无穷大的电源称为理想电流源，又称恒流源，其符号如图 1–3–7 所示。硅光电池和晶体三极管等具有恒流特性，比较接近理想电流源。

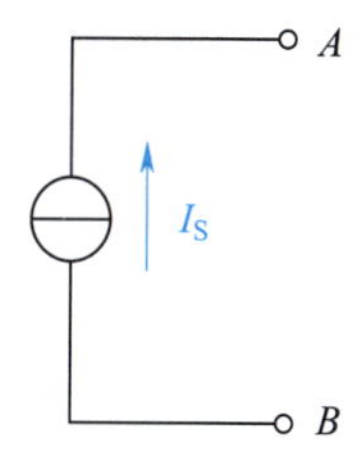

图 1-3-7 理想电流源

2. 电压源与电流源的等效变换

既然一个电源可用电压源表示，也可用电流源表示，那么电压源与电流源就是可以进行等效变换的，具体方法如图 1–3–8 所示。

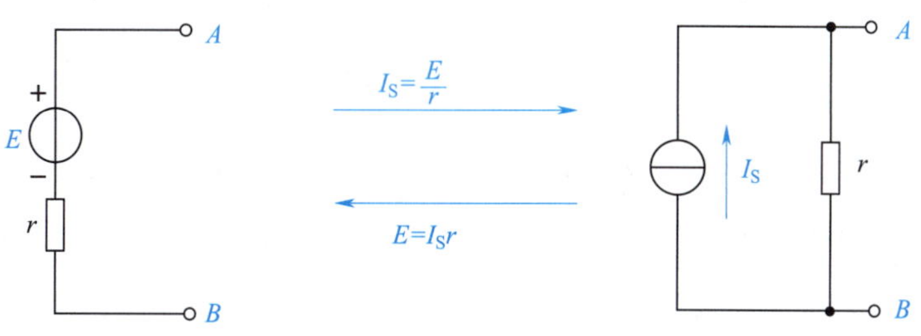

图 1-3-8 电压源与电流源之间的等效变换

变换过程中注意以下两点。

（1）变换前后应保持电压源正负极与电流源电流方向的一致性。

（2）电压与电流源之间的等效变换是指对电源外部的等效。

三、最大输出功率原理

任何一个有源二端网络就其对外作用而言，都可以简化为一个电源电动势 E 和内阻 r 串联的简单电路，如 1–3–9 所示。当其两端接上负载 R 后，便会向负载输出电功率，负载上电功率的大小可用下式表达。

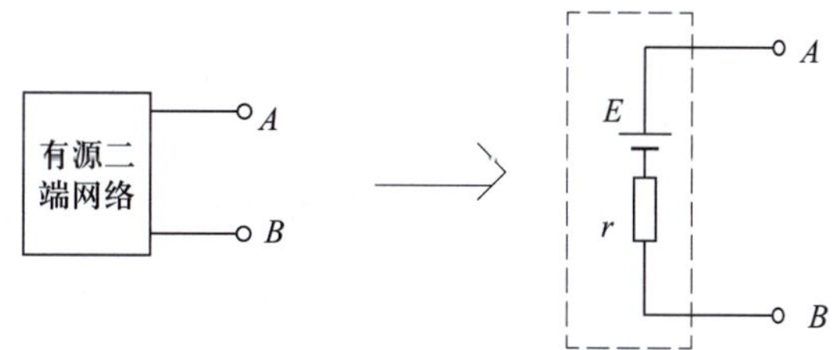

图 1-3-9 有源二端网络的简化

$$P=I^2R=\left(\frac{E}{R+r}\right)^2\times R=\frac{E^2R}{(R+r)^2}=\frac{E^2R}{(R-r)^2+4rR}=\frac{E^2}{\frac{(R-r)^2}{R}+4r}$$

由上式可知，当 $R=r$ 时，上式分母值最小，即 P 最大。可见，当负载电阻与电源的内阻相等时，负载可获得最大功率，如图 1–3–10 所示。

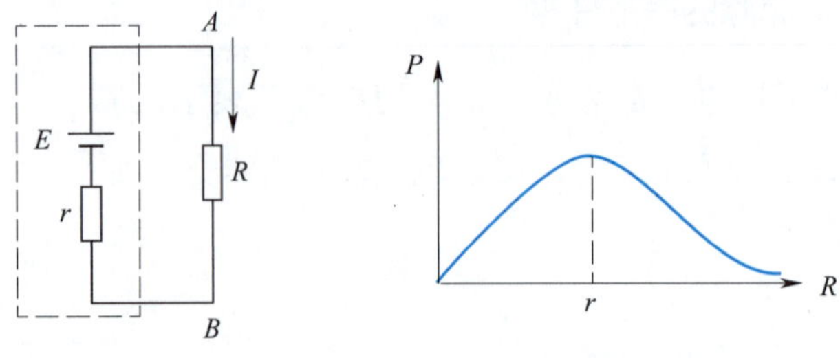

图 1–3–10　有源二端网络的输出功率

必须指出，负载在获得最大功率的同时，电源发出的功率也有 1/2 被内阻所消耗，电源的效率只有 50%。在一些传输功率较小的电路里，效率高低属于次要问题，为了使负载获得最大的功率，大多数电路的负载取值 $R=r$，达到所谓的匹配状态。而在较大功率的电力输送中（如汽车蓄电池供电系统），由于提高效率已成为电路的主要问题，所以要想办法尽可能地减小内阻的消耗。

§1–4　汽车电路基础

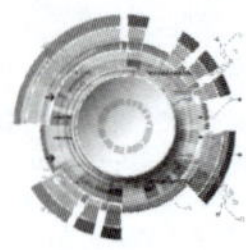

学习目标

1. 了解汽车电气系统的组成、供电特点和导线特点。
2. 熟悉汽车电路图的主要形式和常用图形符号。
3. 掌握识读汽车电路图的基本方法。

一、汽车电气系统的组成

汽车电路主要由供电电路、电气设备和控制配电装置三部分组成，具体包括供电系统、起动系统、点火系统、仪表与警报系统、照明与光（声）信号系统、辅助装置、电子控制系统、配电装置等。

二、汽车电路的供电特点

1. 双电源、低压、直流供电

汽车上的电能由发电机和蓄电池两个直流电源提供，其供电电压为 12 V 或 24 V。采用低压供电安全性好，而采用直流供电的主要原因是起动电动机要由蓄电池供电，而蓄电池电能消耗后又必须用直流电充电。

随着汽车上电子控制装置应用得越来越多，汽车所消耗的电功率越来越大，现有的 12 V、24 V 电源将难以满足电气系统的需要。汽车电气系统新标准规定，今后将采用 42 V 供电系统，届时发电机的最大输出功率将达到 8 kW 以上。

2. 电气设备并联连接

汽车上电源（蓄电池和发电机）以及各用电设备之间均采用并联连接。也有个别用电设备以串联方式连接，如闪光器和转向灯等。

3. 负极“搭铁”的单线制

按照国家标准规定，国产汽车电气系统均采用负极搭铁，即从电源到用电设备只用一根导线（通常称为“火线”）连接，用汽车发动机、变速器、悬架等金属机体作为另一根公用导线与电源的负极相连，俗称“搭铁”。汽车上供电采用单线制后，可使电气总成部件无须与车体绝缘，保证了电气系统（特别是电子控制系统）工作时的可靠性。但汽车上一些没有金属机体的地方仍需采用双线制。

4. 用电设备的保护装置

为了防止汽车用电设备过载烧毁或发生电路短路，总电路与各支路中的用电设备大都配装易熔线、熔断器或电路过载保护器等保护装置。

三、汽车电路导线的特点

1. 采用多种类型和规格的导线

（1）普通低压导线

普通低压导线是带绝缘层的铜质多股软芯线，芯线横截面积大多为 0.5 ~ 1.4 mm^2。为了便于安装和维修，它们通常用不同颜色的绝缘层分类，横截面积在 4 mm^2 以下的采用双色，4 mm^2 以上的采用单色。

为了既保证线束的质量和正常使用，又能减轻整车质量、降低生产成本，汽车生产厂家会选择不同截面积的导线以适应不同的负荷和环境。导线的横截面积（单位为 mm^2）会在汽车电路图中相应导线附近用不同的数字标出。

（2）起动电缆

起动电缆是带绝缘包层、截面积较大的铜质或铝质多股电缆线，如图 1-4-1 所示。起动电缆有 25 mm^2、50 mm^2 和 70 mm^2 等多种规格，允许通过的电流高达 500 ~ 1 000 A，要求电缆上每百安培的电压降在 0.1 ~ 0.15 V 之间。

图 1-4-1　起动电缆

（3）接地电缆

接地电缆一般有两种，一种与起动电缆相同，另一种是编织扁形软铜线，如图 1-4-2 所示。它们常用于蓄电池负极与车架、车身、发动机之间的接地连接。

图 1-4-2　编织扁形软铜线

（4）高压导线

高压导线的作用是将点火线圈产生的高压传送到火花塞上，如图 1-4-3 所示。由于传送的电压高达 20 kV，而通过的平均电流却很小，所以高压导线的绝缘包层很厚，而铜芯线的截面积很小。

2. 对导线颜色的规定

为便于在线束中查找导线，在电路原理图中，一般会对导线的线径、颜色甚至其所属的电气系统做出标注，对导线颜色的规定和标注一般用字母作为代码。维修汽车时，通常都要按照原厂电路图查找导线颜色。

为便于识别各导线所属的电气系统，日本车系的各电气系统都有规定的基准色。如黑色一般用于起动、预热及接地线路，白色用于充电系统，红色用于照明系统，绿色用于信号系统，黄色用于仪表系统，蓝色用于辅助系统等。

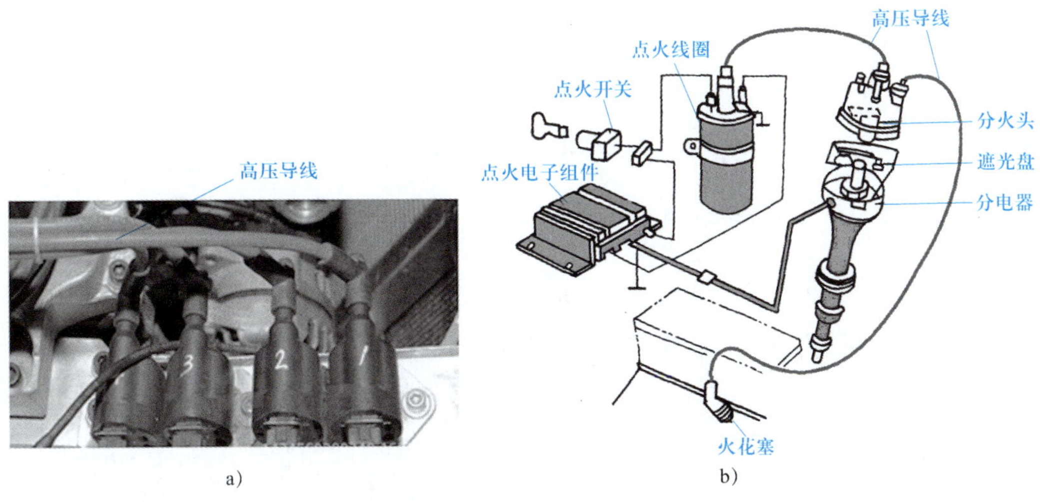

图 1-4-3　高压导线

a）实物图　b）高压导线在汽车点火系统中的应用

不同辅助色的条纹表达同系统内不同的分支。也有的车系在其电路图上各导线附近，除了标注导线线径和颜色以外，还标注其所属系统或线路的代码。

例如，图 1-4-4 所示为 BYD e5 车型时钟弹簧电路中导线颜色的标注，查阅维修手册中关于线色代码的说明（见表 1-4-1）可知，Br 表示棕色，G/R 表示绿红双色，Br/W 表示棕白双色，Gr 表示灰色。

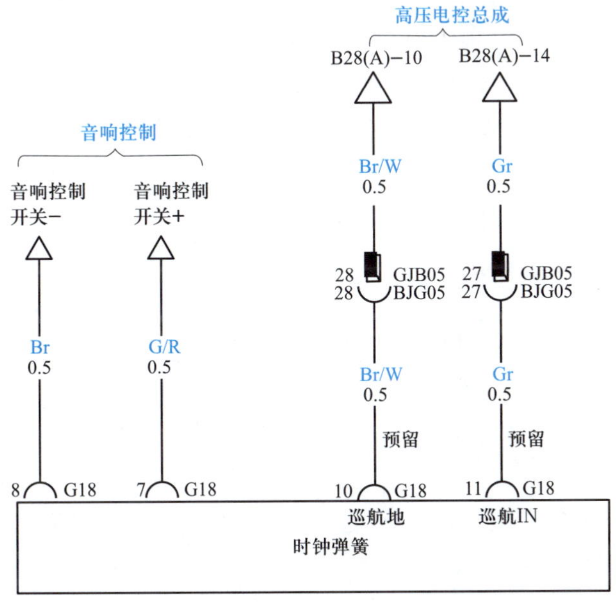

图 1-4-4　BYD e5 车型时钟弹簧电路中导线颜色的标注

表 1-4-1　　BYD e5 车型关于线色代码的说明

代码	B	L	Br	G	Gr	Lg	O	P	R	V	W	Y
颜色	黑	蓝	棕	绿	灰	浅绿	橙黄	粉绿	红	紫	白	黄

提示：各国不同车系关于线色代码的规定也不尽相同。

3. 把导线捆扎成线束

现代汽车由于电气设备的增加和电控的需要，导线的数量和长度大大增加，为了不使汽车内部导线零乱，同时也便于安装维修和保护绝缘，通常将除高压线以外进出相近位置或走向基本一致的许多导线捆扎成线束，如图 1-4-5 所示。由于汽车上各种传感器、ECU 和执行器件分布在汽车的各个车身位置，所以一辆汽车上通常有多个线束。

图 1-4-5　汽车上的线束

四、汽车电路图的识读

1. 汽车电路图的主要形式

汽车电路十分复杂，其电路图多采用电路原理图、布线图、线束图等多种表达形式。

（1）电路原理图

电路原理图简称原理图，它用标准、统一的电路图形符号表示相应的电路器件，主要反映电路中各元件之间的连接关系，表达各电气系统的工作原理。各电气元件或设备在图中的位置跟实际安装位置无关，只考虑其所处的系统和工作顺序，同一功能系统所有电气元件相对集中，便于分析。

由于各国汽车电路图的绘制方法及图形文字、技术标准等不同，各国汽车电路图存在很大差异，甚至同一国家不同公司的汽车电路图也存在较大差异，对此，在识读汽车电路图时须加以注意。

（2）布线图

布线图按照全车电气设备在车身上大体的位置来描绘，电路直观形象，各器件的外形及其安装位置、电路接点数量及位置与实际情况基本一致，线束和导线的分布走向清楚，便于循线跟踪，查找方便。图 1–4–6 所示为富康 988 轿车仪表系统布线图。

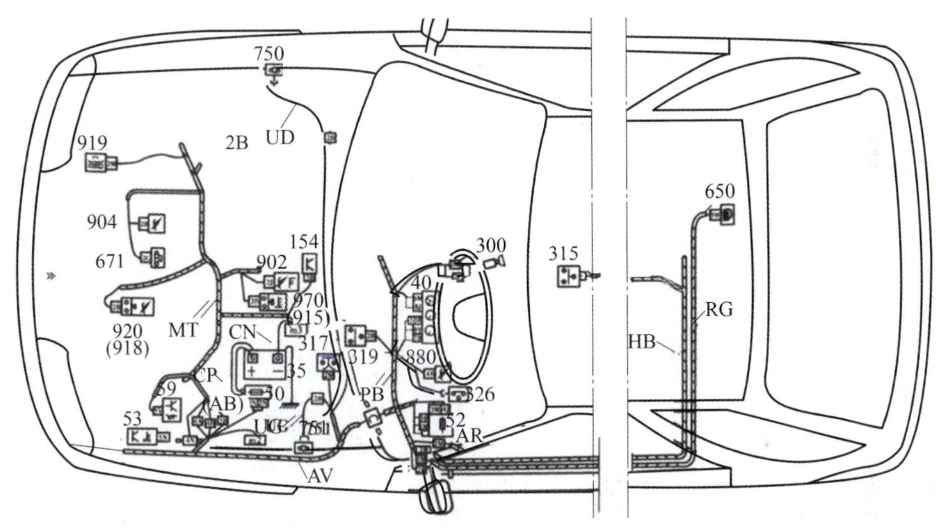

图 1–4–6 富康 988 轿车仪表系统布线图

（3）线束图

线束图是表达汽车线束分布情况的平面图。线束图表明线束与各用电设备的连接部位、接线柱的标记、线头与连接器的形状及位置等，图 1–4–7 所示为 BYD e5 车型右后门线束图。

线束图突出的是装配记号，它并不详细描述线束内部的导线走向，只将线束外的线头与接插器详细编号或用字母标记。安装操作人员只要将导线或接插器按图上标明的序号，连接到相应的用电设备接线柱或接插器上，便完成了全车线路的装接。将线束图、布线图与电路原理图结合使用，对于汽车的安装和维修具有很大的参考价值。

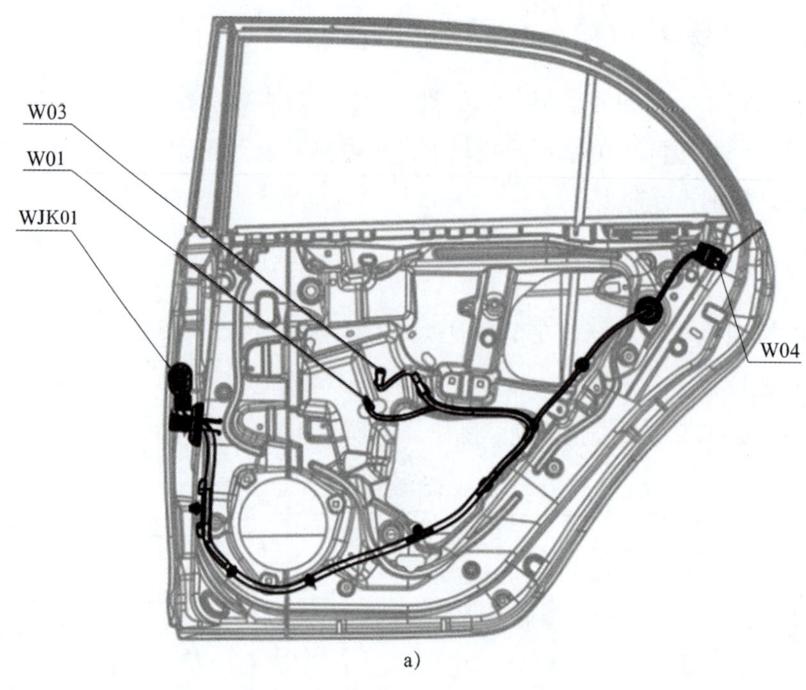

a）

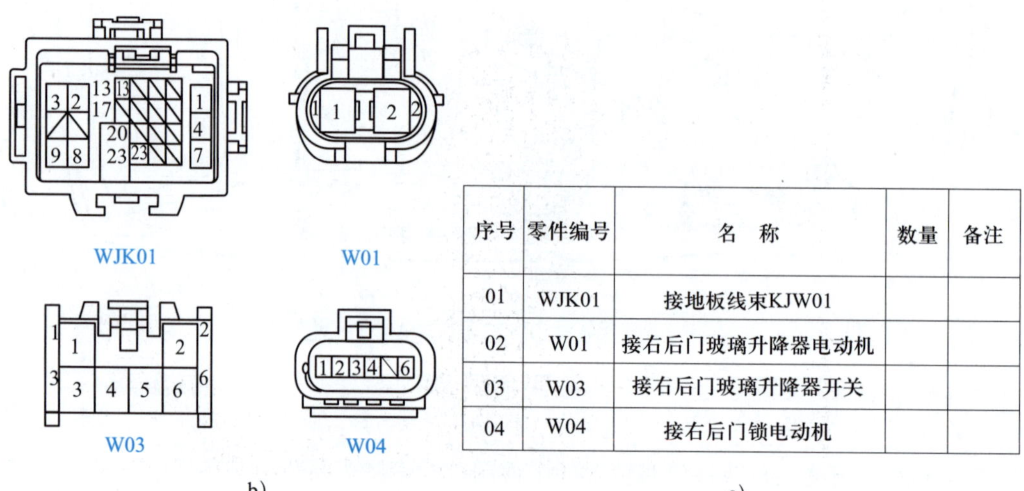

序号	零件编号	名　称	数量	备注
01	WJK01	接地板线束KJW01		
02	W01	接右后门玻璃升降器电动机		
03	W03	接右后门玻璃升降器开关		
04	W04	接右后门锁电动机		

图 1-4-7　BYD e5 车型右后门线束图

a）线束图　b）线束连接器示意图　c）安装说明

2. 识读汽车电路图的基本方法

（1）在整车电路图中，各个系统或功能单元通常从左向右按水平顺序排列，可以先化整为零，把不同功能的系统用直线分隔开来，逐级进行分析。

（2）汽车电路图一般采用垂直布置方式，即火线在上，地线在下，各支路电流从上向下流动，所以对某一单元电路图的识读，可按电流流向，从电源正极出发，经用电设备回到电源负极这样的顺序进行。

（3）在原理图中一般有多根火线，工作电流大、工作时间短的用电设备，其电流不经过电流表。

（4）为避免或减少汽车大功率用电设备对开关的损坏，一些功率较大的用电设备，如起动电动机，通常采用两级控制方式，即利用小功率开关去控制继电器动作，再利用继电器控制用电设备，所以继电器均装在电源与用电设备之间的电路中。

（5）传感器经常共用电源线、接地线，但决不会共用信号线。执行器会共用电源线、接地线、控制线。

（6）熟悉汽车电路图所用的图形符号、导线的标注、接线柱标记和缩略语。在各电气元件或设备的图形符号附近会标注它的标准文字符号和标准参数。电路中的导线一般标注有颜色和规格的代码，有的车型还标注有该导线所属电气系统的代码。

（7）在分系统、分区段绘制的电路原理图中，凡遇到间隔较远的横向连线时，为保持图面清晰，通常取消跨区域横向连线，改用数字或字母标记说明连接关系。在彩色电路图中，凡同规格、同颜色并在一条线束中的导线，在线束中是直接相通的；两种不同颜色的导线不直接相通。

五、汽车电路图识读示例

下面以图 1–4–8 所示的大众汽车散热器风扇控制电路为例，具体讲解识读汽车电路图的方法与步骤。

1. 主要电气元件

F18—散热器风扇热敏开关；

F23—高压开关；

J69—风扇二挡继电器；

J138—风扇起动控制单元；

N25—空调电磁离合器；

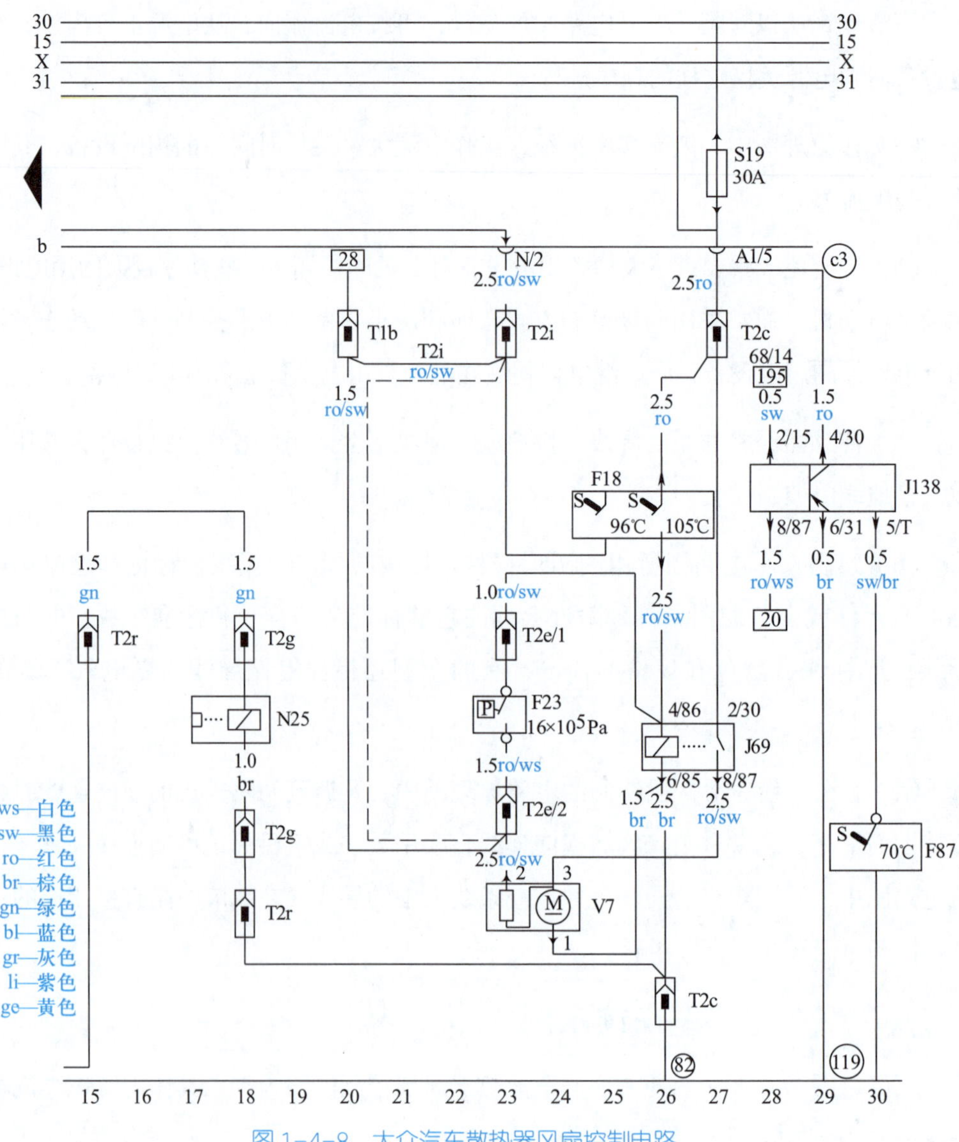

图 1-4-8　大众汽车散热器风扇控制电路

T1b—单孔接插器；

T2c、T2e、T2f、T2g、T2i、T2r—2 孔接插器（发动机舱前）；

V7—散热风扇电动机；

F87—风扇起动温度开关；

82—搭铁端（左前束内）；

S19—熔丝（30 A）。

2. 电源线

30—火线；

15—点火线圈接通时的小容量火线；

X—大容量火线；

31—搭铁线。

3. 电路工作过程分析

（1）冷却液温度的控制

当散热器中的冷却液温度达到 96 ℃时，散热器风扇热敏开关 F18 接通一挡，风扇低速运转。系统工作电流路径为：电源“30”导线→ 19 号位置熔丝→继电器盒 A1/5 →散热器风扇热敏开关 F18 的 3 号接线端子→散热器风扇热敏开关 F18 一挡→散热器风扇热敏开关 F18 的 2 号接线端子→风扇电动机 V7 的 2 号接线端子→风扇电动机 V7 →风扇电动机 V7 的 1 号接线端子→搭铁。

当散热器中的冷却液温度达到 105 ℃时，散热器风扇热敏开关 F18 接通二挡，风扇二挡继电器 J69 触点闭合，风扇高速运转。系统工作电流路径为：电源“30”导线→ 19 号位置熔丝→继电器盒 A1/5 →风扇二挡继电器 J69 的 2/30 接线端子→风扇二挡继电器 J69 的 8/87 接线端子→风扇电动机 V7 的 3 号接线端子→风扇电动机 V7 →风扇电动机 V7 的 1 号接线端子→搭铁。

（2）发动机舱温度的控制

在点火开关断开的情况下，如果机舱温度达到 70 ℃时，风扇起动温度开关 F87 将闭合，风扇起动控制单元 J138 工作，J138 的 8/87 接线端子有电，风扇低速运转。系统工作电流路径为：继电器 J138 的 8/87 接线端子→红 / 白双色线→风扇电动机 V7 的 2 号接线端了→风扇电动机 V7 →风扇电动机 V7 的 1 号接线端子→搭铁。

（3）空调系统工作状态的控制

散热器风扇的工作情况受到空调系统工作状态的控制。当空调开关处于制冷、除霜位置时，系统工作电流路径为：继电器盒 N/2 接线端子→红 / 白双色线→风扇电动机 V7 的 2 号接线端子→风扇电动机 V7 →风扇电动机 V7 的 1 号接线端子→搭铁。此时，散热器风扇低速运转。

当制冷系统管路中的压力升至 16 MPa 时，高压开关 F23 闭合，电流从继电器盒 N/2 接线端子→红 / 白双色线→高压开关 F23 →风扇二挡继电器 J69 的 4/86 接线端子→风扇二挡继电器 J69 的 6/85 接线端子→搭铁。此时，风扇二挡继电器 J69 吸合，风扇电动机 V7 的 3 号端子有电，风扇电动机高速运转。

实训任务 3

认识汽车电气系统基本部件与设备

一、实训目的

在实训用车辆上找到蓄电池、发电机、起动机及部分控制装置和熔断器，对它们的安装位置及所处电路进行认知。

二、实训器材

实训用车辆 1 辆。

三、实训内容

根据教学汽车电路基本部件与设备的外形，在教学实车上找到蓄电池、发电机、起动机及部分控制装置和熔断器，对它们的安装位置及所处电路进行认知。

汽车电气系统基本部件与设备见表 1–4–2。找出它们的位置并进行标注。

表 1–4–2　　汽车电气系统基本部件与设备

系统名称	作用	主要用电设备名称	图片
供电系统	对全车所有用电设备供电并维持电压稳定	蓄电池	

续表

系统名称	作用	主要用电设备名称	图片
供电系统	对全车所有用电设备供电并维持电压稳定	发电机	
		电压调节器	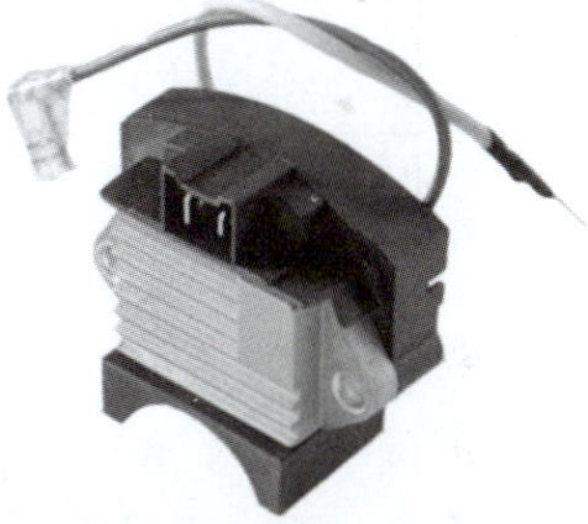
起动系统	起动发动机	点火开关	
		起动继电器	
		起动电动机	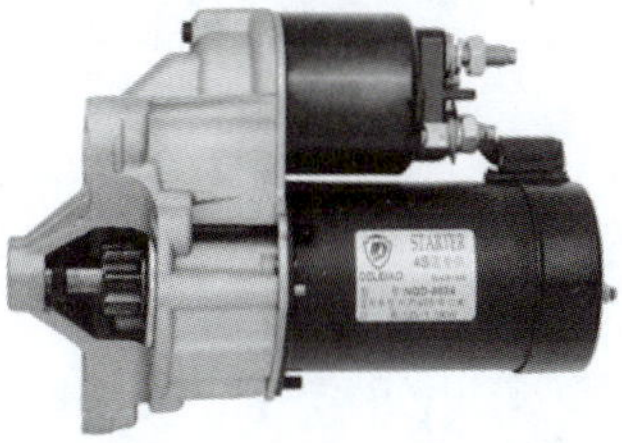

续表

系统名称	作用	主要用电设备名称	图片
起动系统	起动发动机	起动保护装置	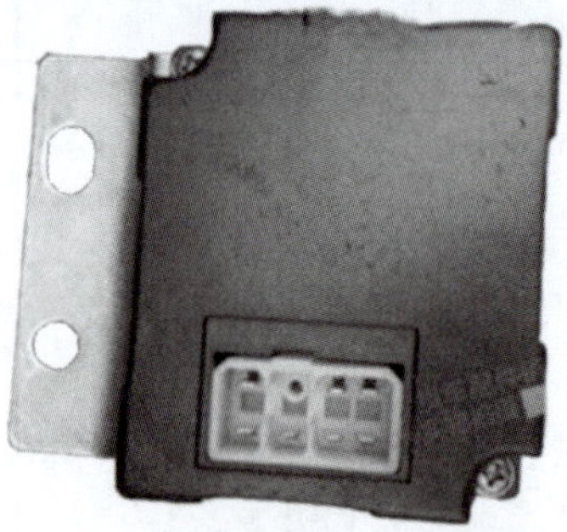
点火系统	产生电火花，点燃气缸内的可燃混合气	点火线圈	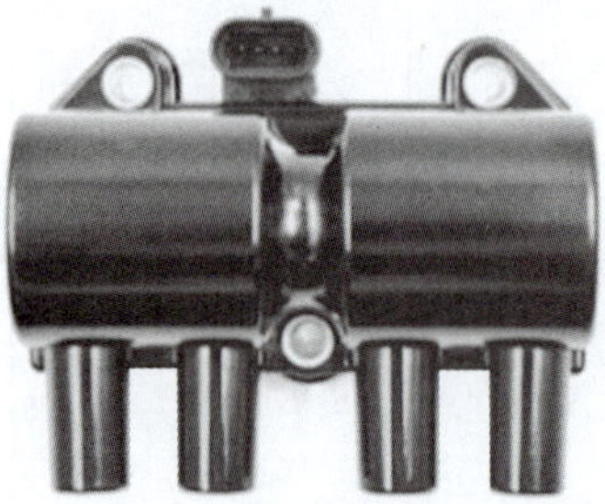
		分电器	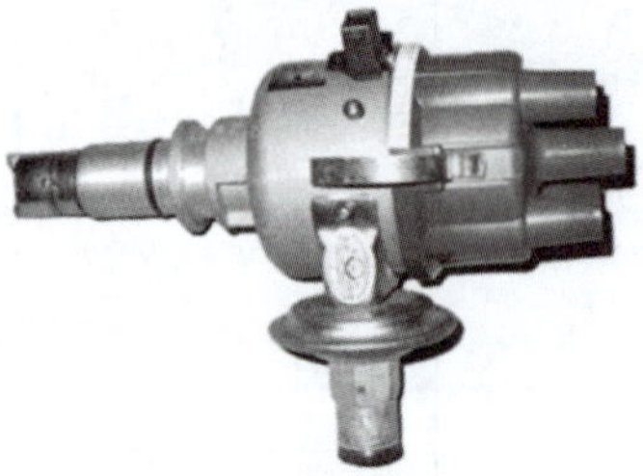
		火花塞	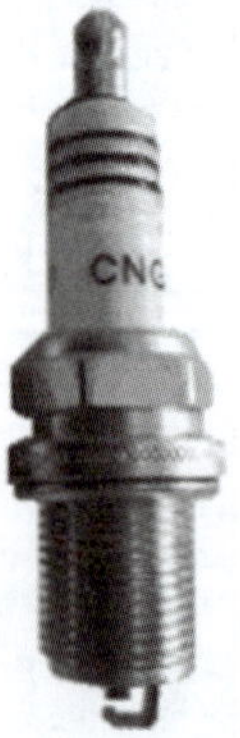

续表

系统名称	作用	主要用电设备名称	图片
仪表与警报系统	为驾驶员提供车辆工作状况信息，如遇到异常情况能及时报警	仪表盘	
照明与光（声）信号系统	照明灯具主要为车辆提供必要的照明，光（声）信号则为车辆提供必要的安全行车信号	前照灯和尾灯	 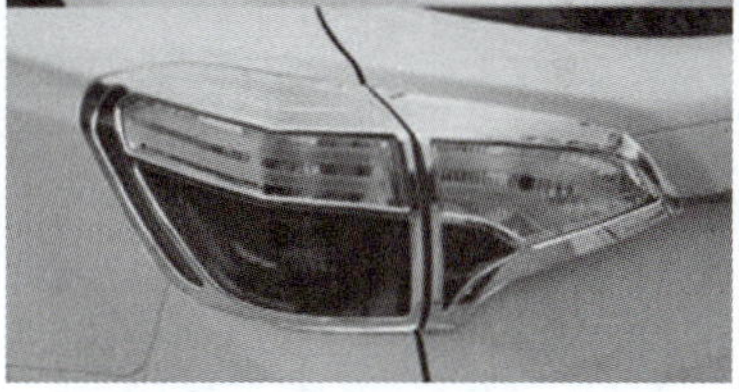
		灯光控制杆	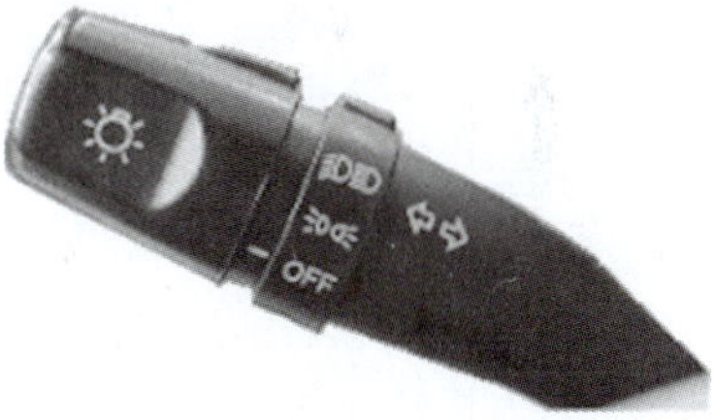
		喇叭	

续表

系统名称	作用	主要用电设备名称	图片
辅助装置	为提高车辆安全性、舒适性等而设置的各种电气装置	点烟器	
		雨刮	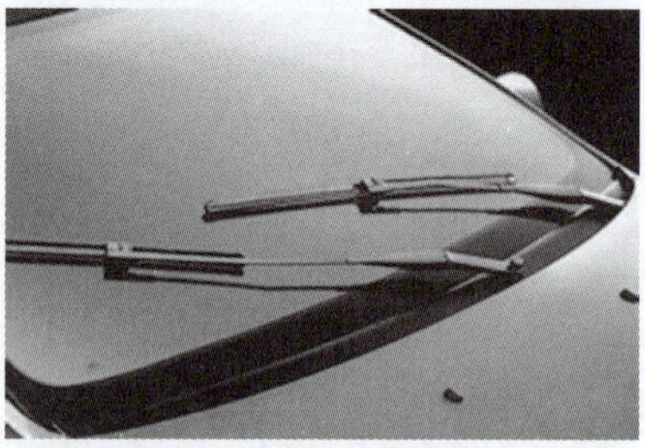
		空调	
		音响	
电子控制系统	使汽车上的各个系统处于最佳工作状态，可以提高汽车动力性、经济性、安全性、舒适性，降低汽车排放污染	ECU	

续表

系统名称	作用	主要用电设备名称	图片
配电装置	配电装置是具体实现汽车电气接线功能的重要装置	控制开关	
		保护装置	
		中央继电器接线盒	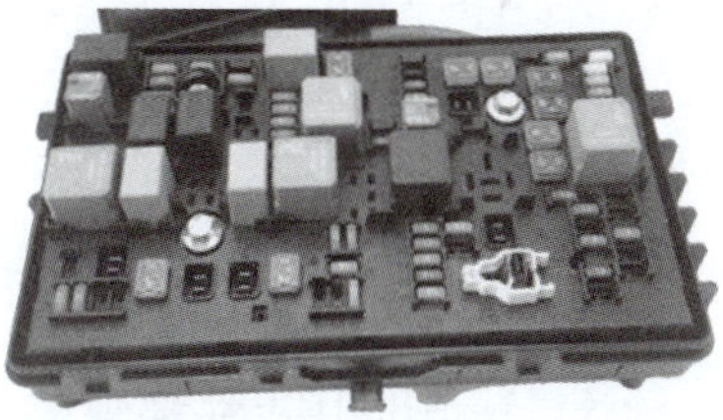
		配电线束及连接器	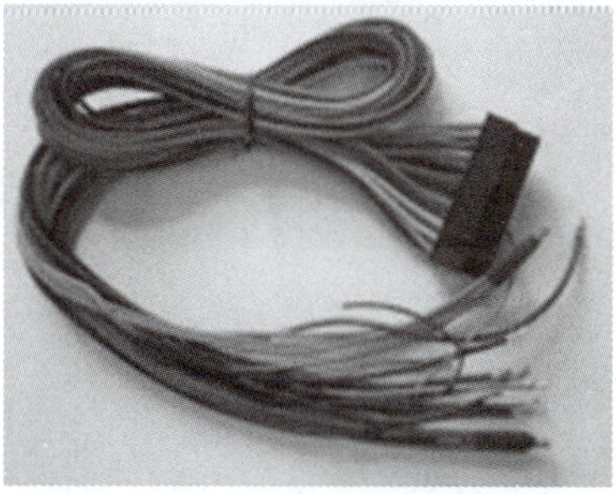

第二章

磁场与电磁感应

电磁技术与汽车密切相关，电磁继电器、电磁传感器、电磁阀、电磁式仪表、电动机、发动机、发电机、变压器等在汽车中得到了广泛的应用。进一步认识磁场与电磁感应可以更好地理解这些电磁器件的工作原理。

§2-1 磁 场

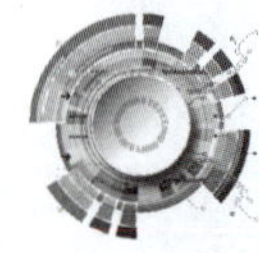

学习目标

1. 能应用右手螺旋定则确定通电长直导线和通电螺线管的磁场方向。
2. 掌握磁感应强度、磁通、磁导率的概念。
3. 了解铁磁材料的分类和应用。
4. 理解磁路和磁路欧姆定律。
5. 了解继电器在汽车中的应用。

一、磁场与磁感线

当两个磁极靠近时，同名磁极相互排斥，异名磁极相互吸引。两个磁极互不接触，却存在相互作用力，这是因为在磁体的周围空间中存在一种特殊的物质——磁场。磁体和电流周围都存在磁场，就连地球也是一个大磁体，南极是N极，北极是S极。

用放置磁针和撒铁屑的方法可以直观地显示磁场的特点，在这个基础上，用一些有方向的曲线来形象地描述磁场的分布，这样的曲线称为磁感线（见图2–1–1）。在这些曲线上，每一点的切线方向就是该点的磁场方向，也就是放在该点的磁针N极所指的方向。

磁感线疏处磁场弱，密处磁场强。在磁场的某一区域内，如果磁感线是一些方向相同、分布均匀的平行直线，则称这一区域为匀强磁场。距离很近的两个异名磁极之间的磁场，除边缘部分外，就可以认为是匀强磁场（见图2–1–2）。

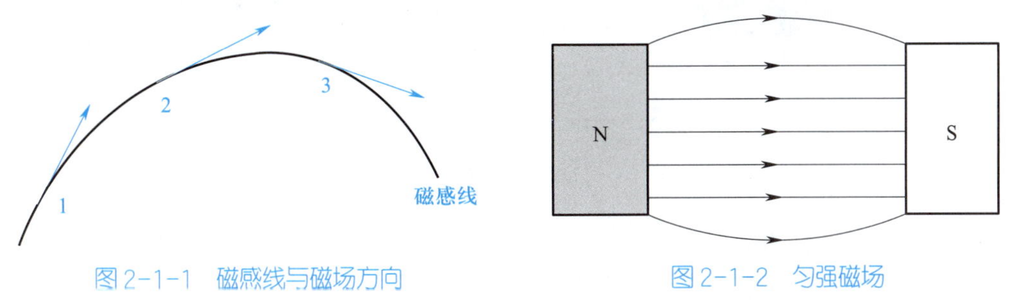

图2–1–1　磁感线与磁场方向　　图2–1–2　匀强磁场

实验表明，各种不同形状的磁体或通电导线产生的磁感线是不同的。例如，图2–1–3所示为蹄形磁铁的磁感线，图2–1–4所示为条形磁铁的磁感线。

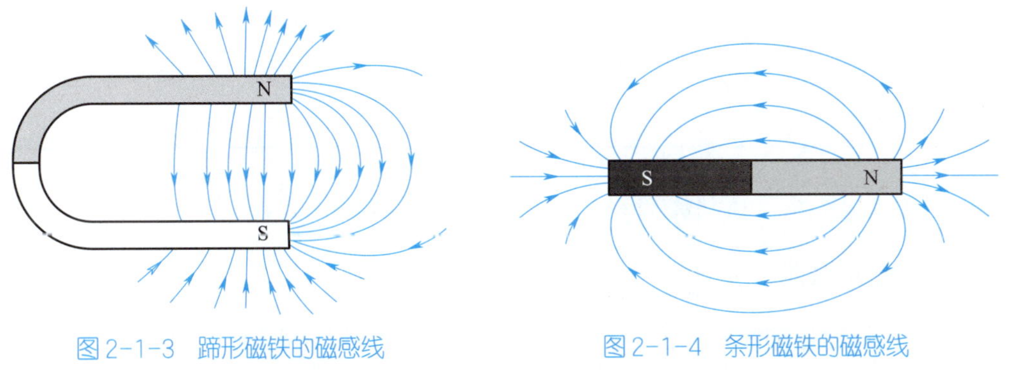

图2–1–3　蹄形磁铁的磁感线　　图2–1–4　条形磁铁的磁感线

通电长直导线及通电螺线管的磁场方向可用右手螺旋定则来确定，具体方法见表2–1–1。

表 2-1-1　右手螺旋定则

通电长直导线	通电螺线管
用右手握住导线，让伸直的拇指所指的方向与电流的方向一致，则弯曲的四指所指的方向就是磁感线的环绕方向	用右手握住通电螺线管，让弯曲的四指所指的方向与电流的方向一致，则拇指所指的方向就是螺线管内部磁感线的方向，也就是通电螺线管的磁场 N 极的方向
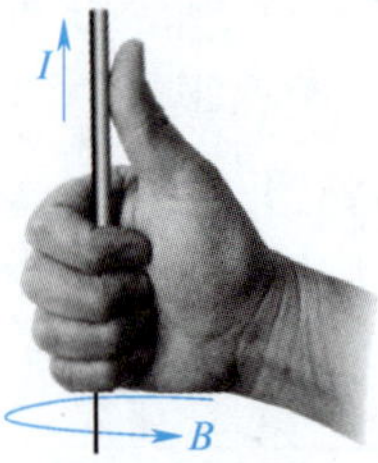 I B	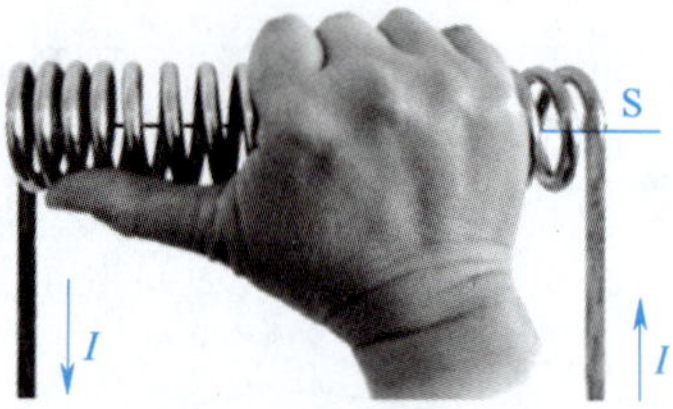 S I I
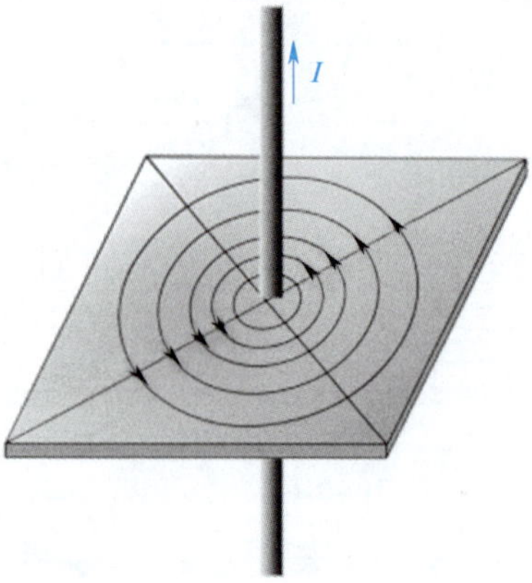 I	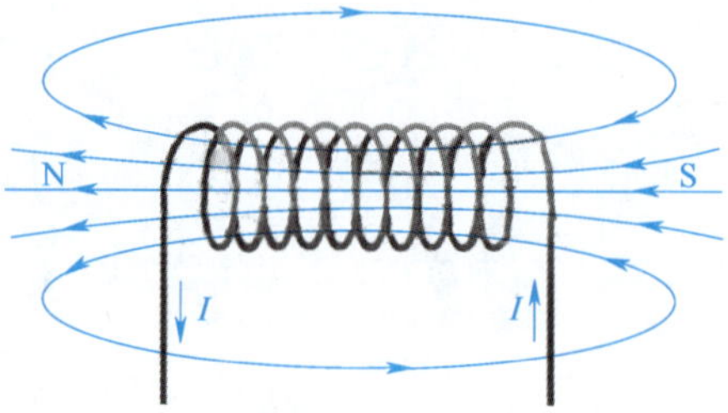 N S I I

二、磁场的主要物理量

1. 磁感应强度

磁感应强度是定量描述磁场强弱和方向的物理量，用 B 表示。在磁场中，垂直于磁场方向的通电导线所受的磁场力 F 与电流 I 和导线长度 L 的乘积 IL 的比值，称为磁感应强度，即

$$B = \frac{F}{IL}$$

式中，磁感应强度 B 的单位是特斯拉，简称特（T），电流 I 的单位是安培（A），导线长度 L 的单位是米（m），F 的单位是牛顿（N）。

磁场越强，磁感应强度越大；磁场越弱，则磁感应强度越小。普通永磁体磁极附近的磁感应强度一般为 0.4 ~ 0.7 特斯拉，电动机和变压器铁芯中心的磁感应强度可达 0.8 ~ 1.4 特斯拉，地面附近的磁场的磁感应强度只有 5×10^{-5} 特斯拉。

磁感应强度 B 是矢量，磁场中某点的磁感应强度 B 的方向就是该点的磁场方向。

2. 磁通

为了定量地描述磁场在某一范围内的分布及变化情况，引入磁通这一物理量。

如图 2-1-5a 所示，设在磁感应强度为 B 的匀强磁场中，有一个与磁场方向垂直的平面，面积为 S，将 B 与 S 的乘积定义为穿过这个面的磁通量，简称磁通，用 ϕ 表示。它在数值上等于穿过这个面的磁感线条数，公式为

$$\phi=BS$$

磁通的单位是韦伯，简称韦（Wb）。

由于

$$B=\frac{\Phi}{S}$$

因此，磁感应强度 B 又称磁通密度，单位为 $\mathrm{Wb/m^2}$，$1\ \mathrm{T}=1\ \mathrm{Wb/m^2}$。

如果磁场不与所讨论的平面垂直（见图 2-1-5b），则应以这个平面在垂直于磁场 B 的方向的投影面积 S' 与 B 的乘积来表示磁通。

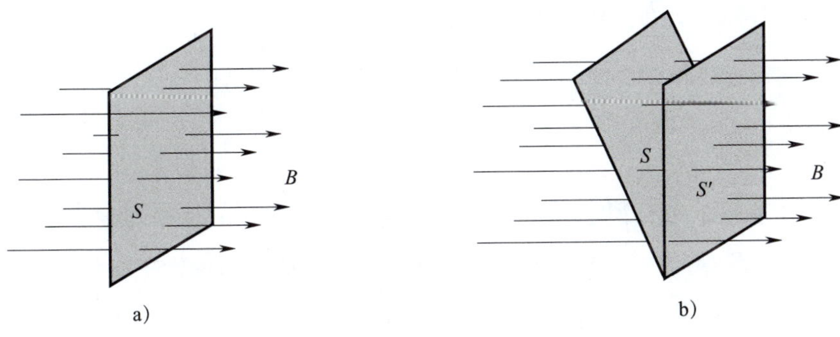

图 2-1-5 磁通

a）平面与 B 垂直 b）平面与 B 不垂直

当面积一定时，如果通过该面积的磁感线越多，则磁通越大，磁感应强度越强。这一概念在电气工程上有极其重要的意义，如变压器、电动机、电磁铁等就是通过尽可能地减少漏磁通，增强一定铁芯截面下磁场的强度来提高工作效率的。

3. 磁导率

如果用一个插有铁棒的通电线圈去吸引铁屑，然后把通电线圈中的铁棒换成铜棒再去吸引铁屑，便会发现在两种情况下吸力大小不同，前者比后者大得多。这表明不同的媒介质对磁场的影响不同，影响的程度与媒介质的导磁性能有关。磁导率是一个用来表示媒介质导磁性能的物理量，用 μ 表示，其单位为 H/m（亨 / 米）。由实验测得真空中的磁导率 $\mu_0=4\pi\times10^{-7}$ H/m，为一个常数。

自然界大多数物质对磁场的影响甚微，只有少数物质对磁场有明显的影响。为了比较媒介质对磁场的影响，把任一物质磁导率与真空磁导率的比值称为相对磁导率，用 μ_r 表示，即

$$\mu_r=\frac{\mu}{\mu_0}$$

相对磁导率只是一个比值，它表明在其他条件相同的情况下，媒介质中的磁感应强度是真空中磁感应强度的多少倍。

根据相对磁导率的大小，可将物质分为以下三类。

（1）顺磁物质

顺磁物质有空气、铝、铬、铂等，其 μ_r 稍大于 1。

（2）反磁物质

反磁物质有氢、铜等，其 μ_r 稍小于 1。

顺磁物质与反磁物质一般被称为非铁磁物质。

（3）铁磁物质

铁磁物质有铁、钴、镍、硅钢、坡莫合金、铁氧体等，其相对磁导率 μ_r 远大于 1，可达几百甚至数万以上，且不是一个常数。铁磁物质（也称铁磁材料）被广泛应用于电工技术及计算机技术等方面。

根据不同的特点，可将铁磁材料分为三类，见表 2-1-2。

表 2-1-2　铁磁材料的分类

名称	特点	典型材料及用途
硬磁材料	不易磁化，不易退磁	碳钢、钴钢等，适合制作永磁体、扬声器的磁钢，在各种电磁式仪表中有较多的应用
软磁材料	容易磁化，容易退磁	硅钢、铸钢、铁镍合金等，适合制作电动机、变压器、继电器等设备中的铁芯，如汽车的发电机定子、起动机转子、高压线圈的铁芯等
矩磁材料	很易磁化，很难退磁	锰镁铁氧体、锂锰铁氧体等，适合制作磁带、计算机的磁盘等

三、磁路与磁路欧姆定律

1. 磁路

铁磁材料具有很强的导磁能力，所以常将铁磁材料制成一定形状（多为环状）的铁芯，这样就为磁通的集中通过提供了路径。

磁通所通过的路径称为磁路，图 2-1-6 所示为几种电气设备的磁路。

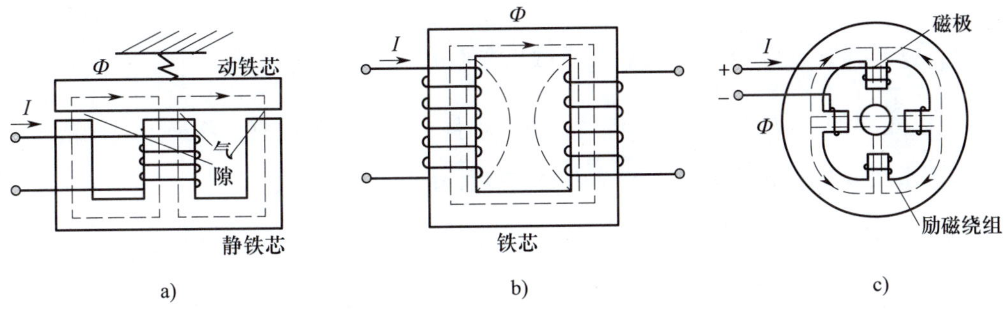

图 2-1-6　几种电气设备的磁路

a）磁电系仪表　b）变压器　c）电动机

磁路可分为无分支磁路和有分支磁路。图 2-1-6b 所示为无分支磁路，图 2-1-6c 和图 2-1-6a 所示为有分支磁路。磁路中除铁芯外往往还有一小段非铁磁材料，如空气隙等。由于磁感线是连续的，所以通过无分支磁路各处横截面的磁通是相等的。

利用铁磁材料可以尽可能地将磁通集中在磁路中，但是与电路比较，磁路的漏磁现象要比电路的漏电现象严重得多。全部在磁路内部闭合的磁通称为主磁通，部分经过磁路周围物质而自成回路的磁通称为漏磁通（见图 2–1–7）。在漏磁不严重的情况下可将其忽略，只考虑主磁通。

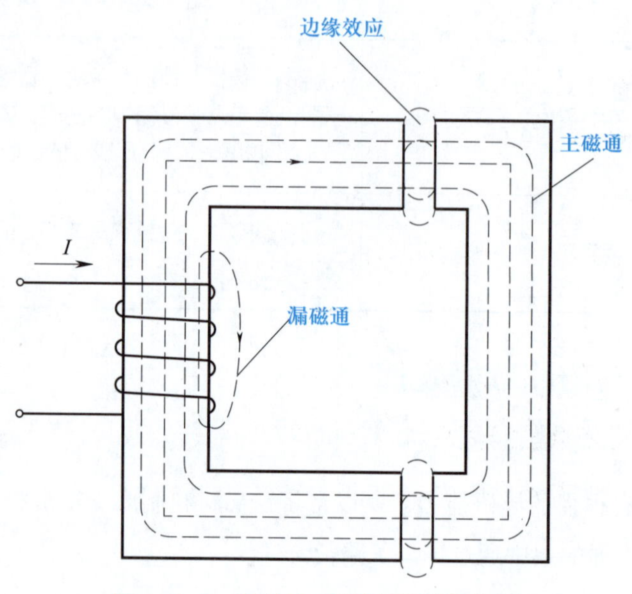

图 2–1–7　主磁通、漏磁通和边缘效应

由于制造和结构上的原因，磁路中常有空气隙。当空气隙很小时，其中的磁感线是平行且均匀的，只有极少数磁感线扩散出去形成所谓的边缘效应。

通电线圈的匝数越多，电流越大，磁场越强，磁通也就越多。将通过线圈的电流 I 和线圈匝数 N 的乘积称为磁动势，用 F_m 表示，即

$$F_m=NI$$

磁动势的单位是安培（A）。磁动势的大小反映通电线圈磁场的强弱。

电路中有电阻，磁路中也有磁阻。磁阻反映磁通通过磁路时所受到的阻碍作用，用符号 R_m 表示。与导体的电阻相似，磁路中磁阻的大小与磁路的长度 L 成正比，与磁路的横截面积 S 成反比，并与组成磁路材料的磁导率有关，其公式为

$$R_m=\frac{L}{\mu S}$$

式中，μ、L、S 的单位分别为 H/m、m、m^2，磁阻 R_m 的单位为 1/ 亨（H^{-1}）。

2. 磁路欧姆定律

通过磁路的磁通与磁动势成正比，与磁阻成反比，即

$$\Phi = \frac{F_m}{R_m}$$

上式与电路的欧姆定律表达式相似，故称为磁路欧姆定律。应当指出，式中的磁阻 R_m 是指整个磁路的磁阻。如果磁路中空气隙较大，由于空气隙的磁阻远比铁磁材料的磁阻大，整个磁路的磁阻会大大增加；若要有足够的磁通就必须增大励磁电流或增加线圈的匝数，即增大磁动势。

由于铁磁材料磁导率是非线性的，磁阻 R_m 不是常数，所以磁路欧姆定律只能对磁路做定性分析。

由以上分析可知，磁路中的某些物理量与电路中的某些物理量有对应关系，而且磁路中某些物理量之间的关系也与电路中某些物理量之间的关系相似。表 2–1–3 为磁路与电路的比较。

表 2–1–3 磁路与电路的比较

磁路	电路
磁动势 $F_m=NI$	电动势 E
磁通 Φ	电流 I
磁阻 R_m	电阻 R
磁导率 μ	电阻率 ρ
磁路欧姆定律	电路欧姆定律

应用链接

电磁继电器在汽车中的应用

电磁继电器是一类用小电流控制大功率电路通断的开关，主要由线圈、铁芯、衔铁及触点组成，其外形、基本结构和电路符号如图 2–1–8 所示。

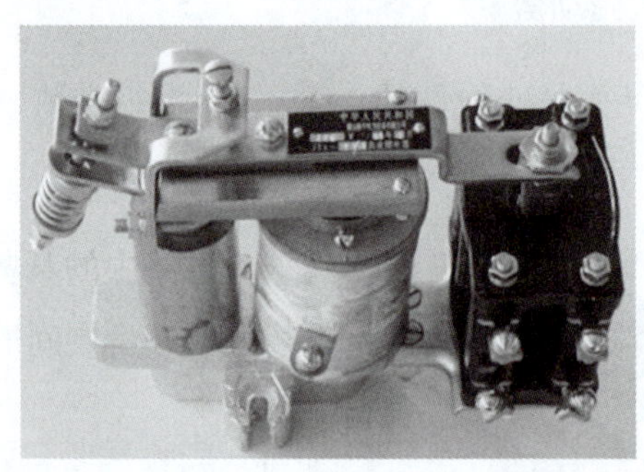

a)

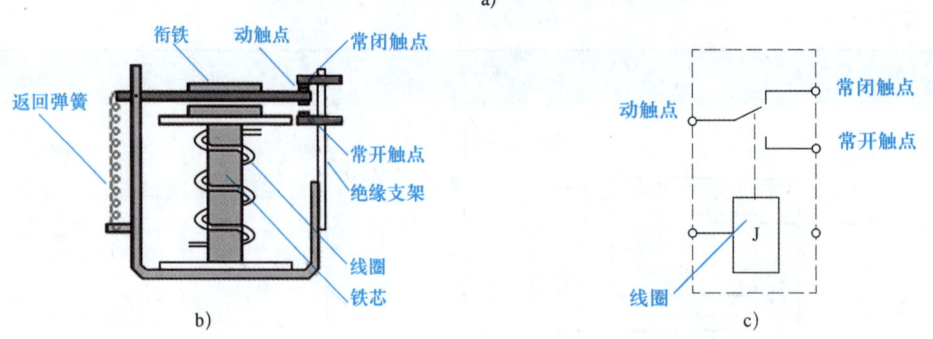

图 2–1–8　电磁继电器的外形、基本结构和电路符号

a）外形图　b）基本结构　c）电路符号

当线圈不通电时，衔铁在返回弹簧的拉引下，动触点紧压在常闭静触点上，动触点与常闭静触点接通，而与常开静触点分开。

当线圈通以正常电流后，电流的磁场将衔铁吸向铁芯，动触点与常闭静触点分开，而紧压在常开静触点上，动触点与常开静触点接通。

汽车上装有为数众多、类型各异的继电器，起到对电路的控制、调节、转换和安全保护等作用；同时，由于工作环境特殊，汽车继电器还必须具有较强的耐尘、水、盐、油等侵害以及抗振、抗冲击的能力。图 2–1–9 所示为汽车常用电磁继电器。

图 2-1-9 汽车常用电磁继电器

继电器的检测与应用

一、实训目的

掌握继电器检测和接线技术。

二、实训器材

万用表 1 台、开关 2 只、12 V 五引脚继电器 2 只、21 W/12 V 灯泡 2 只、12 V 直流稳压电源 1 台。

三、实训内容与步骤

1. 继电器的检测

(1) 继电器引脚和接线图

图 2-1-10 所示为继电器引脚和接线图示例（参看图 2-1-9 所示继电器实物图）。

(2) 继电器的在车检测

先用万用表测量继电器线圈的两个接线端是否有电。如果一端有电，可将另一端搭铁。如果能听到响声，表明继电器能够动作；如果没有响声，表明继电器已损坏。

(3) 继电器的离车检测

以图 2-1-10a 所示五引脚常开继电器为例。

1）开路检测。用万用表 R × 100 Ω 挡检查 85 与 86 脚之间、87 与 87a 脚之间电路，应导通，而 87 与 30 脚之间电阻应为 ∞，否则说明继电器有问题。

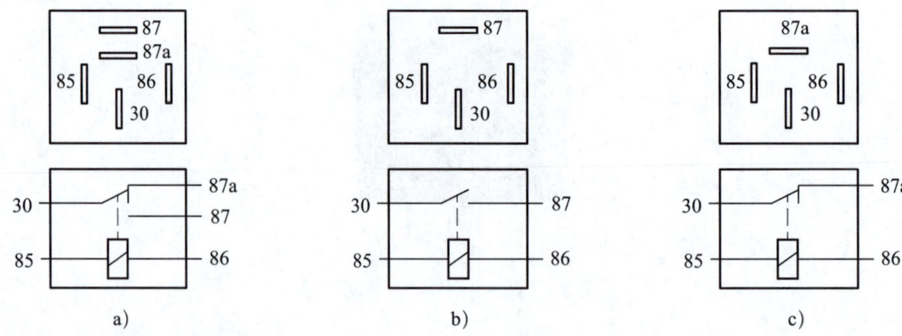

图 2-1-10 继电器引脚和接线图示例

a）五引脚常开继电器 b）四引脚常开继电器 c）四引脚常闭继电器

2）加电检测。如果上述检查无问题，可在 85 与 86 脚上加 12 V 供电，用万用表检查，87 与 30 脚之间电路应导通。如不符合上述情况，或通电后继电器发热，说明继电器已损坏。

2. 继电器灯光电路的设计与安装

（1）电路可以分别控制两只灯泡。第二只灯泡要受第一只灯泡影响，第一只灯泡亮后第二只灯泡才能亮，第二只灯泡可以单独控制亮和灭。

（2）开关 K1、K2 控制线圈搭铁；触点开关控制灯泡搭铁；J2 的线圈开关 K2 需要接在 J1 的触点后面（或接在 K1 开关后面）。

§2-2 磁 场 力

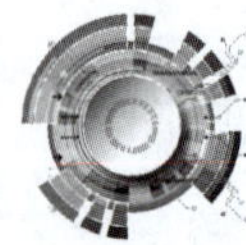

学习目标

1. 能应用左手定则判断通电导线在磁场中所受安培力的方向。
2. 理解霍尔效应，了解霍尔元件在汽车中的应用。
3. 掌握直流电动机的工作原理、励磁方式和调速方式。
4. 了解汽车起动机的构造和作用。

一、磁场对通电导线的作用——安培力

两个永久磁体相互靠近，由于磁场彼此作用，它们相互间会有作用力；通电导线周围会产生磁场，若将其置于另一个永久磁体的磁场中，也会受到力的作用，这一作

用力称为安培力。

通电直导体在磁场内的受力方向可用左手定则来判断。如图 2-2-1 所示，平伸左手，使拇指与其余四指垂直，并且与手掌处于同一个平面内，让磁感线垂直穿入掌心，并使四指指向电流的方向，则拇指所指的方向就是通电导体所受安培力的方向。

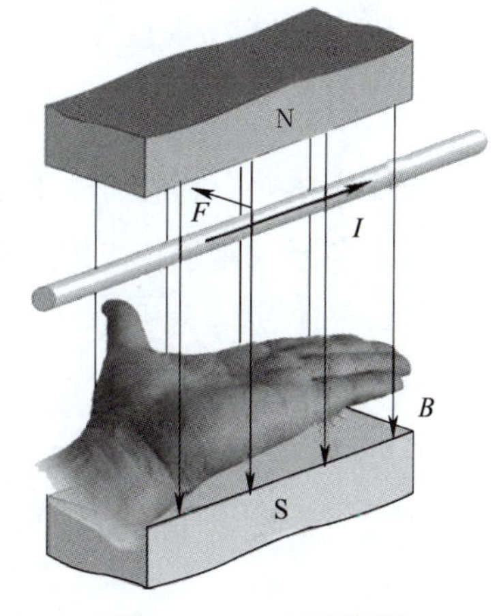

图 2-2-1 左手定则

一个垂直于磁场的通电直导线在磁场中受到的安培力 F 的大小由下式决定

$$F=BIL$$

式中，磁场强度 B 的单位为特（T），电流 I 的单位为安（A），导线长度 L 的单位为米（m），F 的单位为牛（N）。

如果通电导线与磁场不垂直，则磁场对电流的作用力比垂直时要小；如果两者平行，则作用力为零。

二、磁场对运动电荷的作用——洛仑兹力

实验证明，把一个条形磁体的 N 极靠近阴极射线管，发现电子束会发生偏转；调换磁极，偏转方向也随之改变。可见运动电荷在磁场中受到了力的作用。

运动电荷在磁场中受到的磁场力称为洛仑兹力。洛仑兹力的方向总是与粒子运动的速度方向垂直，所以洛仑兹力对运动电荷不做功，它不会改变带电粒子的速度大小，只改变粒子运动的方向。洛仑兹力的方向同样可以用左手定则进行判断。既然电流是电荷的定向移动形成的，那么静止的通电导线在磁场中受到的安培力，实际上就等于大量定向运动的电荷所受洛仑兹力的总和。

当固体材料中的载流子在外加磁场中运动时，因为受到洛仑兹力的作用而使轨迹发生偏移，最终在两侧形成一个稳定的电势差，这一电势差称为霍尔电压，这一物理现象称为霍尔效应，如图 2-2-2 所示。

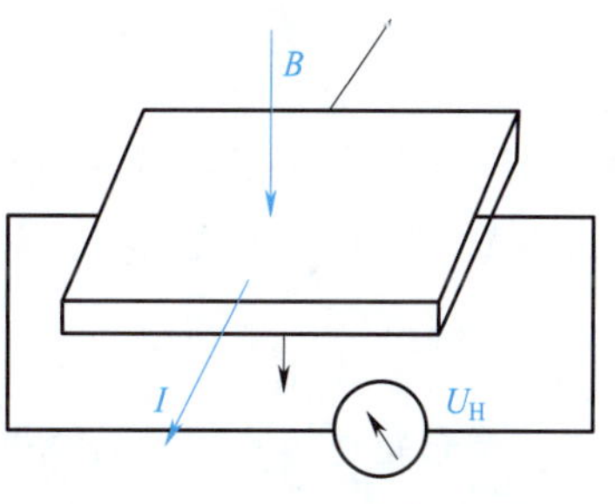

图 2-2-2 霍尔效应示意图

磁感应强度为 B 的磁场垂直作用于一块矩形半导体（或导体）薄片，通入与磁感应强度 B 垂直的电流

I，在与电流和磁场垂直的方向上便会产生霍尔电压 U_H，若改变 I 或 B，或两者同时改变，均会引起 U_H 的变化。

根据霍尔效应制成的检测元件称为霍尔元件，利用霍尔元件可以制成多种传感器。图 2-2-3 所示为霍尔轮速传感器的结构。

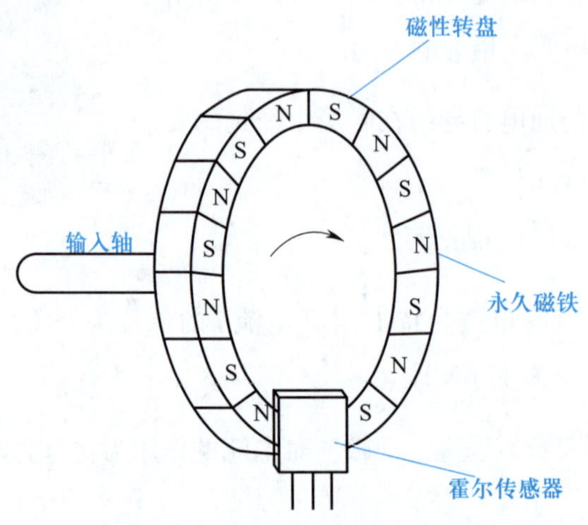

图 2-2-3 霍尔轮速传感器的结构

霍尔轮速传感器由霍尔传感器和磁性转盘组成，将磁性转盘的输入轴与被测转轴相连，当被测转轴转动时，固定在磁性转盘附近的霍尔传感器便可在每一个磁极通过时产生一个相应的脉冲，由此便可测得被测转轴的转速。磁性转盘磁极的数量可以决定霍尔轮速传感器的分辨率。

应用链接

霍尔元件在汽车中的应用

霍尔轮速传感器在现代汽车中应用广泛。例如，在许多汽车的防抱死制动系统（ABS）中，多采用霍尔轮速传感器来检测车轮速度，其安装位置如图 2-2-4 所示。

霍尔轮速传感器由传感头和齿圈组成。传感头由永磁体、霍尔元件和电子电路等组成，磁体的磁感线穿过霍尔元件通向齿轮，如图 2-2-5 所示。

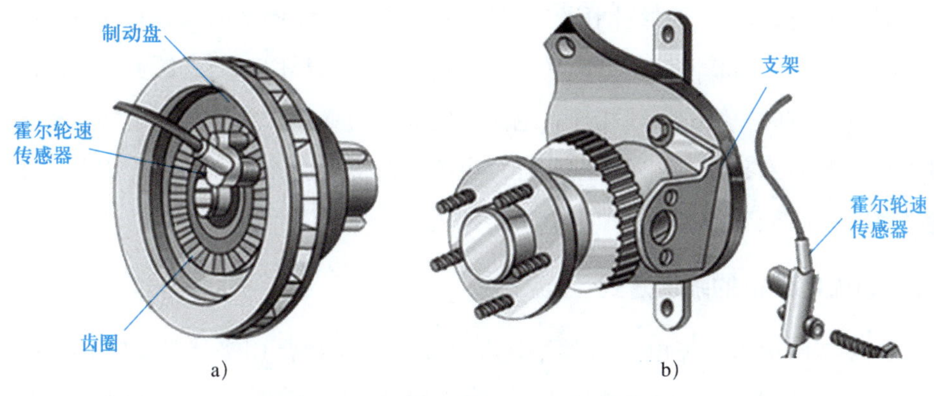

图 2-2-4 霍尔轮速传感器的安装位置
a）前轮 b）后轮

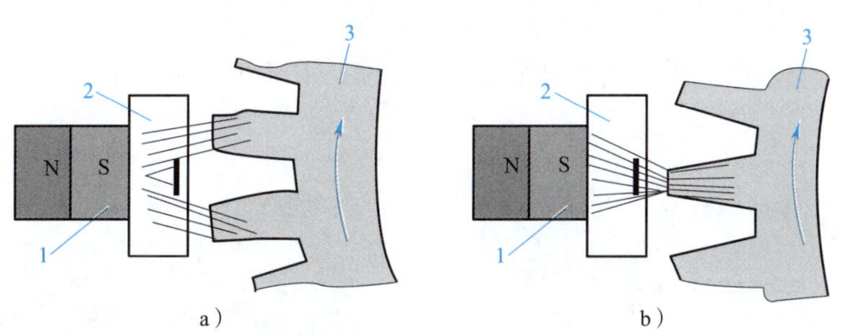

图 2 2 5 霍尔轮速传感器的工作原理
a）磁感线分散 b）磁感线集中
1—永磁体 2—霍尔元件 3—齿圈

当齿轮位于图 2-2-5a 所示位置时，穿过霍尔元件的磁感线分散；当齿轮位于图 2-2-5b 所示位置时，穿过霍尔元件的磁感线集中。齿轮转动时，穿过霍尔元件的磁感线密度不断发生变化，从而引起霍尔电压 U_H 的变化，传感器将输出一个相应的信号电压，再由 ECU 进行处理。

三、直流电动机

1. 直流电动机的工作模型

安培力一个最重要的应用是为电动机的发明提供了理论支持。图 2-2-6 给出了一个直流电动机的工作模型，它由磁场（磁体）、转子（转动线圈）、电刷和换向器等组成。

在图 2-2-6 中，线圈的旋转方向可按左手定则判断，当线圈平面与磁感线平行时，线圈在 N 极一侧的部分所受电磁力向下，在 S 极一侧的部分所受电磁力向上，线圈按顺时针方向转动，这时线圈所产生的转矩最大。当线圈平面与磁感线垂直时，电磁转矩为零，但线圈靠惯性仍继续转动。通过换向器的作用，与电源负极相连的电刷A始终与转到N极一侧的导线相连，电流方向恒为由A流出线圈；与电源正极相连的电刷B始终与转到S极一侧的导线相连，电流方向恒为由B流入线圈。因此，线圈始终能按顺时针方向连续旋转。

2. 直流电动机的励磁方式

图2-2-7所示为直流电动机的结构，其中定子绕组是用来代替永磁体产生磁场的，所以又称励磁绕组。电驱绕组由一定数目的电枢线圈按一定的规律连接组成，它是直流电动机的电路部分，能够产生感应电动势，产生电磁转矩进行机电能量转换的部分。直流电动机的性能与其励磁方式有密切的关系。按励磁电流供给方式的不同，可分为他励和自励两大类，其中自励又分为并励、串励和复励三种，见表2-2-1。

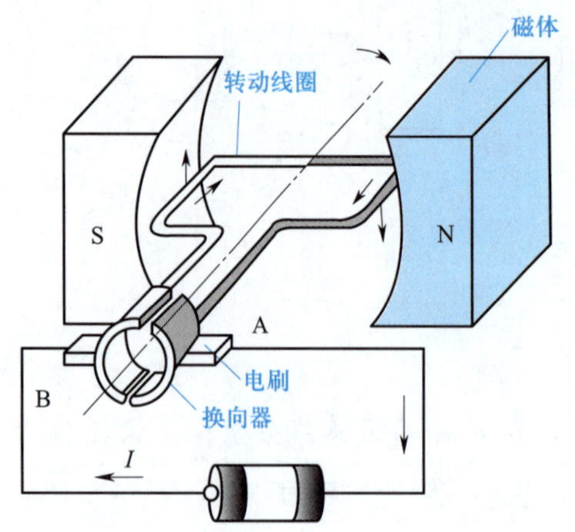

图2-2-6　直流电动机的工作模型

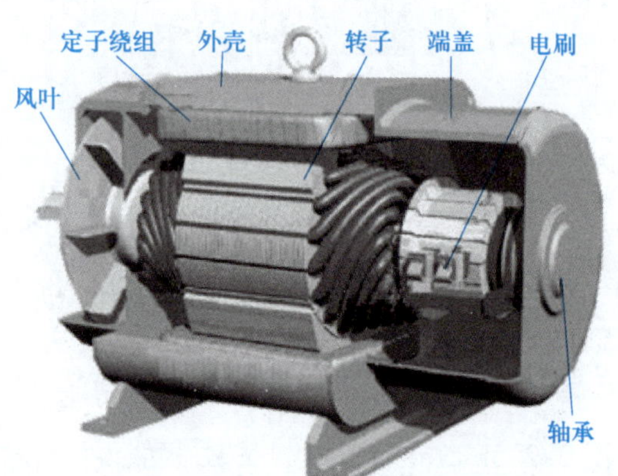

图2-2-7　直流电动机的结构

表2-2-1　直流电动机的励磁方式

励磁方式	电路图	特点
他励	U, E_C, I_a, I_f, M, +, −	励磁电流由另外的电源供给，励磁绕组与电枢绕组在电路上没有直接联系 （其中 I_a 表示电枢电流，I_f 表示励磁电流）

续表

励磁方式		电路图	特点
自励	并励	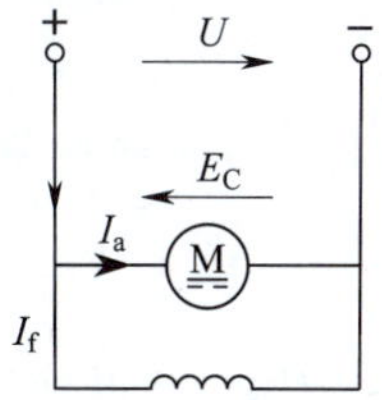 $+$ U $-$ E_C I_a M I_f	励磁绕组与电枢绕组共用同一电源，励磁绕组与电枢绕组并联
	串励	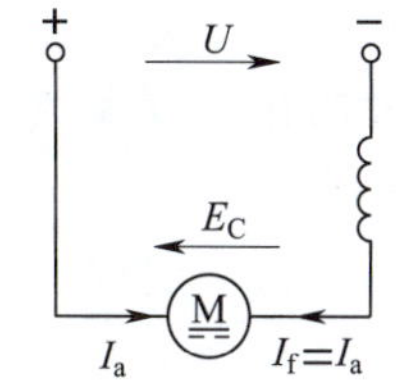 $+$ U $-$ E_C M I_a $I_f=I_a$	励磁绕组与电枢绕组共用同一电源，励磁绕组与电枢绕组串联
	复励	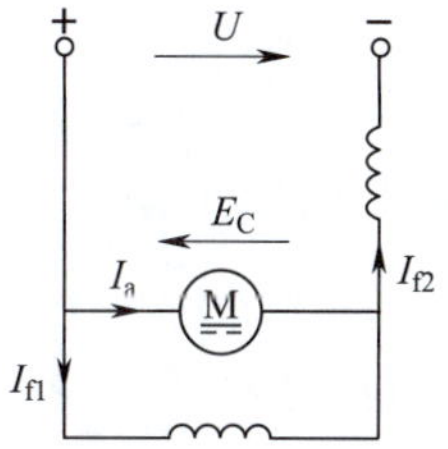 $+$ U $-$ E_C I_a M I_{f2} I_{f1}	励磁绕组与电枢绕组共用同一电源，有两组励磁绕组，一组与电枢绕组并联，另一组与电枢绕组串联

3. 直流电动机的反转

直流电动机的旋转方向取决于电枢电流的方向和磁场的方向，所以两者任变其一，都可以使电动机反转。

提示：对一些大容量电动机，特别是他励电动机，通常是通过改变电枢电流的方向使电动机反转的，这是因为励磁电路在电流换向时会产生瞬时高压，可能将绝缘击穿。

4. 直流电动机的调速

直流电动机的调速方法有以下三种。

（1）电枢串接电阻调速

在电枢电路中串接调速变阻器，增加电阻则转速降低。这种调速方法只能在额定转速以下调速，调速范围较小，消耗能量较多，但方法简便，在小功率电动机中应用较多。

（2）弱磁调速

在并励或他励电动机的励磁电路中串接调速变阻器，调节励磁电流，改变磁通，减小磁通则转速增加。这种调速方法只能在额定转速以上调速。

提示：这种方法应用较少，且只能辅助调速时使用。

（3）降压调速

降低电源电压可以均匀调速，因为加在电枢上的电压不能超过额定电压，所以使用这种调速方法只能在额定转速以下调速。

应用链接

车用起动机

发动机借助外力由静止状态过渡到能够自行运转状态的过程称为发动机的起动，图 2-2-8 所示为电磁控制式起动机。

电磁控制式起动机由以下三部分组成。

1. 直流电动机

直流电动机的作用是产生电磁转矩，将蓄电池的直流电能转换为机械能。

2. 传动机构

传动机构又称啮合结构，其作用是发动机起动时，使起动机的驱动齿轮和发动机的飞轮齿圈啮合，将电动机的磁转矩传给飞轮；发动机起动后，自动切断动力传递，防止电动机被发动机带动迅速旋转而遭到破坏。

3. 控制机构

控制机构又称电磁开关，其作用是控制驱动齿轮和飞轮的啮合与分离，控制电动机电路的接通与关断。

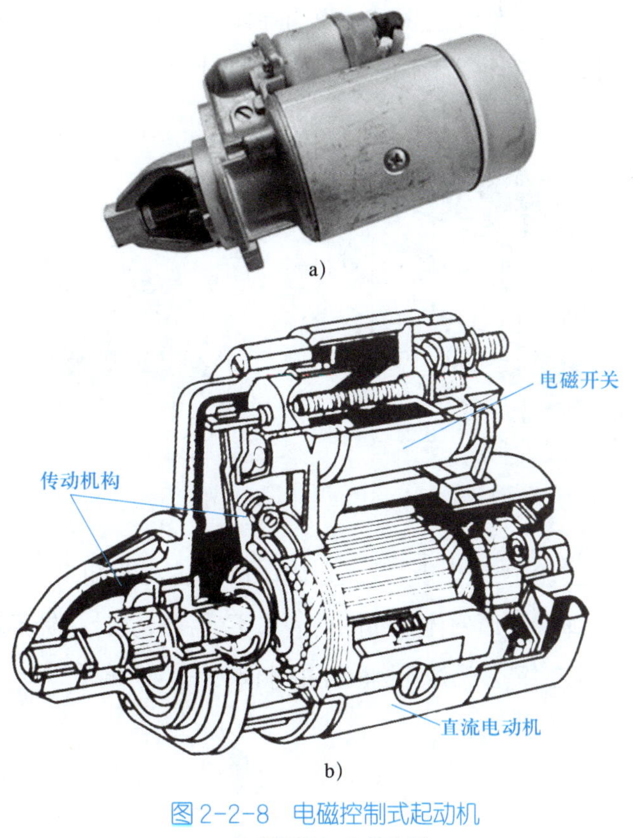

图 2-2-8 电磁控制式起动机

a）实物图 b）结构图

§2-3 电磁感应

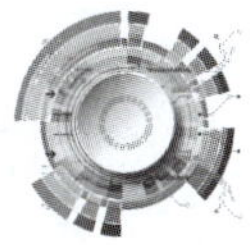

学习目标

1. 掌握感应电动势的概念，能应用右手定则确定感应电动势的方向。
2. 掌握楞次定律和法拉第电磁感应定律。
3. 理解直流发电机的工作原理。
4. 掌握自感和互感的概念，能判断互感线圈的同名端。
5. 了解涡流的利与害。

一、电磁感应现象

在图 2-3-1 所示实验中，当导体垂直于磁感线在水平方向做切割磁感线运动时，可以明显地观察到检流计指针发生偏转，说明导体回路中有电流通过；而当导体平行于磁感线方向运动时，检流计指针不偏转，说明导体回路中没有产生电流。

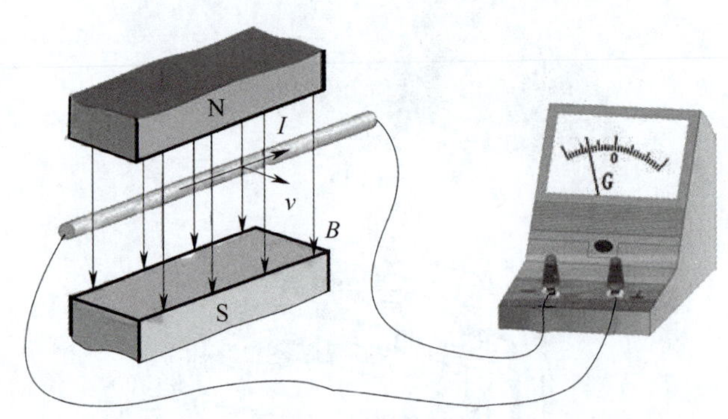

图 2-3-1　导体切割磁感线产生电流

在图 2-3-2 所示实验中，当用一块条形磁体快速插入线圈时，会观察到检流计指针向一个方向偏转；如果条形磁体在线圈内静止不动，检流计指针不偏转；将条形磁体由线圈中迅速拔出时，又会观察到检流计指针向另一方向偏转。

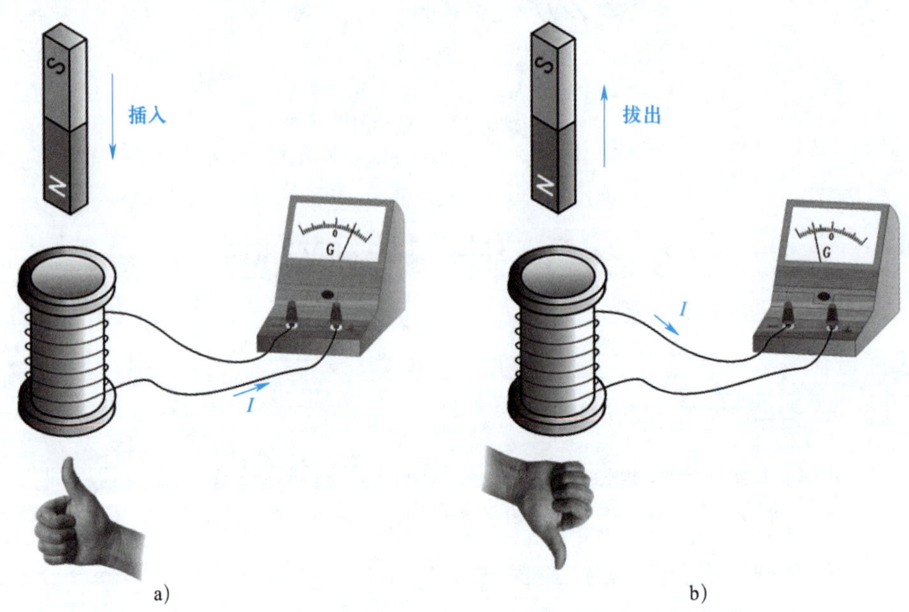

图 2-3-2　条形磁体快速插入和拔出线圈产生电流

a）插入线圈　b）拔出线圈

这种利用磁场产生电流的现象称为电磁感应，产生的电流称为感应电流，产生感应电流的电动势称为感应电动势。

上述两个实验现象说明：当导体做切割磁感线运动或者线圈中的磁通发生变化时，在导体或线圈中会产生感应电动势。若导体或线圈构成闭合回路，则导体或线圈中将有电流流过。

二、感应电动势

1. 直导体中的感应电动势

（1）感应电动势的方向

做切割磁感线运动的导体产生的感应电动势，其方向可由右手定则来确定，如图 2–3–3 所示。伸平右手，伸直四指，并使拇指与四指垂直，让磁感线垂直穿过掌心，使拇指指向导体运动的方向，四指所指的方向就是感应电动势的方向（或感应电流的方向）。

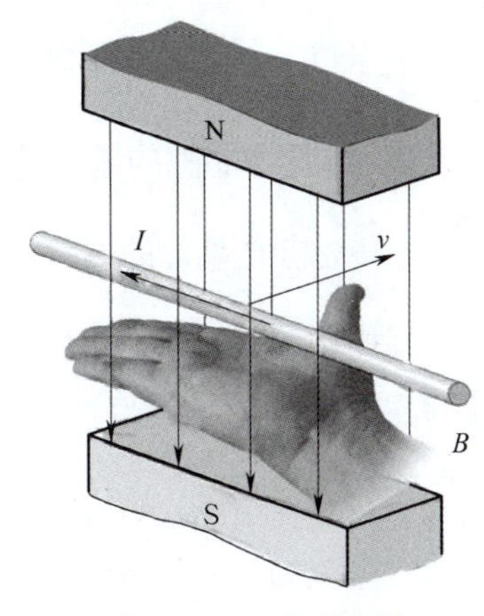

图 2-3-3 右手定则

提示：判断感应电动势方向时，要把导体看成一个电源，在导体内部，感应电动势的方向由负极指向正极。感应电流的方向与感应电动势的方向相同。如果直导体不形成闭合回路，导体中只产生感应电动势，而无感应电流。

（2）感应电动势的大小

当导体、导体运动方向和磁感线方向三者互相垂直时，导体中的感应电动势为

$$e=BLv$$

式中，B 的单位为特（T），L 的单位为米（m），v 的单位为米/秒（m/s），e 的单位为伏（V）。

如果导体运动方向与磁感线方向成一夹角 α（见图 2–3–4），则导体中的感应电动势为

$$e=BLv\sin\alpha$$

由上式可知，当导体的运动方向与磁感线垂直时（α =90°），导体中感应电动势最大；当导体的运动方向与磁感线平行时（α =0°），导体中感应电动势为零。

发电机就是利用导线切割磁感线产生感应电动势的原理发电的（见图 2-3-5）。在实际应用中，将导线做成线圈，使其在磁场中转动，从而得到连续的电流。

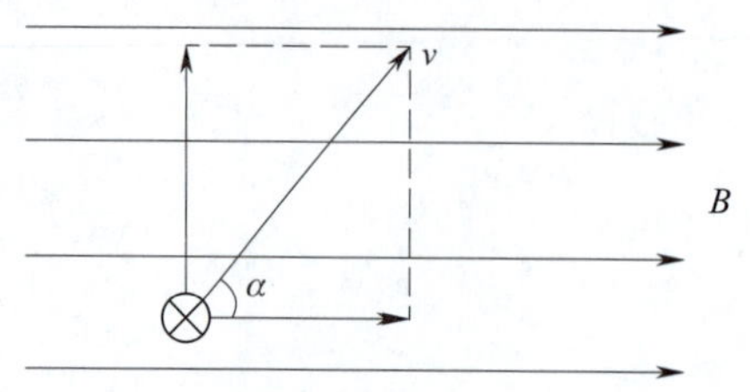

图 2-3-4 导体运动方向与磁感线方向示意图

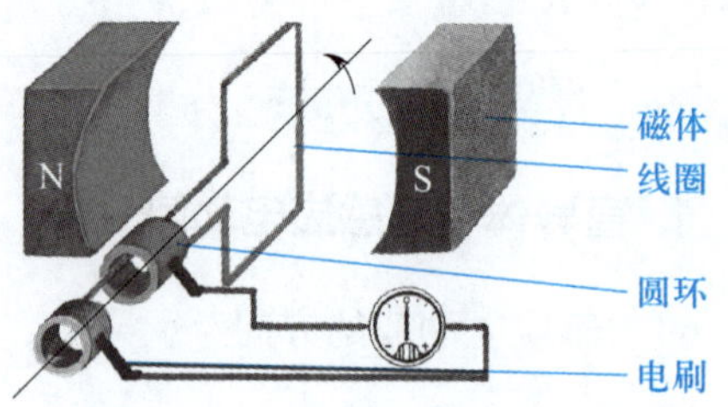

图 2-3-5 发电机原理示意图

2. 线圈中的感应电动势

（1）感应电动势的方向

线圈中的磁通量发生变化时，线圈中会产生感应电动势。感应电动势的方向通常由楞次定律结合右手螺旋定则来判定。

楞次定律指出：感应电流的磁场总是要阻碍引起感应电流的磁通量的变化。当引起感应电流的磁通量增大时，感应电流的磁场与原电流的磁场方向相反；当引起感应电流的磁通量减小时，感应电流的磁场与原电流的磁场方向相同。

实际上，直导体中感应电动势的方向也可以用楞次定律判定。

（2）感应电动势的大小

在图 2-3-2 所示的实验中，磁铁插入或拔出的速度越快，指针偏转角度越大；反之越小。而磁铁插入或拔出的速度，反映的是线圈中磁通变化的速度，即线圈中感应电动势的大小与线圈中磁通的变化率成正比。这就是法拉第电磁感应定律。

用 $\Delta\Phi$ 表示时间间隔 Δt 内一个单匝线圈中的磁通变化量，则一个单匝线圈产生的感应电动势的大小为

$$e = \frac{\Delta\Phi}{\Delta t}$$

如果线圈有 N 匝，则感应电动势的大小为

$$e = N\frac{\Delta\Phi}{\Delta t}$$

三、自感和互感

1. 自感

自感现象是一种特殊的电磁感应现象，它是由回路自身电流变化引起的，例如在图 2-3-6 所示电路中，当流过线圈的电流发生变化时，导致穿过线圈的磁通量也随之变化，从而产生了自感电动势。

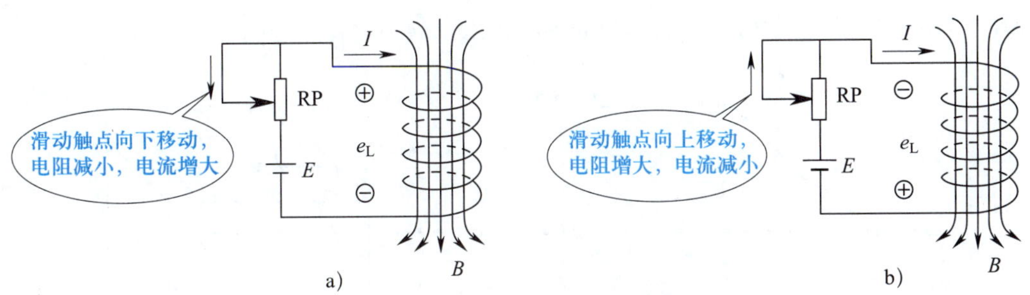

图 2-3-6　自感电动势的方向

a）回路电流增大时　b）回路电流减小时

自感电动势的方向可结合楞次定律和右手螺旋定则来判定。在图 2-3-6a 中，当原来电流增大时，自感电动势 e_L 应阻碍其电流增大，故自感电动势 e_L 的方向与电源电动势相反，为上正下负；在图 2-3-6b 中，当原来电流减小时，自感电动势 e_L 应阻碍其电流减小，故自感电动势 e_L 的方向与电源电动势相同，为上负下正。

自感电动势 e_L 的计算式为

$$e_L = -\frac{\Delta \Phi}{\Delta t} = -L\frac{\Delta i}{\Delta t}$$

式中：

L——自感系数，与线圈匝数、形状、大小及周围磁介质的磁导率有关；

$\Delta \Phi$——在 Δt 时间内，穿过回路磁通量的变化量；

Δi——在 Δt 时间内，回路中电流的变化量。

在有铁芯的线圈中通入交流电时，就有交变的磁场穿过铁芯，这时会在铁芯内部产生自感电动势并形成电流，由于这种自成回路的电流形如旋涡，故称其为“涡流”。

工业生产中可以利用电涡流的热效应，采用高频电炉来冶炼金属或加热锻件。家用电磁炉的工作原理是先将交流电变为直流电，再逆变为高频交流电作用在线圈上，进而产生交变磁场，在金属器皿的底部产生电涡流而生热。如果电涡流是由整块导体在磁场中运动引起的，它将受电磁力作用而阻碍导体的运动，这种电磁力的制动作用称为电磁阻尼作用。现在，在一些仪表中常利用涡流的电磁阻尼作用来减小指针的摆动。

涡流的热效应有利也有害。在交流电气设备如电源变压器中，交变电流的交变磁通在铁芯中产生涡流，会使铁芯发热，产生涡流损耗。所以变压器的铁芯总是采用多层硅钢片叠成，并用绝缘材料将各层隔开，以减小涡流损耗，如图 2–3–7 所示。

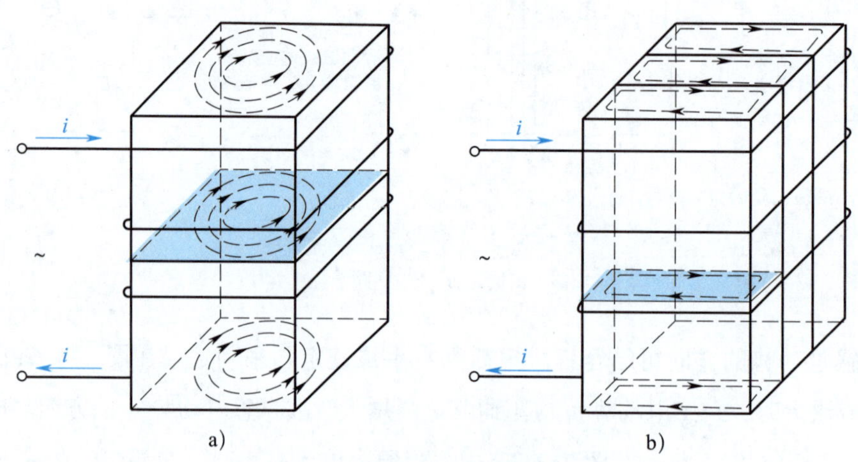

图 2–3–7　采用多层铁芯减小涡流损耗
（涡流方向按 ϕ 增加时画出）
a）单层铁芯涡流损耗大　b）多层铁芯涡流损耗小

应用链接

汽车电涡流缓速器

汽车电涡流缓速器如图 2–3–8 所示，其主要由定子和转子盘两部分组成，定子绕组安装有多个励磁线圈，通过支架固定在车辆底盘（车架、变速器壳或后桥壳）；转子盘固定在传动轴上，随传动轴一起旋转，与定子之间留有很小的气隙。

汽车正常行驶时，尽管转子盘随传动轴高速旋转，但由于此时线圈不通电，铁芯没有磁场，所以不产生制动力矩。

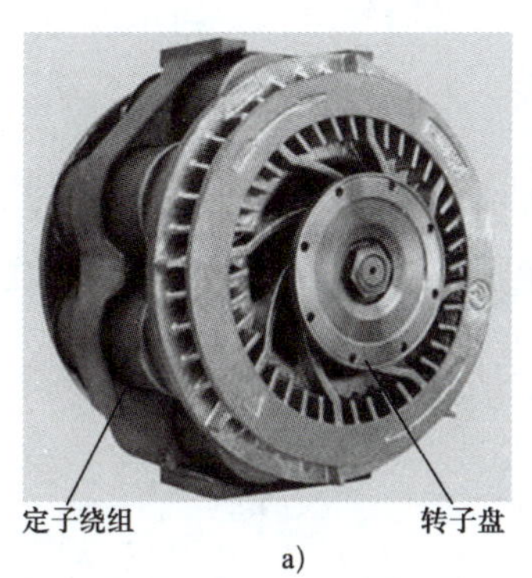

a)

b)

图 2-3-8 汽车电涡流缓速器

a）实物图 b）电涡流缓速器的安装位置

当需要缓速器工作时，按下缓速器开关，定子励磁线圈得电，产生磁场，高速旋转的转子盘所产生的感应电流（电涡流），在定子磁场中受到力的作用，其方向与转子盘的旋转方向（即传动轴的旋转方向）相反，从而使缓速器产生制动力矩。

由于缓速器的转子盘与定子之间存在间隙，所以在汽车行驶过程中，可以自由转动，不存在摩擦，可以有效防止制动过热造成的制动失灵，与传统的机械盘式制动器相比，不仅响应时间快，制动效果好，而且故障率较低，使用寿命大为延长。

2. 互感

互感现象是另一种特殊的电磁感应现象：当一个回路中的电流发生变化时，将引起附近其他回路的磁通量发生变化，从而在其他回路中产生感应电动势，如图 2-3-9 所示。

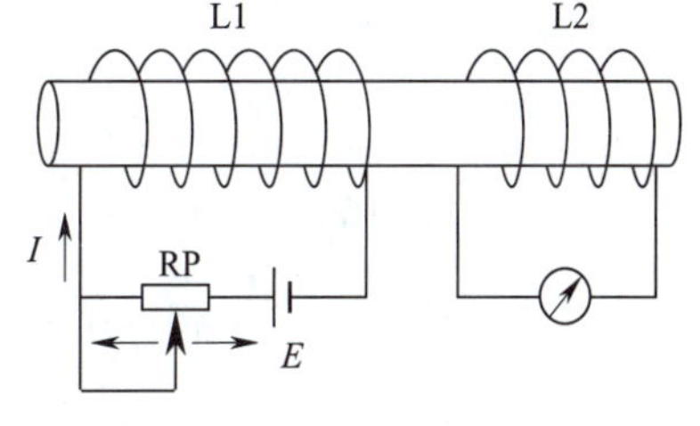

图 2-3-9 互感现象

互感电动势的大小按下式计算

$$e_{2M} = -N_2 \frac{\Delta \Phi_{12}}{\Delta t} = -M_{12} \frac{\Delta i_1}{\Delta t}$$

式中，N_2 为发生互感现象的线圈匝数；$\Delta \Phi_{12}$ 为在 Δt 时间内，产生磁通的电流在发生互感现象的线圈中磁通量的变化量；M_{12} 为互感系数；Δi_1 为线圈 L_1 电流的变化量。

互感电动势方向的确定与自感电动势方向的确定类似。

3. 同名端

在电力传送和电子电路中，为了保证电路的安全性、独立性和匹配性，避免相邻回路间直接连接，经常利用互感将交变电力或交变电信号由一个回路传到另一个回路。在实际中，往往需要了解互感电动势的正负极性。为此，引入了“同名端”的概念。

一般，常将由线圈绕向一致而产生感应电动势的极性始终保持一致的端子称为线圈的同名端，用“·”或“*”表示。例如，在图 2-3-10 中，L1、L2 和 L3 三个线圈的①③⑥为一组同名端，②④⑤为另一组同名端。

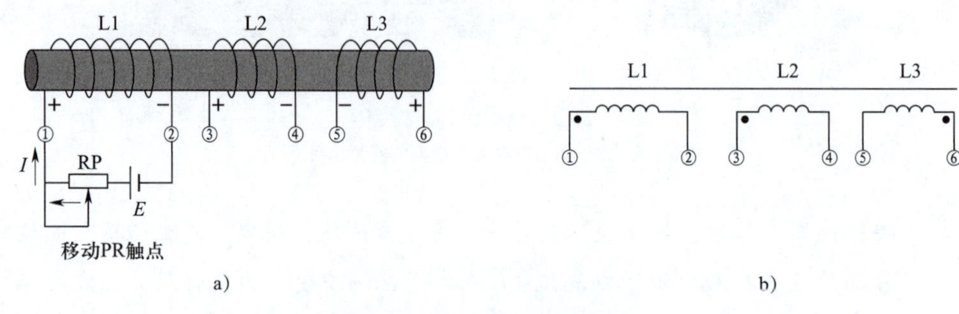

图 2-3-10 互感线圈的同名端

a）互感电动势的极性 b）同名端的常用符号

实训任务 5

互感线圈同名端的判别

一、实训目的

掌握互感线圈同名端的判别方法。

二、实训器材

交、直流电源 1 台，检流计 1 只、绕组 1 套、小型变压器 1 只，电阻、开关、导线等若干。

三、实训步骤

1. 直流法

取小型电源变压器一只，按图 2-3-11 所示进行接线，将一次绕组 A、电阻 R 及开关 S 串联起来，再接上直流电源。将二次绕组 B 接检流计。将开关 S 合上（合上时间不要太长）和断开，观察检流计指针的偏转方向，以此判断线圈同名端。

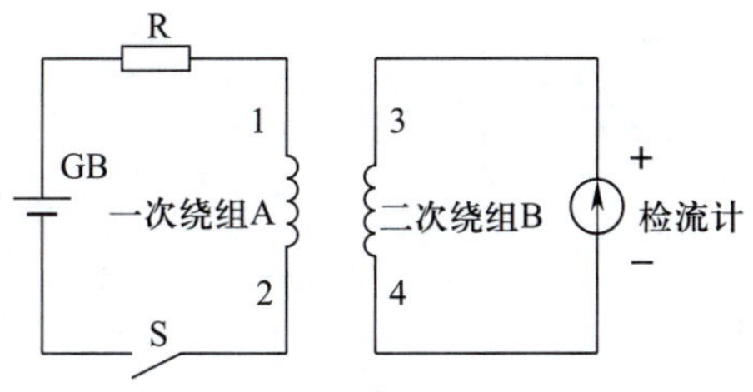

图 2-3-11 用直流法判断互感线圈同名端

（1）将开关 S 合上（合上时间不要太长）或断开，观察检流计指针的偏转方向，将实验结果填入表 2-3-1 中。

表 2-3-1 实验记录

开关 S 动作	检流计指针的偏转方向	结论
合上		________、________（或________、________）为同名端
断开		________、________（或________、________）为异名端

（2）改变电源极性，重复上述实验，观察检流计指针的偏转情况，再次判断同名端。

2. 交流法

应用交流法判断同名端是依据线圈绕组电动势串联原理实现的。在图 2-3-12 中，u_1 为交流 12 V 电源电压，u_2 为变压器二次侧开路电压，u 为一次绕组与二次绕组之间的电压。若两个绕组顺串（即异名端相连），则串联后所测得的总电压为两个绕组电压之和（见图 2-3-12a）；若两个绕组反串（即同名端相连），则串联后所测得的总电压为两个绕组电压之差（见图 2-3-12b）。据此即可判断同名端。

提示：选用不同的检测方法，所得结果应该相同，因为互感线圈的同名端是由线圈本身绕向所决定的，与检测方法无关。

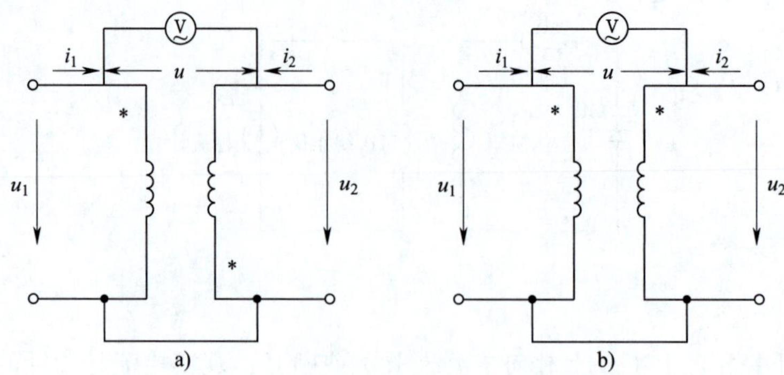

图 2-3-12　用交流法判断互感线圈同名端

a）电压表读数 u 为 u_1 与 u_2 之和　b）电压表读数为 u_1 与 u_2 之差

第三章

交流电

§3-1 交流电的基本概念

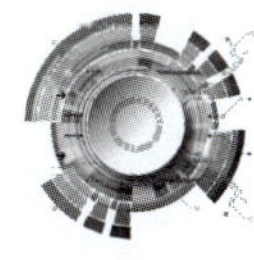

学习目标

1. 了解正弦交流电的特点。
2. 理解正弦交流电的基本物理量。
3. 能使用示波器观测正弦交流电波形。

汽车上的电能是由发电机和蓄电池两个电源提供的。蓄电池提供的是直流电，而汽车发电机发出的是交流电，必须经过整流设备转换后，才能为汽车提供所需要的直流电。

一、正弦交流电的特点

对比图 3–1–1 所示波形可知，交流电与直流电的根本区别是直流电的方向不随时间的变化而变化，而交流电的方向则随着时间的变化而变化。

电源只有一个交变电动势的交流电称为单相交流电；大小和方向都按正弦规律变化的交流电称为正弦交流电。如果不做特别说明，通常所讲的交流电都是指正弦交流电。

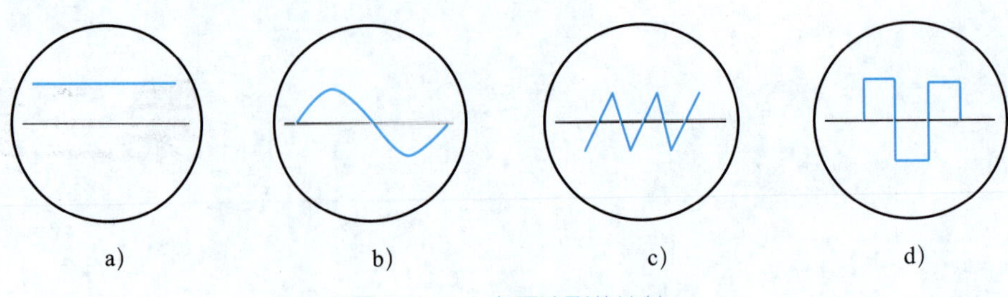

图 3-1-1 电压波形的比较

a）稳恒直流电 b）正弦交流电 c）锯齿波 d）方波

实际应用中有一些特殊的波形，如图 3-1-1c 所示的锯齿波、图 3-1-1d 所示的方波等电压信号，它们都是周期性非正弦量。周期性非正弦量可以认为是一系列正弦交流电叠加合成的结果，所以正弦交流电也是研究周期性非正弦量的基础。

二、正弦交流电的基本物理量

1. 正弦交流电的周期、频率和角频率

正弦交流电的波形如图 3-1-2 所示。

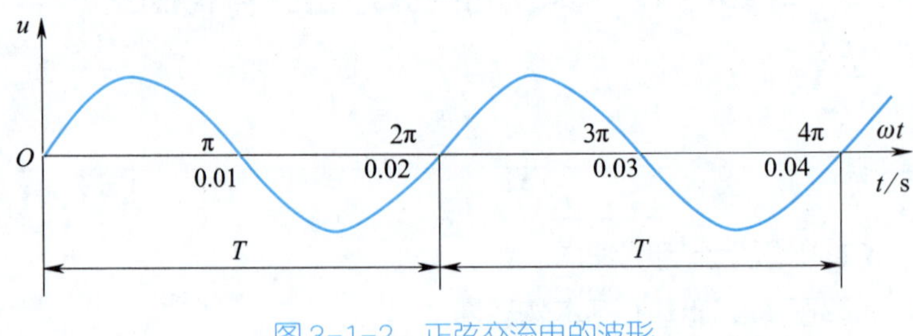

图 3-1-2 正弦交流电的波形

（1）周期

交流电每重复变化一次所需的时间称为周期，用符号 T 表示，单位是秒（s）。图 3-1-2 所示交流电的周期为 0.02 s。

（2）频率

交流电在 1 s 内重复变化的次数称为频率，用符号 f 表示，单位是赫兹（Hz）。根据定义可知，周期和频率互为倒数，即

$$f=\frac{1}{T} \quad 或 \quad T=\frac{1}{f}$$

例如，我国动力和照明用电的标准频率为 50 Hz（工频）。少数国家采用 60 Hz 的

频率。

（3）角频率

交流电每秒变化的角度（电角度）称为角频率，用符号 ω 表示。因为交流电变化一周可用 2π 弧度（或 360°）来计量，所以角频率为

$$\omega=\frac{2\pi}{T}=2\pi f$$

角频率的单位是弧度每秒（rad/s），例如 50 Hz 所对应的角频率是 100 πrad/s，即约 314 rad/s。

2. 正弦交流电的最大值和有效值

（1）最大值

正弦交流电在一个周期所能达到的最大瞬时值称为正弦交流电的最大值（又称峰值、幅值），最大值用大写字母加下标 m 表示，如 E_m、U_m、I_m。

（2）有效值

因为交流电的大小是随时间变化的，所以在研究交流电的功率时，采用瞬时值和最大值不够方便，通常用有效值来表示。有效值是这样规定的：使交流电和直流电加在阻值相同的电阻上，如果在相同的时间内产生的热量相等，就把这一直流电的大小称为相应交流电的有效值（见图 3-1-3）。有效值用大写字母表示，如 E、U、I。电工仪表测出的交流电数值及通常所说的交流电数值都是指有效值。正弦交流电的有效值和最大值之间的关系如下。

$$\text{有效值}=\frac{1}{\sqrt{2}}\times\text{最大值}\approx 0.707\times\text{最大值}$$

图 3-1-3　交流电的有效值

a）直流电加热　b）交流电加热

3. 正弦交流电的相位与相位差

（1）相位

交流电在任意时刻的电角度称为相位角，也称相位或相角，用（$\omega t+\varphi_0$）表示，它反映交流电的变化进程。式中，φ_0 为正弦量在 t=0 时的相位，称为初相位，也称初相角或初相。

交流电的初相可以为正，也可以为负。若 t=0 时交流电的瞬时值为正，则初相为正（见图 3-1-4a）；若 t=0 时交流电的瞬时值为负，则初相为负（见图 3-1-4b）。

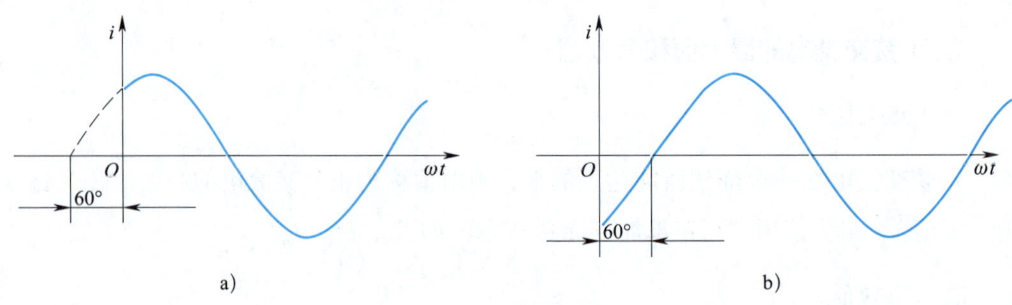

图 3-1-4 相位的正负

a）初相为正 b）初相为负

初相通常用不大于 180° 的角来表示。

例如，$i=50\sin(\omega t+240°)$ A 应记为 $i=50\sin(\omega t-120°)$ A。

（2）相位差

两个同频率交流电的相位之差称为相位差，用符号 ϕ 表示，即

$$\phi=(\omega t+\phi_1)-(\omega t+\phi_2)=\phi_1-\phi_2$$

两个同频率交流电的相位差等于它们的初相之差。如果两个交流电同时达到零值或最大值，则称它们同相位，简称同相；如果一个交流电 e_1 比另一个交流电 e_2 提前达到零值或最大值，则称 e_1 超前 e_2，或称 e_2 滞后 e_1。若一个交流电达到正向最大值的同时，另一个交流电达到反向最大值，即它们的相位相差 180°，则称它们反相位，简称反相；若两个交流电相位差 φ=90°，则称它们正交。相应波形图见表 3-1-1。

表 3-1-1 两个同频率交流电的相位关系

波形图	相位关系
e，e_1，e_2，φ，φ_2，O，ωt，φ_1	e_1 超前 e_2（e_2 滞后 e_1）
e，e_1，e_2，O，ωt	e_1 与 e_2 同相
e，e_1，O，ωt，e_2	e_1 与 e_2 反相
e，e_1，e_2，O，ωt	e_1 与 e_2 正交

综上所述，正弦交流电的最大值反映了正弦交流电的变化范围，角频率反映了正弦交流电的变化快慢，初相位反映了正弦交流电的起始状态。它们是表征正弦交流电的三个重要物理量。知道了这三个物理量就可以唯一确定一个正弦交流电，写出其瞬时值的表达式。

实训任务 6

用示波器观测正弦交流电

一、实训目的

初步掌握交流毫伏表、正弦信号发生器、示波器的使用方法。

二、实训器材

交流毫伏表（最大量程为 300 V，最小量程为 10 mV）1 台、正弦信号发生器（输出 20 Hz ~ 1 MHz 正弦电压）1 台、示波器 1 台。

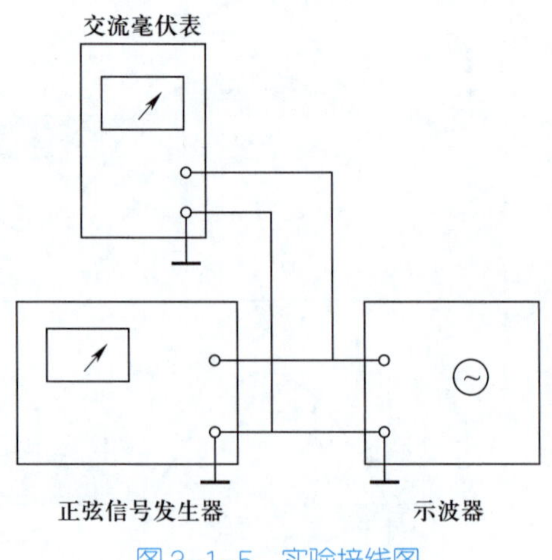

图 3-1-5　实验接线图

三、实训步骤

1. 按图 3-1-5 所示连接实验线路。

2. 起动信号发生器，将其输出衰减开关分别置于 0、20、40、60 dB 的位置上，调节输出电压微调旋钮，用交流毫伏表测量电压的变化范围，并将测量结果记入表 3-1-2。

表 3-1-2　　测量结果

输出衰减开关位置 /dB	0	20	40	60
输出电压变化范围 / V				

3. 将示波器电源接通预热后，调节“灰度”“聚焦”“X 轴位移”“Y 轴位移”等旋钮，使荧光屏上出现扫描线。

4. 调节信号发生器，使其输出电压为 1 ~ 5 V、频率为 1 kHz，用示波器观察信号电压波形，调节“X 轴衰减”“Y 轴增幅”旋钮，使荧光屏显示的电压波形的峰 – 峰值占 5 格左右。

5. 调节“扫描范围”“扫描微调”旋钮，使荧光屏上显示出数个完整、稳定的正弦波。

6. 由低频信号发生器输出以上所要求的信号，用交流毫伏表测量其电压大小，用示波器观察波形并测量其电压大小和频率。将各仪表的读数记入表 3–1–3。

表 3–1–3 测量结果

正弦信号		频率 /Hz	400	1 k	2 k	20 k
		有效值 /V	0.08	0.15	0.5	2
低频信号发生器	旋钮挡位	输出衰减 /dB				
		频段选择				
	输出信号	频率 /Hz				
		有效值 /V				
示波器	V/div	挡级				
	读数	电压峰 – 峰值 /V				
	t/div	挡级				
	读数	信号频率 /Hz				
交流毫伏表	量程	挡级				
	读数	电压有效值 /V				

§ 3–2 电容器和电感器

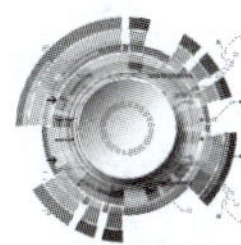

学习目标

1. 了解电容器和电感器的结构和类型。
2. 掌握容抗和感抗的概念及其频率特性。
3. 能使用万用表判断电容器和电感器的好坏。
4. 了解电容器和电感器在汽车中的应用。

电容器简称电容，电感器简称电感，它们都是储能元件，在电工电子技术中有着广泛的应用，而且经常配合使用。在新能源汽车的电源变换器和变频器中，电容器和电感器是不可或缺的器件。

一、电容器

1. 电容器的结构和类型

平行板电容器的结构如图 3-2-1 所示，两个相互绝缘又靠得很近的导体就组成了一个电容器。这两个导体称为电容器的两个极板，中间的绝缘材料称为电容器的介质。

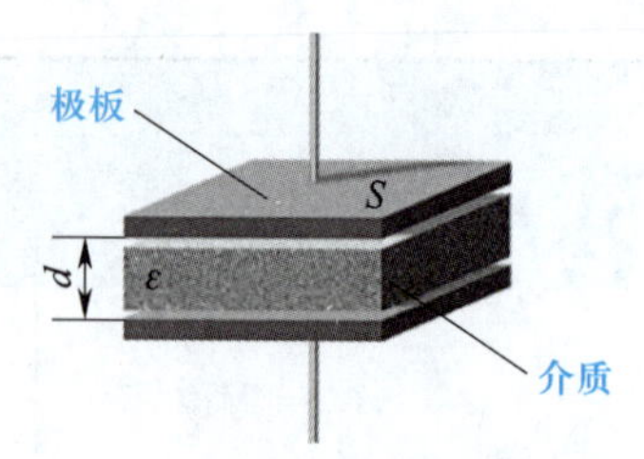

图 3-2-1　平行板电容器的结构

电容量是反映电容器储存电荷能力的一个物理量，它在数值上等于电容器在单位电压作用下所储存的电荷量，即

$$C=\frac{Q}{U}$$

电容量的单位是法拉（F），常用较小的单位有微法（μF）和皮法（pF）。其换算关系为

$$1\ \mathrm{F}=10^{6}\ \mu\mathrm{F}=10^{12}\ \mathrm{pF}$$

电容量简称电容。电容的大小取决于电容器的结构及极板间介质的绝缘性能，而与外加电压的大小、电容器带电多少等外部条件无关。如图 3-2-1 所示，设平行板电容器极板正对面积为 S，两极板间的距离为 d，极板间电介质的介电常数为 ε，则平行板电容器的电容可按下式计算

$$C=\frac{\varepsilon S}{d}$$

式中，S、d、C 的单位分别是 m^2、m、F，介电常数 ε 的单位是 F/m。

真空中的介电常数 $\varepsilon_0\approx 8.86\times10^{-12}$ F/m，某种介质的介电常数 ε 与 ε_0 之比，称为该介质的相对介电常数，用 ε_r 表示。空气的相对介电常数 ε_r 约为 1，石蜡、油、云母等的相对介电常数 ε_r 较大，作为电容器的电介质可显著增大电容，而且能做成很小的极板间隔，因而应用广泛。

实际上，任何两个导体之间都存在电容，例如，输电线之间、输电线与大地之间都存在电容；电子元器件的引脚之间、导线与仪器的金属外壳之间也存在电容。但由于它们两个“极板”之间距离较大，而且空气的介电常数又很小，所以这个电容就很小，可以忽略不计。

常用电容器的外形见表 3-2-1，其图形符号见表 3-2-2。

表 3-2-1 常用电容器的外形

名称	外形	名称	外形
电解电容器	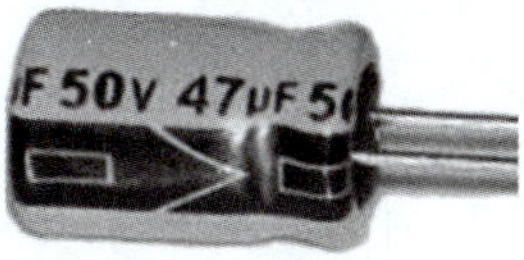	双联可变电容器	
涤纶电容器		微调电容器	
瓷片电容器		电力电容器	

表 3-2-2 常用电容器的图形符号

名称	图形符号	名称	图形符号
有极性电容器	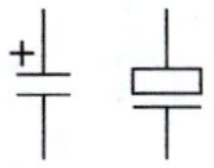	无极性电容器	
微调电容器		双联可变电容器	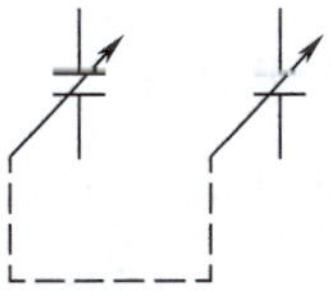

电容器的量值通常采用数码、符号或用直标法标注在电容器的外壳上，有些还特别标明了额定工作电压（俗称耐压），即电容器长期工作时所能承受的最大电压。在实际使用时，电容器两端所加的电压一般应小于额定工作电压。

2. 电容器的储能作用

电容器的充、放电实验电路如图 3–2–2 所示。实际上，电容器的充电和放电过程就是电场能的存储和释放的过程。

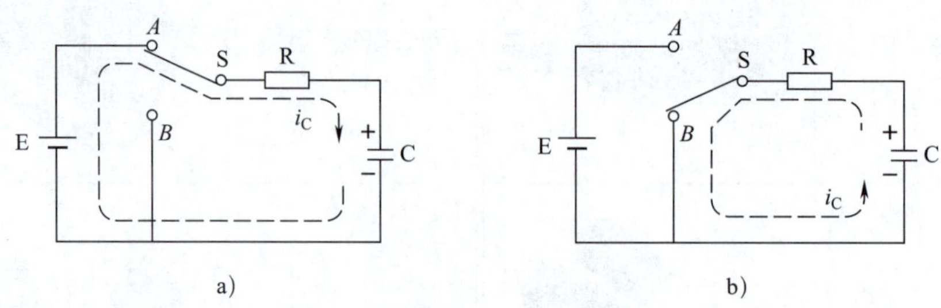

图 3–2–2　电容器的充、放电实验电路

a）电容器的充电　b）电容器的放电

（1）电容器的充电

如图 3–2–2a 所示，当开关 S 置于 A 端，电源 E 通过电阻 R 对电容器 C 开始充电。起初，充电电流 i_C 较大，但随着电容器 C 两端电荷的不断积累，形成的电压 u_C 越来越高，它阻碍了电源对电容器的充电，使充电电流越来越小。当电容器两端电压达到最大值 E 时，则不再变化，电流为零。故在直流稳态电路中，电容器相当于开路，这就是电容的隔直作用。

（2）电容器的放电

如图 3–2–2b 所示，当电容器两端充足电后，若将开关 S 置于 B 端，电容器通过电阻 R 开始放电。起初，放电电流 i_C 很大，但随着电容器 C 两端电荷的不断减少，电压 u_C 越来越低，放电电流越来越小，直至为零，这时电容器两端的电压也为零。

在电容器的充、放电过程中，电容器两端电压发生变化，其电荷量也发生变化，电荷在电路中移动，便形成了电流。电容电流与其两端电压的变化率成正比，即只有当电容上电压随时间变化时，电容上才有电流流过，因此电容为动态元件。

当电容两端的电压增大时，电场能量增大，在此过程中，电容从电源取用电能转换为电场能量；当电容两端的电压减小时，电场能量减小，电容释放能量，电场能量转换为电能。可见电容器是一种储能元件。

二、容抗——电容对交流电的阻碍作用

当电容器外接交流电时，电源与电容器之间不断地充电和放电，电容器对交流电会有阻碍作用，将电容对交流电的阻碍作用称为容抗，用 X_C 表示，容抗的单位也是欧姆（Ω）。

容抗的计算式为

$$X_C = \frac{1}{\omega C} = \frac{1}{2\pi fC}$$

电容器的容抗与信号频率的关系可以简单概括为隔直流、通交流，阻低频、通高频。因此，电容器也被称为高通元件。

应用链接

电容器在汽车中的应用

1. 超级电容器

超级电容器是一种新型高能量密度的储能元件（见图 3–2–3），其结构近似于平行板电容器。它采用多孔活性碳材料作为电极，大大增加了极板面积，同时极板间距离又非常小，因此，与同样体积的普通电容器相比，可具有更大的电容量。超级电容器可以并联使用以增加电容量，也可以采取均压措施后串联使用。

与可充电电池相比，超级电容器可以进行不限流充电，瞬间放电电流可达数百甚至数千安培。其储能过程并不发生化学反应，并且这种过程是可逆的，因此可实现充放电数十万次而不需要任何维护和保养。而且它所用的材料都是安全、无毒的，用在公交车上符合低碳、节能、绿色环保的要求。

图 3–2–4 所示为超级电容城市公交车。车辆停站后，利用乘客上下车的时间，车顶的充电设备可升起，搭到充电站的电缆上充电，以补充能量。

2. 油罐车油位传感器

当平行板电容器的极板正对面积或电介质的介电常数发生变化时，电容器的电容量也会发生变化，电容式油位传感器就是利用电容器的这一特性制成的。

图 3-2-3　超级电容器

图 3-2-4　超级电容城市公交车

图 3-2-5a 所示为油位检测原理图。电容器的电容量与电容器两极板浸入油液（介质）的深度有关，即与液位高低有关，利用电容量的变化可将油位高低的变化转换为电压信号。

油罐车油位传感器实物如图 3-2-5b 所示。传感器利用探极与容器间形成的电容量随油位高低呈线性变化的规律，将电容的变化量（即液位的变化量）转换为电压信号输出，经系统处理后，可直接显示液位高度或通过无线网络发送给远程监控系统。

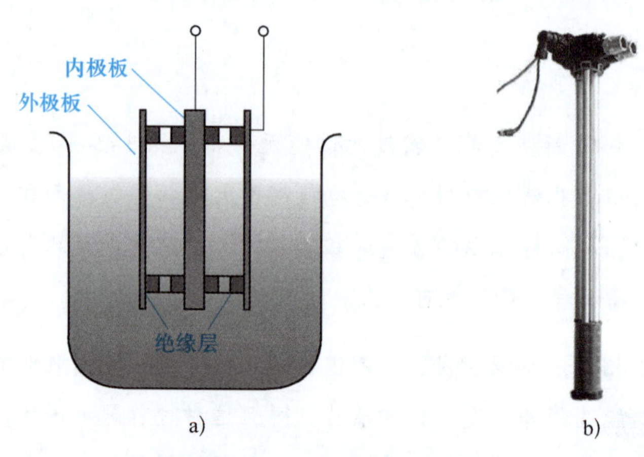

图 3-2-5　电容式液位传感器

a）油位检测原理图　b）油罐车油位传感器实物

三、电感器

1. 电感器的结构和类型

电感器的基本结构是用铜导线绕成的圆筒状线圈。线圈的内腔有空的，也有是铁芯或铁氧体芯，加入铁芯或铁氧体芯的目的是把磁感线更紧密地约束在电感器的周围，能更有效地发挥其功能。

常用电感器的外形和图形符号分别见表 3–2–3 和表 3–2–4。

表 3–2–3 常用电感器的外形

名称	外形	名称	外形
空心线圈	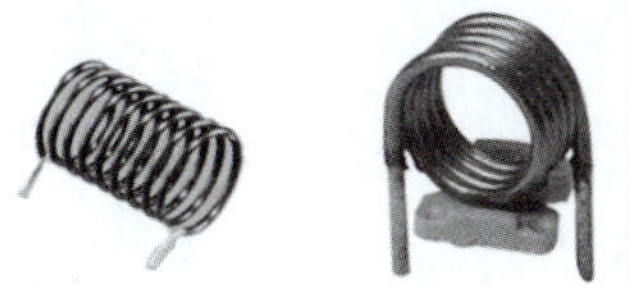	带磁芯的可调电感器	
带磁芯的电感器		色码电感器	
铁芯线圈		贴片电感器	

表 3–2–4 常用电感器的图形符号

名称或含义	图形符号	名称或含义	图形符号
线圈、绕组一般符号		带磁芯的连续可变的电感器	
带磁芯的电感器	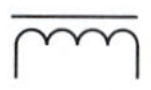	带固定抽头的电感器	
磁芯有间隙的电感器		步进移动触点可变电感器	

电感量是一个反映电感器抗拒电流变化能力的物理量，它在数值上等于当电流以1安培/秒的变化速率通过电感器时，能产生多少伏特的感应电动势。

电感量的大小与线圈的匝数、形状、大小及磁芯的材料有关。空心电感器（也称线性电感器）的电感量大小取决于自身结构，与线圈是否通电及通电大小无关。

电感量用符号 L 表示，单位是亨利，用字母 H 表示。实际常取毫亨（mH）和微亨（μH）作为电感量的单位，换算关系如下

$$1\ 亨利=10^3\ 毫亨=10^6\ 微亨$$

$$1\ \text{H}=10^3\ \text{mH}=10^6\ \mu\text{H}$$

电感量也简称电感。电感量通常也是采用数码、符号或用直标法标注在电感器的外壳上，有些还特别标明了额定工作电流。选用电感器时，其额定工作电流一般要稍大于电路中流过的最大电流。

2. 电感器的储能特性

电感器两端的电压与通过电流的变化率成正比，当电流不随时间发生变化时（稳恒直流），则电感器两端电压为零，这时电感器相当于短路。

当流过电感器的电流增大时，磁场能量增大，在此过程中，电感器从电源取用电能转换为磁场能量；当流过电感的电流减小时，磁场能量减小，电感器释放能量，磁场能量转换为电能。可见电感器也是一种储能元件。

四、感抗——电感对交流电的阻碍作用

将电感线圈接入交流电路中，由于交流电的大小和方向随时都在变化，在电感线圈中便不停地产生自感电动势，自感电动势时刻起着阻碍电流变化的作用，将电感对交流电的阻碍作用称为感抗，用 X_L 表示。感抗的单位也是欧姆（Ω）。线圈自感系数越大，感抗越大；交流电频率越高，线圈感抗也越大。

感抗的计算式为

$$X_L=\omega L=2\pi fL$$

电感器的感抗与频率的关系可以简单概括为通直流、阻交流，通低频、阻高频，因此电感器也称为低通元件。

应用链接

电感器在汽车中的应用

扼流圈是指对交流电流起阻碍作用的电感线圈。利用线圈感抗与频率成正比的关系，不同扼流圈可扼制不同频率的交流电流。用于滤波电路的称为滤波扼流圈，用于扼制低频电流的称为低频扼流圈，用于扼制高频电流的称为高频扼流圈。

低频扼流圈（见图 3–2–6a）线圈绕在闭合的铁芯上，匝数为几千甚至超过一万，自感系数为几十亨。即便交流频率较低，这种线圈产生的感抗也很大。

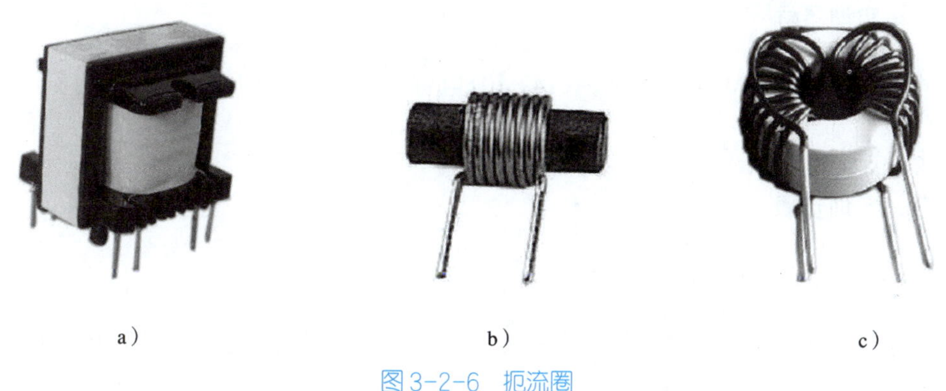

a）　　b）　　c）

图 3–2–6 扼流圈

a）低频扼流圈 b）高频扼流圈 c）共模扼流圈

高频扼流圈（见图 3–2–6b）线圈有的绕在圆柱形铁氧体上，有的是空心的，匝数为几百或几十，自感系数为几毫亨。这种线圈对低频交流电的阻碍作用较小，对高频交流电的阻碍作用较大。

一些特殊电路为了适应大电流、大功率、长时间连续工作的要求，必须使用大功率电感，其主要特点是用粗导线绕制，可承受数十、数百、数千甚至数万安培的电流，一般用于电动汽车电源变换器、动力传输设备等。

共模扼流圈的结构如图 3–2–6c 所示，它是在一个闭合的铁氧体磁芯的两个半环上采用相同匝数、方向相反、对称绕制的线圈，例如，在汽车 CAN 总线中就使用了这种共模扼流圈。由于 CAN 总线采用的是双绞线传输方式，而干扰信号是在两条传输线中同时产生的，属于一种共模（大小相等且极性相同）干扰，在磁环中形成的磁感线相互叠加，感抗也相应增大，从而有效地衰减和抑制了共模干扰信号。可以说，共模扼流圈其实是一个能有效滤除共模干扰信号的滤波器。

实训任务 7

电容器和电感器的检测

一、实训目的

掌握电容器和电感器的检测方法。

二、实训器材

指针式万用表（MF47 型）1 只、47 μF 电容 1 只、100 Ω 电阻 1 只、电感器若干只。

三、实训步骤

1. 用万用表检测电容器

对于容量较大的电容器，用指针式万用表电阻挡可以判断电容器的好坏，对其质量进行定性分析，测量方法如图 3-2-7 所示。一般电容量大于 47 μF 选 R × 100 挡，电容量为 1 ~ 47 μF 选 R × 1k 电阻挡，将黑表笔接电容器正极，红表笔接电容器负极；若是检测无极性电容器，则两支表笔可以不分。测量结果及判断方法见表 3-2-5。

测量时应注意以下事项。

（1）检测电容器时，手指不要接触到表笔和电容器引脚，以免人体电阻对检测结果带来影响。

（2）如果是在线检测大容量电容器，应在电路断电后，先用导线将被测电容器的两个引脚碰一下，放掉可能存在的电荷；对于容量很大的电容器则要用 100 Ω 左右的电阻来放电。

（3）由于小容量（小于 1 μF）电容器漏电阻很大，所以测量时应用 R × 10 k 挡，这样测量结果较为准确。

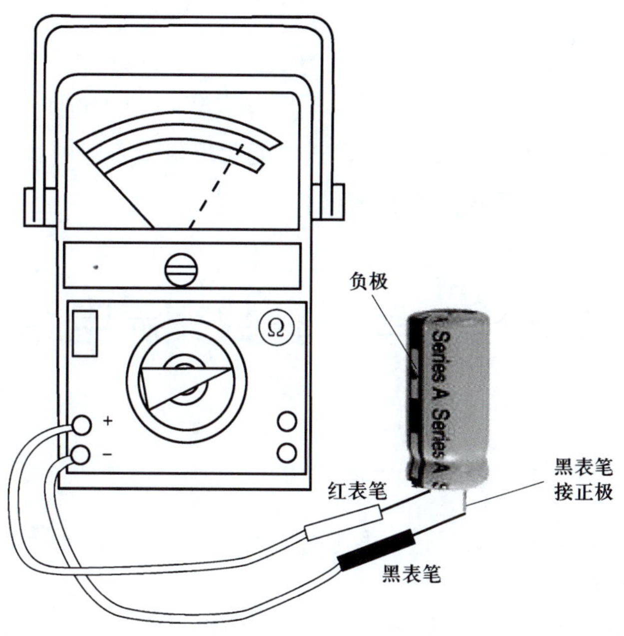

图 3-2-7 用万用表检测电容器

表 3-2-5 测量结果及判断方法

表针偏转情况	说明
∞ 0 R×1k挡	表针先向右偏转，然后向左回摆到底（阻值无穷大处），表明电容器正常
∞ 0 R×1k挡	表针向左回摆不到底，而是停在某一刻度上，该阻值即为电容器的漏电阻值。此值越小，说明漏电越严重
∞ 0 R×1k挡	表针向右偏转到欧姆零位后不再回摆，表明电容器内部短路
∞ 0 R×1kΩ挡	表针无偏转和回转，电容器内部可能已断路；或电容量很小，不足以使表针偏转

2. 用万用表检测电感器

电感器的直流电阻很小，通常只有几欧或几十欧，线径越细，圈数越多，阻值越大。一般情况下用万用表 R×1 挡测量，只要能测出阻值，即可认为电感器正常；如果测量结果为无穷大，说明电感器已经开路。

§3-3 单一参数交流电路

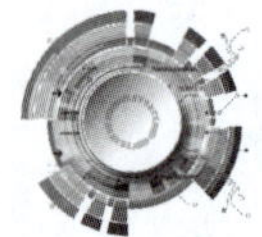

学习目标

1. 掌握纯电阻交流电路、纯电感交流电路、纯电容交流电路中电压与电流之间的关系。
2. 理解交流电路中瞬时功率、有功功率和无功功率的概念。
3. 理解电感和电容的储能特性。

交流电路中的实际元件，由于不同结构、不同工作频率，其作用并不是单一的。例如，绕线电阻也存在电感，电感线圈也存在电阻，当信号频率很高时，各线匝之间的电容效应也不可忽略。本节所讨论的单一参数交流电路只是一种理想状态。

一、纯电阻交流电路

交流电路中如果只考虑电阻的作用，这种电路称为纯电阻电路。如白炽灯、卤钨灯、工业电阻炉等都可近似地看作纯电阻电路。在这些电路中，当外电压一定时，影响电流大小的主要因素是电阻 R，其简化电路如图 3–3–1a 所示。

1. 电流与电压的相位相同

实验表明，在正弦电压的作用下，电阻中通过的电流是一个同频率的正弦交流电流，且与加在电阻两端的电压同相位。图 3–3–1b 所示为电压和电流的波形图。

2. 电流与电压之间符合欧姆定律

在纯电阻电路中，电流与电压的瞬时值、最大值、有效值都符合欧姆定律。

$$i=\frac{u}{R}=\frac{U\sin\omega t}{R}\quad I_{\mathrm{m}}=\frac{U_{\mathrm{m}}}{R}\quad I=\frac{U}{R}$$

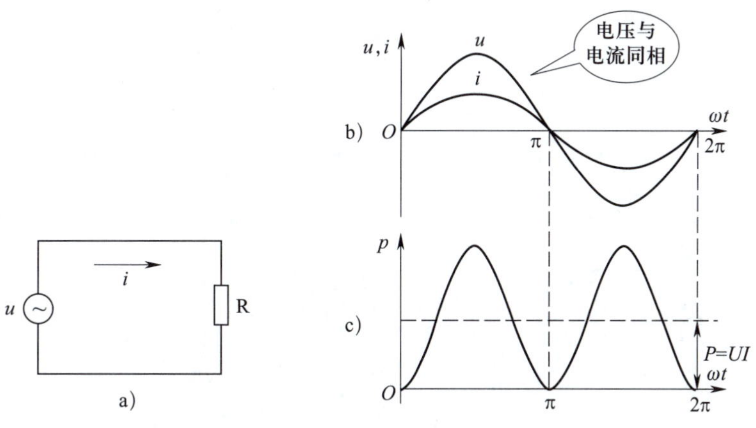

图 3-3-1 纯电阻电路

a）电路图 b）波形图 c）功率曲线图

3. 平均功率

在任一瞬间，电阻中电流瞬时值与同一瞬间的电阻两端电压的瞬时值的乘积，称为电阻获取的瞬时功率，用 P_R 表示，即

$$P_R = ui = \frac{U_m^2}{R}\sin^2\omega t$$

由图 3-3-1c 所示功率曲线图可见，由于电流和电压同相，P_R 在任一瞬间的数值都大于或等于零，这说明电阻总是要消耗功率，因此，电阻是一种耗能元件。

由于瞬时功率时刻变动，不便计算，通常用电阻在交流电一个周期内消耗的功率的平均值来表示功率的大小，称为平均功率。平均功率又称有功功率，用 P 表示，单位仍是瓦（W）。电压、电流用有效值表示时，平均功率 P 的计算与直流电路相同，即

$$P = UI = I^2R = \frac{U^2}{R}$$

二、纯电感交流电路

由电阻很小的电感线圈组成的交流电路，可以近似地看作是纯电感电路，其简化电路如图 3-3-2a 所示。

1. 电流与电压的关系

（1）在纯电感电路中，电感两端的电压比电流超前 90°，即电流比电压滞后 90°。图 3-3-2b 所示为电压和电流的波形图。

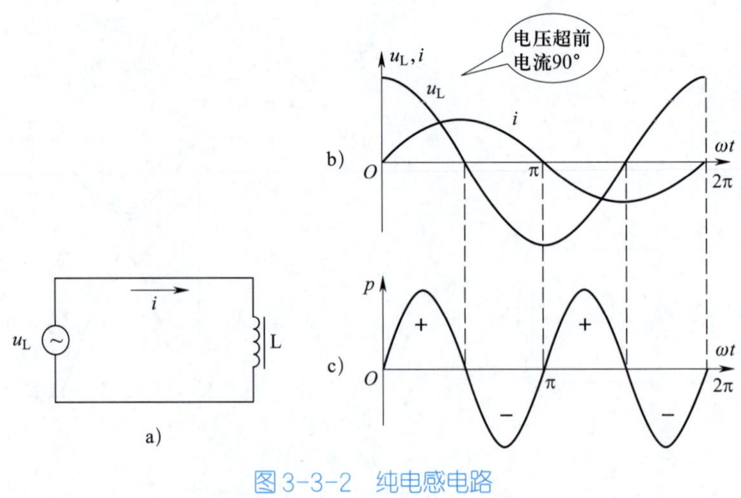

图 3-3-2　纯电感电路

a）电路图　b）波形图　c）功率曲线图

（2）电流与电压的有效值之间符合欧姆定律，即

$$I=\frac{U}{X_L}$$

提示：感抗只是电压与电流最大值或有效值的比值，而不是电压与电流瞬时值的比值，即 $X_L \neq \frac{u}{i}$，这是因为 u 和 i 的相位不同。

2. 无功功率

由图 3-3-2c 所示功率曲线图可见，在一个周期内，瞬时功率有时为正值，有时为负值。瞬时功率为正值，说明电感从电源吸收能量转换为磁场能储存起来；瞬时功率为负值，说明电感又将磁场能转换为电能返还给电源。

瞬时功率在一个周期内吸收的能量与释放的能量相等，就是说纯电感电路不消耗能量，电感是一种储能元件。

不同的电感与电源转换能量的多少也不同，通常用瞬时功率的最大值来反映电感与电源之间转换能量的规模，称为无功功率，用 Q_L 表示，单位是乏（Var）。其计算式为

$$Q_L=U_L I=I^2 X_L=\frac{U_L^2}{X_L}$$

提示：无功功率并不是“无用功率”，“无功”的实质是指能量的互逆转换，而元件本身没有消耗电能。实际上许多具有电感性质的电动机、变压器等设备都是利用电磁转换原理并利用“无功功率”工作的。

电感元件有阻碍电流变化的作用，而自身又不消耗能量，所以在电工和电子技术中有着广泛应用。如荧光灯的镇流器，直流电源中的滤波器，电动机起动、风扇调速、电焊机调节电流的电抗器等。由于绕制线圈的导线总会有电阻，所以很难制成纯电感元件，只有在电阻很小时可忽略不计，视为纯电感电路。

三、纯电容交流电路

1. 电流与电压的关系

把电容器接到交流电源上，如果电容器的电阻和分布电感可以忽略不计，则可以把这种电路近似地看作是纯电容电路，其简化电路如图 3–3–3a 所示。

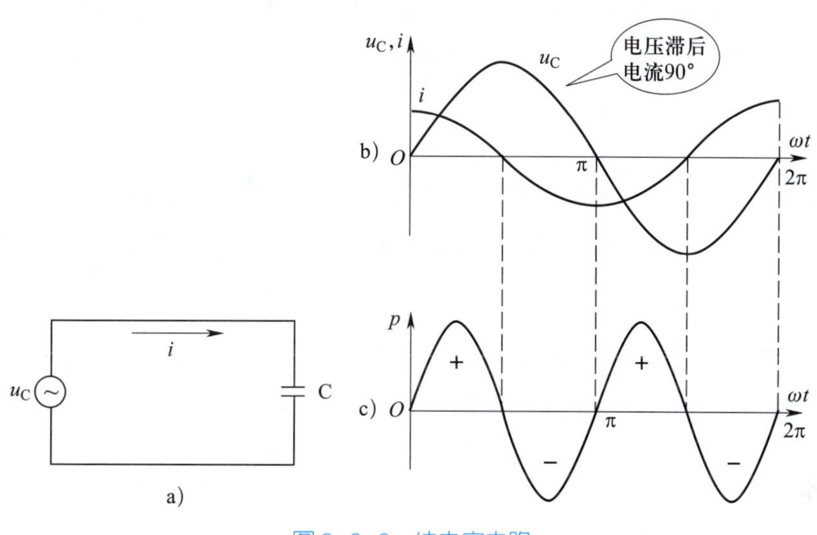

图 3–3–3　纯电容电路

a）电路图　b）波形图　c）功率曲线图

（1）在纯电容电路中，电容两端电压比电流滞后 90°，即电流比电压超前 90°。图 3–3–3b 所示为电压和电流的波形图。

（2）电流与电压的有效值之间符合欧姆定律，即

$$I=\frac{U}{X_C}$$

2. 无功功率

由图 3–3–3c 所示功率曲线图可见，电容也是储能元件。瞬时功率为正值，说明电容从电源吸收能量转换为电场能储存起来；瞬时功率为负值，说明电容又将电场能转换为电能返还给电源。

纯电容电路的无功功率为

$$Q_C = UI = I^2 X_C = \frac{U^2}{X_C}$$

§3-4 RLC 串联电路

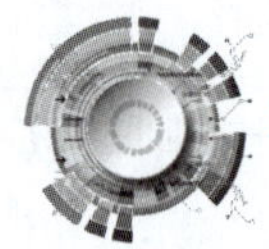

学习目标

1. 理解交流电路中电抗、阻抗和阻抗角的概念。
2. 了解 RLC 串联电路中电压与电流之间的相位关系和数量关系。
3. 了解电压三角形、阻抗三角形和功率三角形的应用。
4. 理解视在功率和功率因数的概念，了解提高功率因数的意义和方法。

在实际电路中，单一参数元件几乎是不存在的，大部分交流电路都可以看作是由两种或两种以上元件组成的。例如，日光灯电路就可以看作是电阻元件和电感元件的组合。

本节主要讨论 RLC 串联电路，即电阻、电感和电容串联的电路。RL 串联电路和 RC 串联电路可以看作是 RLC 串联电路的特例。

一、电压与电流的关系

RLC 串联电路如图 3-4-1 所示。

RLC 串联电路的总电压瞬时值等于多个元件上电压瞬时值之和，即

$$u = u_R + u_L + u_C$$

由于 u_R、u_L 和 u_C 的相位不同，所以总电压的有效值不等于各个元件上电压有效值之和。

理论分析表明，总电压的有效值应按下式计算

$$U = \sqrt{U_R^2 + (U_L - U_C)^2}$$

将 $U_R = IR$、$U_L = IX_L$、$U_C = IX_C$ 代入上式，可得

$$U = I\sqrt{R^2 + (X_L - X_C)^2} = I\sqrt{R^2 + X^2} = IZ$$

式中 $X=X_L-X_C$，称为电抗，$Z=\sqrt{R^2+X^2}$ 称为阻抗，单位是 Ω。在图 3-4-2 中，φ 称为阻抗角，它是总电压与电流的相位差，即

$$\varphi=\arctan\frac{U_L-U_C}{U_R}=\arctan\frac{X_L-X_C}{R}$$

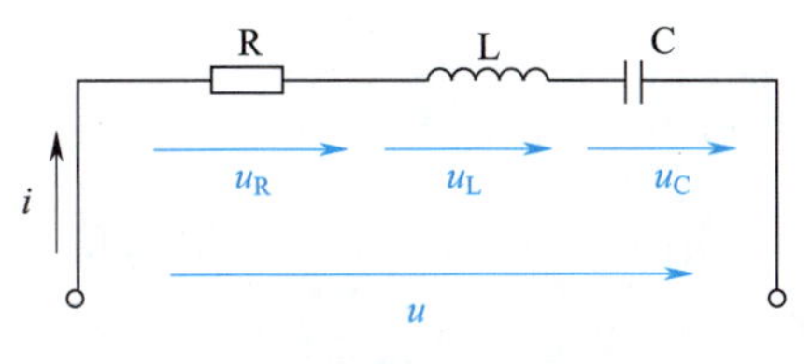

图 3-4-1 RLC 串联电路

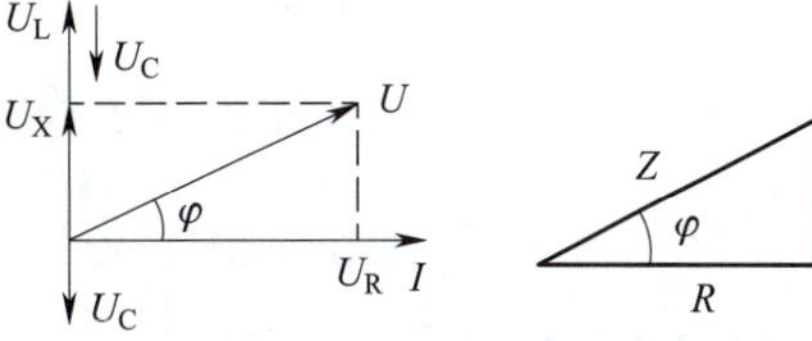

图 3-4-2 RLC 串联电路电压和阻抗示意图

为了便于记忆，用图 3-4-3 所示三个三角形分别表示总电压 U 与分电压 U_R、U_L、U_C 的关系，阻抗 Z 与电阻 R、电抗 X 的关系，视在功率 S 与有功功率 P、无功功率 Q 的关系。

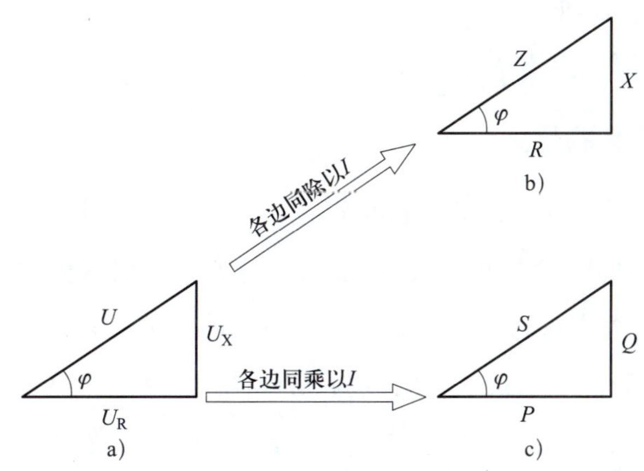

图 3-4-3 电压三角形、阻抗三角形和功率三角形

a）电压三角形 b）阻抗三角形 c）功率三角形

在 RLC 串联电路中，由于 R、L、C 参数以及电源频率 f 的不同，电路可能出现以下三种情况。

1. 电感性电路

当 $X_L>X_C$ 时，则 $U_L>U_C$，阻抗角 $\varphi>0$，电路呈电感性，电压超前电流 φ 角。

2. 电容性电路

当 $X_L<X_C$ 时，则 $U_L<U_C$，阻抗角 $\varphi<0$，电路呈电容性，电压滞后电流 φ 角。

3. 电阻性电路

当 $X_L=X_C$ 时，则 $U_L=U_C$，阻抗角 $\varphi=0$，电路呈电阻性，且总阻抗最小，电压和电流同相。电感和电容的无功功率恰好相互补偿。电路的这种状态称为串联谐振。

二、功率和功率因数

将图 3–4–3 中电压三角形的各边乘以电流，便可得到功率三角形。

电压与电流有效值的乘积定义为视在功率，用 S 表示，$S=UI$，单位为伏 · 安（VA）。视在功率并不代表电路中消耗的功率，它常用于表示电源设备的容量。负载消耗的功率要视实际运行中负载的性质和大小而定。视在功率 S 与有功功率 P 和无功功率 Q 之间的关系为

$$S=\sqrt{P^2+Q^2} \quad P=S\cos\varphi \quad Q=S\sin\varphi$$

式中，$\cos\varphi=\dfrac{P}{S}$ 称为功率因数。

三、功率因数的提高

1. 提高功率因数的意义

功率因数是高压供电线路的运行指标之一，它反映了电源设备的容量利用率。图 3–4–4 所示为指针式功率因数表，功率因数越大，负载消耗的有功功率越多，同时与电源交换的无功功率越小。如电灯、电炉的功率因数近似为 1，说明它们基本只消耗有功功率；异步电动机功率因数为 0.7 ~ 0.9，说明它们工作时需要一定数量的无功功率。功率因数越低，该电源设备所发出的有功功率越小，电源设备利用率越低。当负载有功功率和电源电压一定时，功率因数越低，则线路上的功率损害越大。

为了减少电能损耗，改善供电质量，就必须提高功率因数。

2. 提高功率因数的方法

（1）提高用电设备自身的功率因数

异步电动机和变压器是占用无功功率最多的电气设备，当电动机实际负荷比其额定容量低许多时，功率因数将急剧下降，造成电能的浪费。要提高功率因数就要合理选用电动机，并尽量避免电动机空转或长时间处于轻载运行状态。

（2）并接电容器补偿

如果采用提高设备自身功率因数措施后，仍达不到供电部门规定的标准，必须通过补偿装置改善功率因数，最常用的方法是在感性负载两端并接补偿电容。

图 3–4–5 所示为低压配电柜中的电容器组。并接电容器的容量越大，功率因数提高得越多，但并不要求把功率因数补偿到 1，一般达到 0.9 以上即可。目前，大多采用智能无功功率自动补偿控制器，可根据无功功率的变化情况自动控制投入的电容器数量，以实现最佳补偿。

图 3–4–4　指针式功率因数表

图 3–4–5　低压配电柜中的电容器组

§3–5　三相交流电

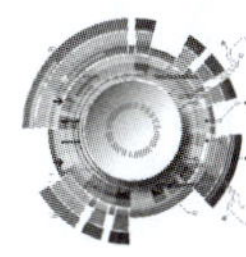

学习目标

1. 了解三相交流电的产生及供电方式。
2. 掌握三相四线制电源的线电压与相电压的关系，理解中性线的作用。
3. 了解三相对称负载星形和三角形连接的特点。
4. 了解汽车三相交流发电机的结构和工作原理。

三相交流电就是将三个单相交流电按一定方式进行的组合，这三个单相交流电的频率相同，最大值相等，相位彼此相差 120°。

目前，电能的产生、输送和分配几乎都采用三相交流电，汽车电路中所配置的发电机也都是三相交流发电机。

一、三相交流电的产生

图 3–5–1 所示为三相交流发电机示意图。三相交流发电机主要由定子和转子组成。转子是电磁铁，其磁极表面的磁场按正弦规律分布。定子铁芯中嵌放三个在尺寸、匝数和绕法上完全相同的线圈绕组，三相绕组始端分别用 U1、V1、W1 表示，末端分别用 U2、V2、W2 表示，分别称为 U 相、V 相、W 相，三个绕组在空间位置上彼此相隔 120°。

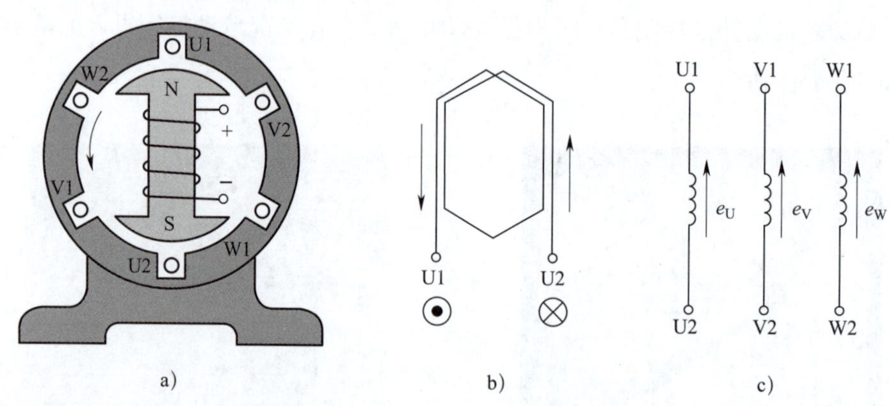

图 3–5–1　三相交流发电机示意图

a）定子、转子横截面图　b）定子绕组　c）三相绕组及其电动势

当转子在原动机带动下以角速度 ω 做逆时针匀速转动时，三相定子绕组依次切割磁感线，产生三个对称的正弦交流电动势。电动势的参考方向选定为从线圈的末端指向始端，即电流从始端流出时为正，反之为负。

由图 3–5–1a 可见，当磁极的 N 极转到 U1 处时，U 相的电动势达到正的最大值。经过 120° 后，磁极的 N 极转到 V1 处，V 相的电动势达到正的最大值。同理，再由此经过 120° 后，W 相的电动势达到正的最大值，如此周而复始。这三相电动势的相位互差 120°。

若以 U 相为参考正弦量，可得三相正弦交流电动势 e_U、e_V、e_W 的解析式如下

$$\begin{cases} e_U = E_m \sin(\omega t + 0°)\ \text{V} \\ e_V = E_m \sin(\omega t - 120°)\ \text{V} \\ e_W = E_m \sin(\omega t + 120°)\ \text{V} \end{cases}$$

e_U、e_V、e_W 的波形图如图 3–5–2 所示。

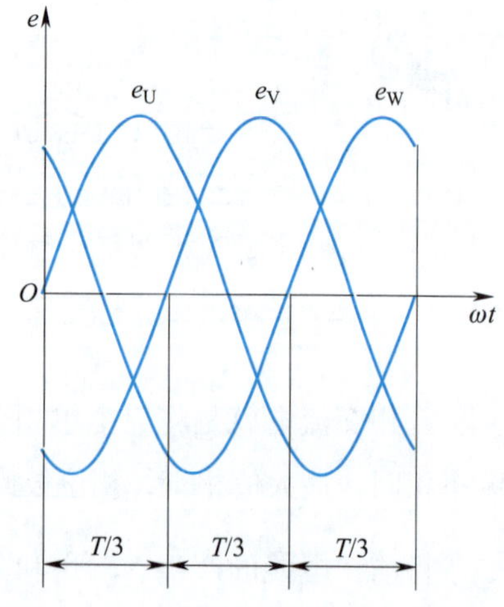

图 3–5–2　三相对称电动势的波形图

三相对称交流电动势到达最大值的先后顺序称为相序。如按 U → V → W → U 的顺序循环称为正序；按 U → W → V → U 的顺序循环则称为反序。

三相异步电动机接入电源线时，必须使电源相序与电动机绕组相序相同，即电动机出线端 U1、V1、W1 分别与电源 L1（黄）、L2（绿）、L3（红）相线连接，这样才能保证电动机旋转方向正确。如果按反序连接，则电动机旋转方向相反（见图 3-5-3）。

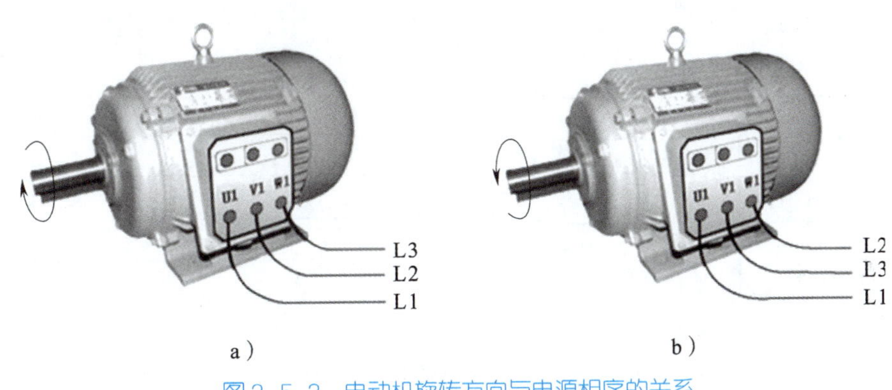

图 3-5-3 电动机旋转方向与电源相序的关系

a）正序连接 b）反序连接

二、三相交流电的供电方式

1. 三相四线制供电

（1）中性点、中性线和零点、零线

三相发电机绕组的 3 个末端 U2、V2、W2 连在一起，成为一个公共点称为中性点，用 N 表示。从中性点引出的输电线称为中性线，如图 3-5-4 所示。

接地的中性点称为零点，接地的中性线称为零线，如图 3-5-5 所示。在工程上，零线或中性线一般采用蓝色（旧标准采用黑色）导线。

（2）相线、相电压和线电压

由三相绕组的始端 U1、V1、W1 引出的 3 根输电线称为相线或端线，俗称火线，常用 L1、L2、L3 表示，如图 3-5-6 所示。工程上，分别用黄、绿、红三种颜色进行区分。

相线与中性线之间的电压称为相电压，相线与相线之间的电压称为线电压，线电压的大小等于相电压的 $\sqrt{3}$ 倍，在相位上，线电压总是超前于对应的相电压 30°。

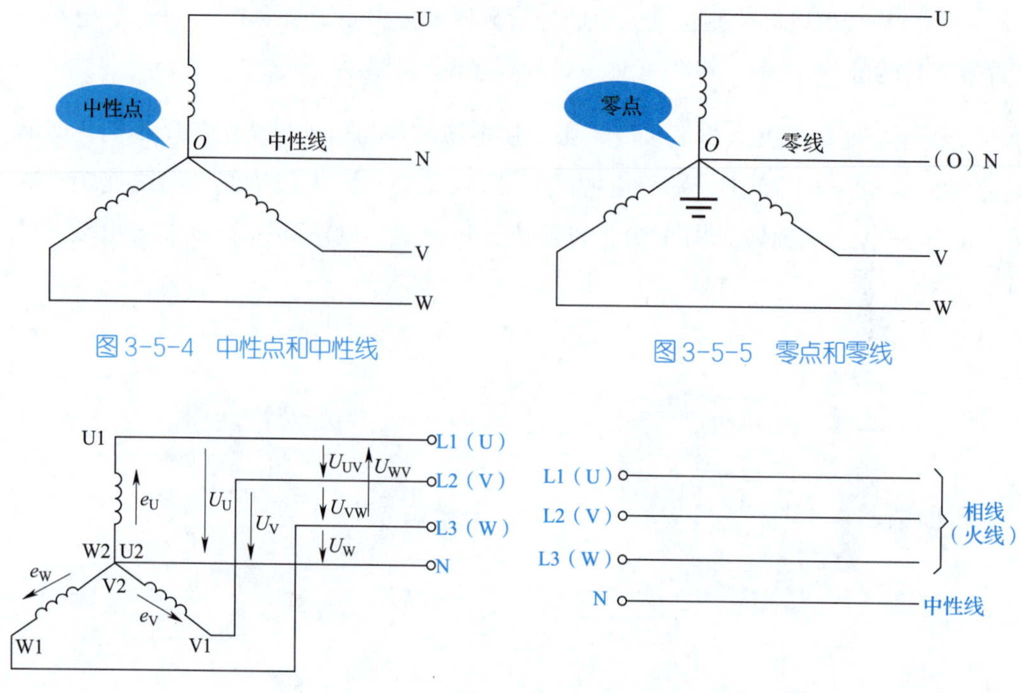

图 3-5-4　中性点和中性线

图 3-5-5　零点和零线

图 3-5-6　相线、相电压和线电压

目前，低压供电系统中的线电压为 380 V，相电压为 220 V，常写作“电源电压 380/220 V”。

2. 三相五线制供电

如图 3-5-7 所示，三相五线制是在三相四线制的基础上，另增加一根专用保护线，也称为保护零线（PE），与接地网相连，能更好地起到保护作用。保护零线一般用黄绿相间色作为标志。按照规范，单相三孔插座的接线必须遵循左零（N）右相（L）上接地（PE）的原则，如图 3-5-8 所示。

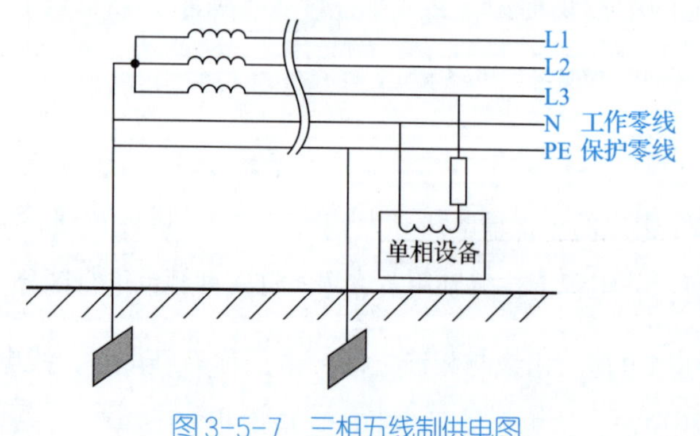

图 3-5-7　三相五线制供电图

图 3-5-8　单相三孔插座

图 3-5-9 所示为三相五线制供电系统示意图。

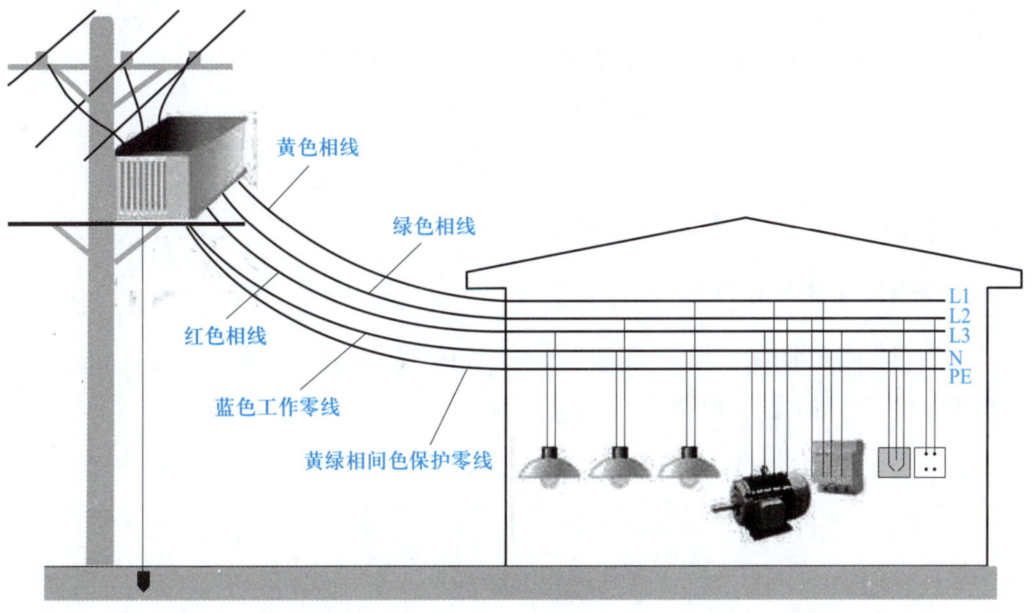

图 3-5-9 三相五线制供电系统示意图

3. 三相三线制供电

三相三线制供电就是三相电源星形连接时，中性线不引出，有 3 根相线对外供电，如图 3-5-10 所示。三相三线制供电只能向三相用电设备供电，提供线电压，不能向单相用电设备供电，其主要用于高压供电线路和低压动力线路。

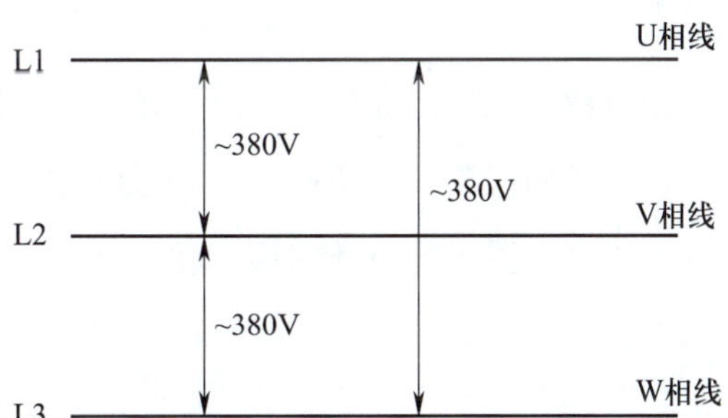

图 3-5-10 三相三线制供电

三、三相负载的连接方式

接在三相电源上的负载统称为三相负载。通常把各相负载相同的三相负载称为对称三相负载，如三相电动机、大功率三相电路等。如果各相负载不同，就称为不对称三相负载，如三相照明电路中的负载。

使用任何电气设备，均要求负载承受的电压等于其额定电压，所以负载要采用一定的连接方式，以满足负载对电压的要求。

1. 三相负载的星形连接

把三相负载分别接在三相电源的一根相线和中线之间的接法称为三相负载的星形连接（常用“Y”标记），如图 3-5-11 所示。

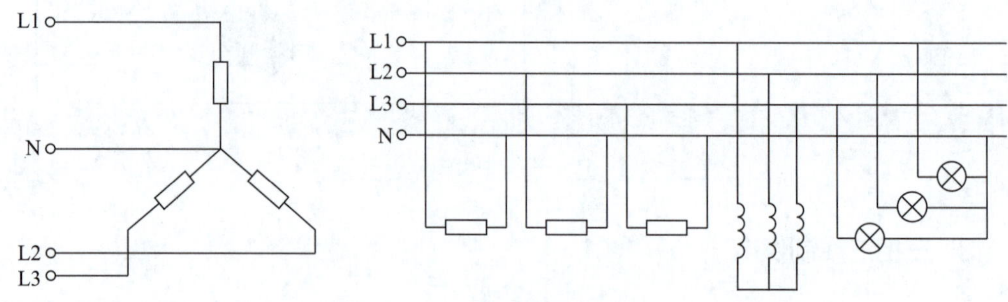

图 3-5-11　三相负载的星形连接

负载两端的电压称为负载的相电压。在忽略输电线上电压降时，负载的相电压就等于电源的相电压，电源的线电压为负载相电压的$\sqrt{3}$倍，即 $U_{线Y}=\sqrt{3}U_{相Y}$。

流过每相负载的电流称为相电流，流过每根相线的电流称为线电流。由图 3-5-11 可见，线电流和相电流大小相等，即

$$I_{线Y}=I_{相Y}=\frac{U_{相Y}}{Z_{相}}$$

三相对称负载星形连接时中线电流为零，因此取消中性线不会影响三相负载的正常工作，三相四线制实际变成了三相三线制。通常在高压输电时，由于三相负载都是对称的三相变压器，所以都采用三相三线制。低压供电系统中的动力负载也采用这种供电方式。

但是在低压供电系统中，由于三相负载经常要变动（如照明电路中的灯具经常要开和关），是不对称负载，各相电流的大小不一定相等，相位差也不一定为 120°，中

线电流也不为零，中性线不能取消。这时，只有当中性线存在时，它才能保证三相电路成为三个互不影响的独立回路，不会因负载的变动而相互影响。当中性线断开后，各相电压就不再相等。经计算和实际测量都证明，阻抗较小的相电压低，阻抗大的相电压高，这可能烧坏接在相电压升高线路中的用电设备。所以在三相负载不对称的低压供电系统中，不允许在中性线上安装熔断器或开关，而且中性线常用钢丝制成，以免中性线断开引起事故。当然，要力求三相负载平衡以减小中性线电流。如在三相照明电路中，安装时应尽量使各相负载接近对称，此时中性线电流一般小于各线电流，中性线可以选用比三根相线截面小一些的导线。

2. 三相负载的三角形连接

把三相负载分别接在三相电源每两根相线之间的接法称为三角形连接（常用“△”标记），如图 3-5-12 所示。在三角形连接中，由于各相负载是接在两根相线之间，因此负载的相电压和电源的线电压大小相等，即 $U_{相\triangle}=U_{线\triangle}$。

三个相电流和三个线电流都是数值相等且相位互差 120° 的三相对称电流。线电流和相电流的关系为

$$I_{线\triangle}=\sqrt{3}I_{相\triangle}$$

在相位上，线电流总是滞后于相应的相电流 30°。

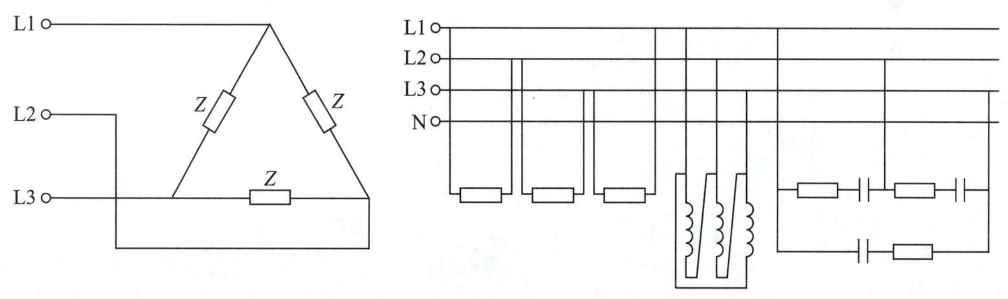

图 3-5-12　三相负载的三角形连接

三相对称负载做三角形连接时的相电压是做星形连接时的相电压的 $\sqrt{3}$ 倍。因此，三相负载接到电源中，是做三角形还是星形连接，要根据负载的额定电压而定。

应用链接

汽车三相交流发电机

图 3-5-13 所示为典型的汽车三相交流发电机。

汽车三相交流发电机主要由转子、定子、电刷、前后端盖、风扇、带轮等组成，其工作原理如图 3-5-14 所示。发电机转子的作用是产生旋转磁场。转子励磁绕组通过电刷和集电环引入直流电而产生磁场，当转子被发电机带动在定子的空腔中旋转时，便产生了一个旋转磁场，使相对静止的定子绕组切割磁感线而产生交变的感应电动势。由于定子绕组和转子磁极的特殊结构，可使定子绕组产生的交流电动势按正弦规律变化。由硅二极管组成的整流器将定子绕组所产生的交流电转换为直流电输出。

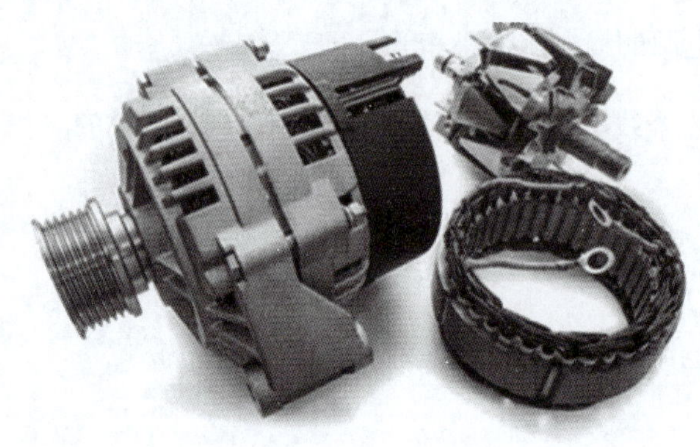

a）

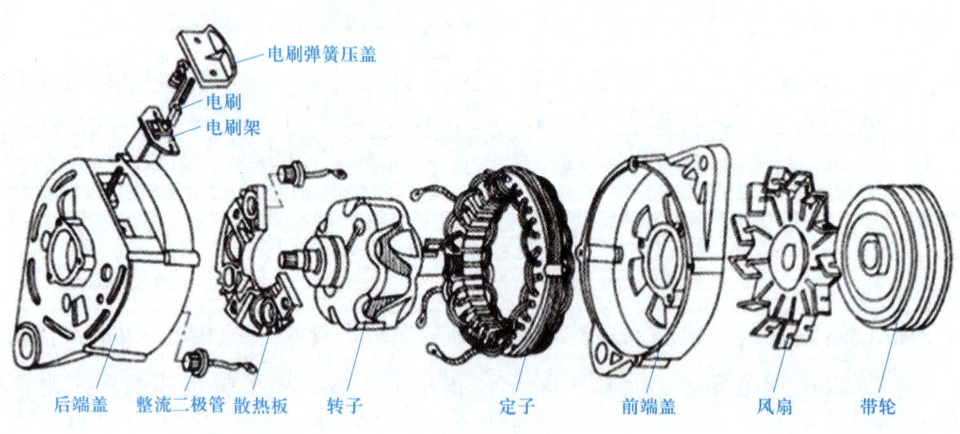

b）

图 3-5-13　典型的汽车三相交流发电机

a）实物图　b）结构图

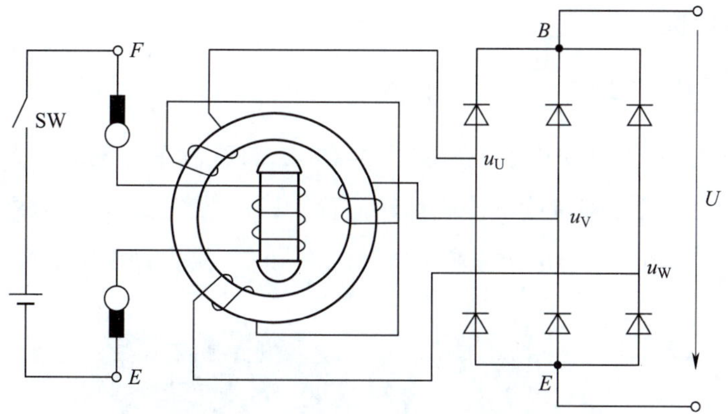

图 3-5-14 三相交流发电机的工作原理

汽车发电机的监测

一、实训目的

掌握汽车发电机的监测方法。

二、实训器材

汽车万用表 1 只、汽车 1 辆。

三、实训步骤

1. 用万用表监测蓄电池电压

（1）关闭发动机

打开发动机舱盖，用万用表测量蓄电池电压，如电压值高于 12 V，说明有足够的能量起动发电机，可以使用电压表进行检测。

（2）起动发动机

用万用表再次测量蓄电池电压，如果不同的转速变化都能让电压波动保持在 13 ~ 14 V，说明发电机状态良好；如果电压保持不变或明显减小，说明发电机存在故障。

2. 监控发电机

（1）监控伏特 / 安培表

如果仪表盘有伏特 / 安培表（见图 3-5-15），打开汽车通风机、前照灯等大功率用电设备，使发电机能够持续不停地运转，看伏特 / 安培表的读数是否下降。一般情况下，如果发动机运转时的电压值高于发动机关闭时，可以判断发电机工作正常。

图 3-5-15　带有伏特 / 安培表的仪表盘

（2）听发动机运转时发电机的声音

如果轴承有问题，将会听到车前方传来刺耳的声音，随着众多用电设备使用功率的增加，这种声音会越来越大。

（3）触摸发电机外壳

起动发动机，几分钟后关掉，如果发电机很烫，可能是轴承已经磨损或是绝缘铜绕组已有损坏。

§3-6　变　压　器

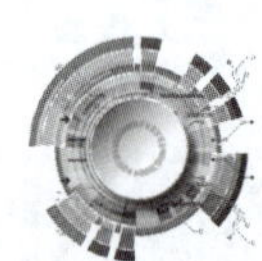

学习目标

1. 了解变压器的基本结构和工作原理。
2. 掌握变压器的电压变换、电流变换和阻抗变换的原理。
3. 了解变压器在汽车中的应用。

变压器是一种特殊的电感器，其种类繁多，在电力输送和电子技术中有广泛的应用。在汽车上，点火系统是最重要的系统之一，其中的点火线圈就应用了变压器的原理。

一、变压器的外形、结构和电路符号

常见变压器的外形如图 3-6-1 所示。

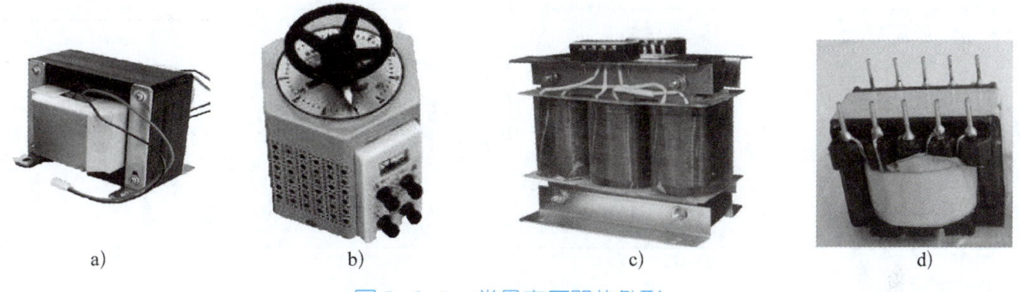

图 3-6-1 常见变压器的外形

a）降压变压器 b）调压变压器 c）三相变压器 d）多绕组变压器

变压器的主要组成部分是铁芯和绕组，铁芯是变压器的磁路通道，同时也是变压器的骨架。通常由磁导率较高又相互绝缘的薄硅钢片叠合而成。

绕组是变压器的电路部分。由绝缘良好的漆包线或纱包线绕制而成。为了便于绝缘，通常将低压线圈安装在靠近铁芯的内层，高压线圈安装在外层。工作时与电源相连的绕组称为一次绕组（原线圈、初级绕组），与负载相连的线圈称为二次绕组（副线圈、次级绕组）。

变压器的文字符号用 T 表示，其图形符号见表 3-6-1。

表 3-6-1 变压器的图形符号

名称或含义	图形符号	名称或含义	图形符号
双绕组变压器，一般符号（形式 1）		双绕组变压器，一般符号（形式 2）	

续表

名称或含义	图形符号	名称或含义	图形符号
三绕组变压器，一般符号（形式 1）		三绕组变压器，一般符号（形式 2）	
自耦变压器，一般符号（形式 1）		自耦变压器，一般符号（形式 2）	

二、变压器的工作原理

如图 3-6-2 所示为变压器的工作原理，该变压器有一个一次绕组和一个二次绕组。一次绕组匝数为 N_1，二次绕组匝数为 N_2。当在一次绕组加上正弦交流电压 u_1 后，产生电流 i_1，由于自感的作用，在其两端产生自感电动势 e_1；由于互感的作用，在二次绕组两端产生互感电动势 e_2。e_2 使负载 R_L 两端得到交流电压 u_2，并有电流 i_2 流过。

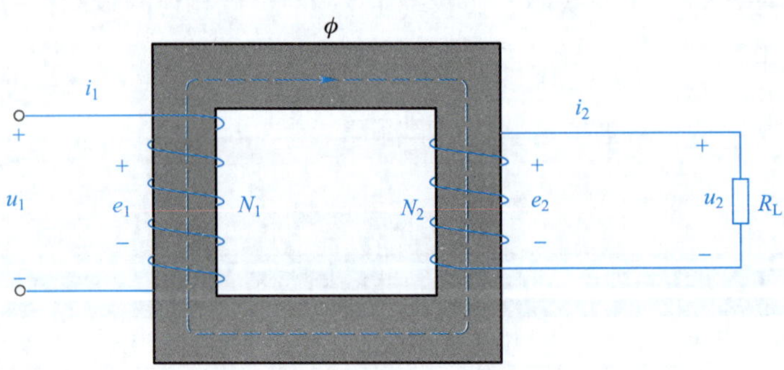

图 3-6-2　变压器的工作原理

1. 变换交流电压

设穿过一次绕组的磁通 Φ 全部穿过二次绕组。那么，根据电磁感应原理，可得

$$e_1 = N_1 \frac{\Delta \Phi}{\Delta t} \quad e_2 = N_2 \frac{\Delta \Phi}{\Delta t}$$

可见
$$\frac{e_1}{e_2}=\frac{N_1}{N_2}=n$$

根据正弦交流电有效值、最大值之间的关系，可得

$$\frac{E_1}{E_2}=\frac{e_1}{e_2}=\frac{N_1}{N_2}=n$$

式中，E_1、E_2 分别表示一次、二次绕组两端电动势的有效值。n 为一次、二次绕组匝数之比，也称变比。

因一次、二次线圈的电阻都很小，可以认为 $r_1=r_2\approx 0$。

故有 $u_1=e_1-i_1\cdot r_1\approx e_1$，$u_2=e_2-i_2\cdot r_2\approx e_2$。

可见
$$\frac{u_1}{u_2}\approx\frac{N_1}{N_2}=n$$

同样，根据正弦交流电有效值、最大值之间的关系，可得

$$\frac{U_1}{U_2}=\frac{u_1}{u_2}\approx\frac{N_1}{N_2}=n$$

式中，U_1、U_2 分别表示一次、二次绕组两端电压的有效值。

2. 变换交流电流

如果分别用 p_1、p_2 表示一次、二次绕组的电功率，则有

$$p_1=i_1\cdot u_1\quad p_2=i_2\cdot u_2$$

如果忽略变压器的损耗，则有 $p_1=p_2$，即 $i_1\cdot u_1=i_2\cdot u_2$

故
$$\frac{i_1}{i_2}\approx\frac{N_2}{N_1}=\frac{1}{n}$$

同样，根据正弦交流电有效值、最大值之间的关系，可得

$$\frac{I_1}{I_2}=\frac{i_1}{i_2}\approx\frac{N_2}{N_1}=\frac{1}{n}$$

3. 变换交流阻抗

变压器除了具有电压变换和电流变换的作用，还有阻抗变换的功能。设在变压器二次绕组上接入阻抗 Z_2，则有 $Z_2=\frac{U_2}{I_2}$，而一次绕组的等效阻抗 $Z_1=\frac{U_1}{I_1}$，故有

$$\frac{Z_1}{Z_2}=\frac{\dfrac{U_1}{I_1}}{\dfrac{U_2}{I_2}}=\frac{U_1}{U_2}\cdot\frac{I_2}{I_1}=n^2$$

即
$$Z_1=n^2Z_2$$

上式表明，在变压器二次侧接上负载 Z_2，就相当于在电源上直接接上一个 $Z_1=n^2Z_2$ 的负载（见图 3-6-3），可见变压器具有阻抗变换作用。

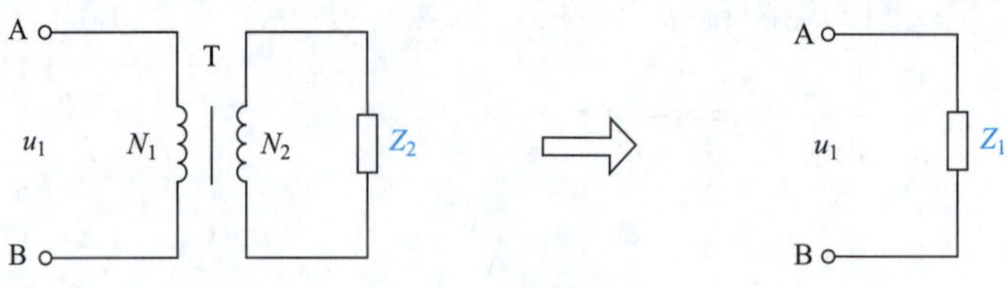

图 3-6-3　变压器的阻抗变换作用

三、三相变压器

在输配电过程中，常常需要对三相电源进行升压（实现高压输电）和降压（实现低压供电），这就需要使用三相变压器。

1. 三相变压器的结构

三相变压器实际上就是三个相同的单相变压器的组合，在每个铁芯柱上绕着同一相的一次绕组和二次绕组。

三相变压器按磁路系统可分为三相组合式变压器和三相芯式变压器两种。

（1）三相组合式变压器是由三台单相变压器按一定的连接方式组合而成，其特点是各相磁路各自独立而互不相关，如图 3-6-4 所示。

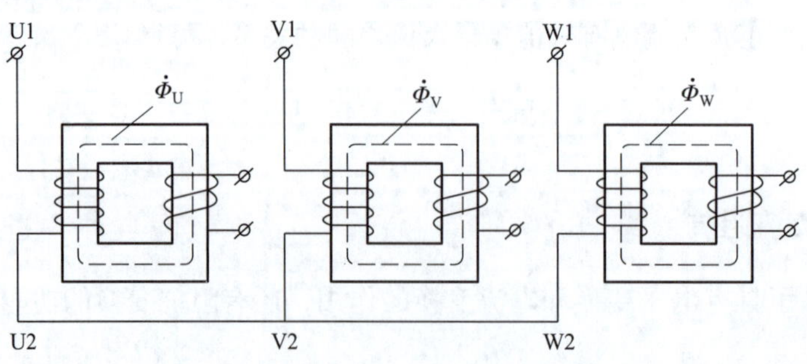

图 3-6-4　三相组合式变压器的磁路系统

（2）三相芯式变压器是三相共用一个铁芯的变压器，其特点是各相磁路关联，如图 3-6-5a 所示，它有三个铁芯柱供三相磁通分别通过。当三相电压平衡时，磁路也对称，可以省去中间铁芯，类似于在三相对称电路中省去中性线（见图 3-6-5b）。在实际应用中，把三相铁芯布置在同一平面上（见图 3-6-5c）。由于三相芯式变压器体积小、经济性好，所以被广泛应用。

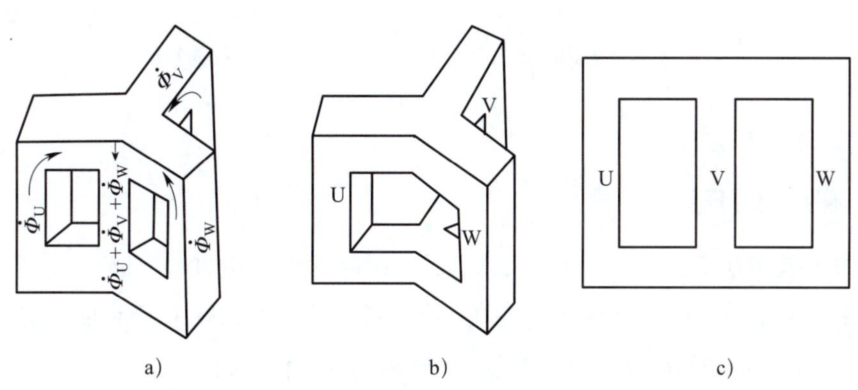

图 3-6-5 三相芯式变压器的磁路系统

a）三相磁通示意图 b）省略中间铁芯的三相铁芯 c）实际应用的三相铁芯

提示：变压器铁芯必须接地，以防产生感应电压或漏电。而且铁芯只能有一点接地，以免形成闭合回路产生环流。

2. 三相芯式变压器绕组的连接

如果将三个高压绕组或三个低压绕组连成三相绕组，有星形（Y）连接和三角形（△）连接两种。

（1）星形（Y）连接

星形连接是将三个绕组的末端连接在一起，接成中性点，再将三个绕组的首端引出，其接线如图 3-6-6a 所示。如果中性点也引出，称为中点引出的星形连接，以符号“YN”表示。

（2）三角形（△）连接

三角形连接是将三个绕组的各相首尾相连构成闭合回路，将三个连接点分别连接电源，如图 3-6-6b、c 所示。因为首尾连接的顺序不同，可分为正相序（见图 3-6-6b）和反相序（见图 3-6-6c）两种接法。

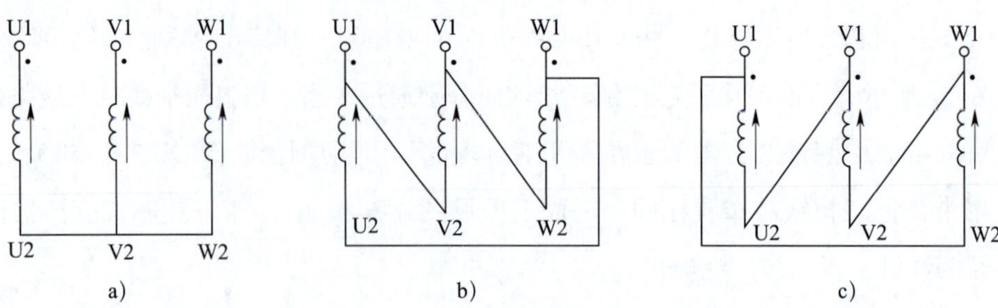

图 3-6-6　三相芯式变压器绕组的连接

a）星形连接　b）正相序三角形连接　c）反相序三角形连接

四、特殊变压器

1. 多绕组变压器

有些小型降压变压器常采用壳式铁芯，一次绕组分成相同的两部分，电源为 220 V 时采用串联，电源为 110 V 时采用并联。在连接时应注意铭牌上所示的连接方式（见图 3-6-7），以保证两部分绕组在铁芯中产生的磁通方向一致。

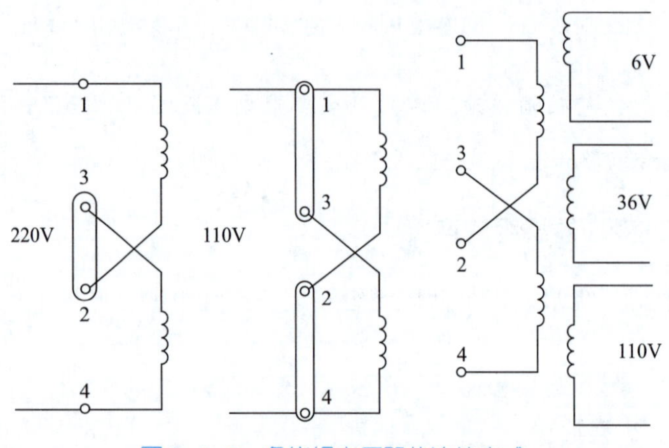

图 3-6-7　多绕组变压器的连接方式

变压器二次侧有多个绕组，可分别输出不同的电压，如机床控制电路中的控制变压器和电子电路中的电源变压器大都采用这种多绕组变压器。

2. 自耦变压器

普通变压器的一次绕组和二次绕组是分开的，称为双绕组变压器。而自耦变压器只有一个绕组，二次绕组只取其中一部分，如图 3-6-8 所示，这种变压器称为自耦变压器。

由于一次绕组与二次绕组不仅通过磁路耦合，而且电路也直接相通，为了保证安全，必须加强绝缘。实验室常用的自耦调压器（见图 3–6–9）就是一种自耦变压器，它是把线圈绕在环形铁芯上，转动手柄可移动二次绕组滑动触头的位置，以调节输出电压。

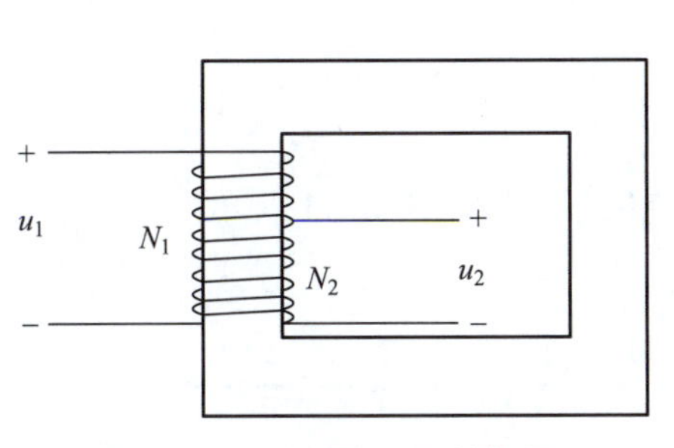

图 3-6-8　自耦变压器结构原理

图 3-6-9　自耦调压器

3. 仪用互感器

仪用互感器是一种专供测量仪表、控制设备和保护设备使用的变压器。它们可以把待测电压、电流按一定比率变小以便于测量；同时由于一次绕组与二次绕组之间采用磁耦合，能起到很好的电气隔离作用，从而可保证仪表和人员的安全。

（1）电压互感器

电压互感器实际上就是一个降压变压器，如图 3–6–10 所示，主要用于扩大交流电压表的量程。

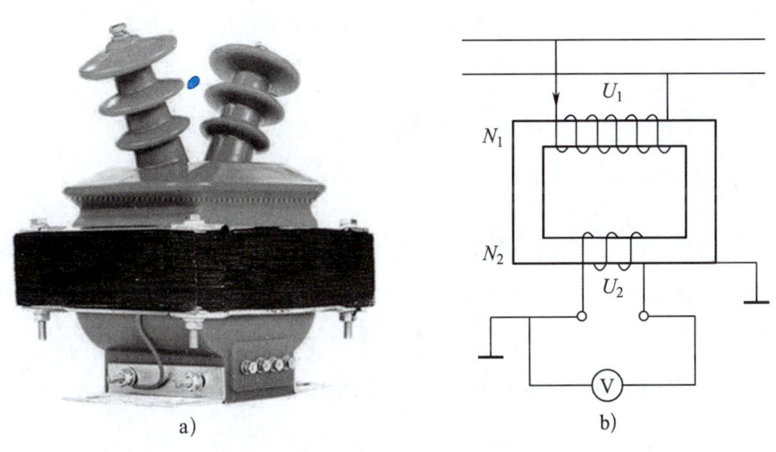

图 3-6-10　电压互感器

a）实物图　b）结构原理图

电压互感器匝数较多的一次绕组接入被测高压电路，匝数较少的二次绕组与电压表相连。一般二次绕组的额定电压设计为 100 V。

在实际使用中，二次绕组电路不允许短路，否则会产生比额定电流大得多的短路电流。此外，为了保证安全，必须将二次绕组的一端与铁芯同时接地，以免当绕组间绝缘损坏时二次绕组也带上高压电。

（2）电流互感器

电流互感器主要用来扩大交流电流表的量程，如图 3–6–11 所示。

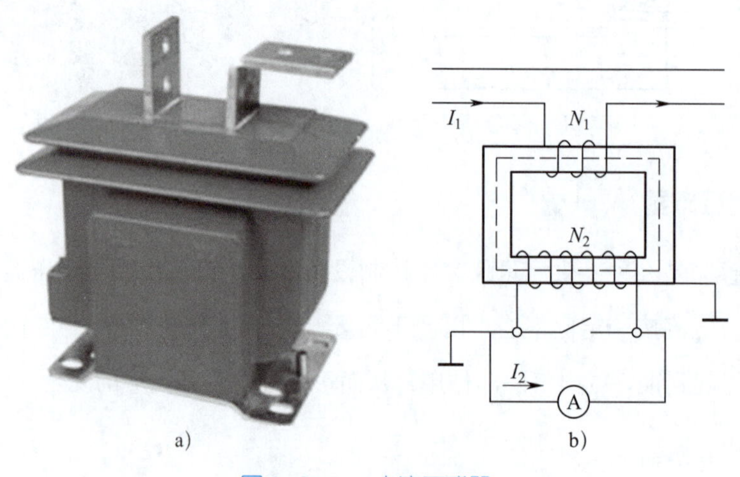

图 3–6–11　电流互感器

a）实物图　b）结构原理图

电流互感器一次绕组的匝数较少，导线较粗，与被测线路的负载串联；而二次绕组匝数较多，导线较细，与测量仪表相连。一般设计额定电流为 5 A。

在使用电流互感器时，二次绕组不允许断开，否则会使铁芯严重过热，二次绕组会产生很高的感应电动势，从而可能导致绝缘损坏。此外，为了保证安全，电流互感器的铁芯和二次绕组的一端应接地。

实际工作中常用的钳形电流表也是一种电流互感器，如图 3–6–12 所示。钳形电流表的二次绕组与电流表相连，其铁芯像一把可以开合的铁钳。测量时，先张开钳口，把待测电流的一根导线放入钳中，然后闭合。这样，待测导线就成为电流互感器的一次绕组（只有一匝线圈），经过变换，从电流表上即可直接读出被测电流的有效值。

提示：交流钳形电流表只能用于测量交流电流，如果要在汽车上测量直流电流，必须使用直流钳形电流表。

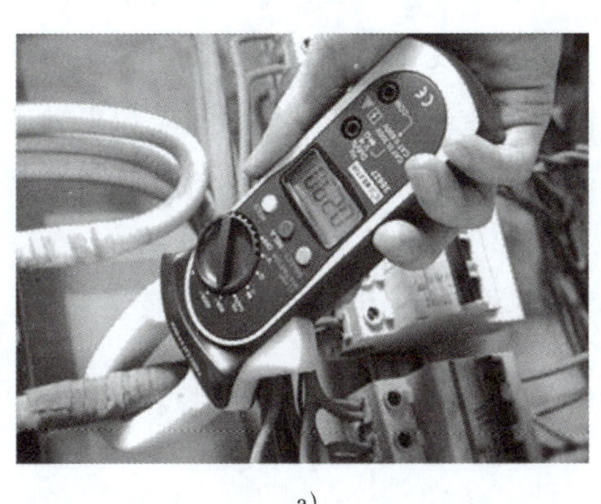

a)

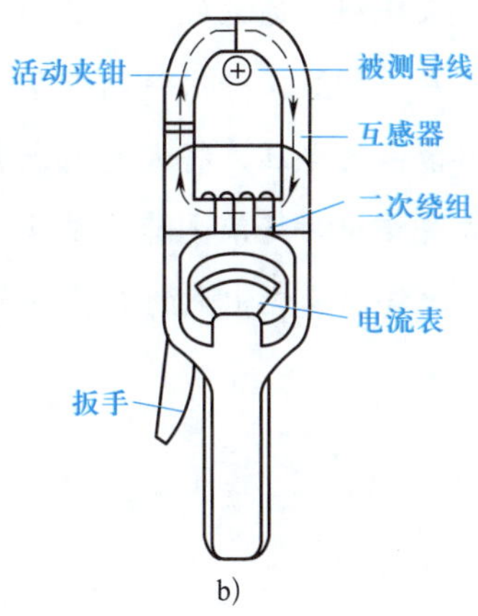

b)

图 3-6-12 钳形电流表

a）实物图 b）结构原理图

应用链接

汽车点火线圈

汽车点火线圈的实物图、内部结构简图和电路原理图如图 3-6-13 所示。

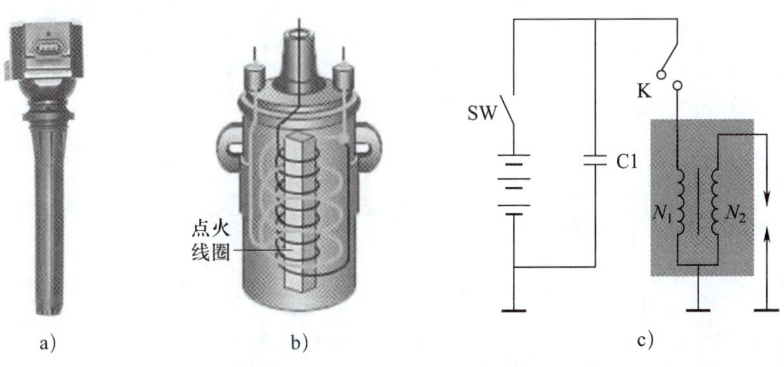

a) b) c)

图 3-6-13 汽车点火线圈

a）实物图 b）内部结构简图 c）电路原理图

汽车点火线圈实际上是一个变压器，其一次绕组一端经断电器 K 与车上低压直流电源（+）连接，另一端与二次绕组一端连接后接地，二次绕组的另一端与高压线输出端连接输出高压电。

当一次绕组接通电源时，随着电流的增大，周围产生一个很强的磁场，储存了磁场能，当开关装置使一次绕组电路断开时，一次绕组的磁通迅速减小，从而使二次绕组感应出很高的电压，将火花塞点火间隙的燃油混合气击穿形成火花，点燃混合气做功。一次绕组中磁场消失速度越快，电流断开瞬间的电流越大，两个线圈的匝数比越大，则二次绕组感应出来的电压越高。

第四章 二极管与晶闸管

§4-1 二 极 管

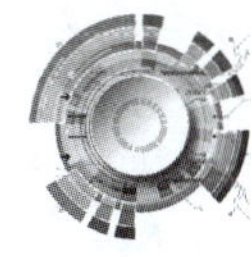

学习目标

1. 了解二极管的结构、图形符号和主要参数。
2. 掌握二极管的单向导电性。
3. 了解整流二极管、发光二极管、光敏二极管在汽车中的应用。
4. 能使用万用表检测二极管。

半导体二极管简称二极管，是电子电路中的常用元件，在汽车电路中有广泛应用。二极管的核心是一个 PN 结——这也是构成各种半导体器件的基础。

一、二极管的结构和图形符号

在硅或锗等纯净半导体中掺入微量合适的杂质元素，可以使半导体的导电能力大大增强，按掺入的杂质元素不同，可分为 P 型半导体和 N 型半导体，在 P 型半导体中空穴是多数载流子，在 N 型半导体中自由电子是多数载流子。如果在一块半导体基片上，一边制成 P 型半导体，另一边制成 N 型半导体，在它们的交界面两侧就会形成一个具有特殊性质的空间电荷区（又称耗尽层），即 PN 结。

由一个PN结加上相应的电极引线和管壳即可组成一个二极管，如图4-1-1a所示。

二极管的两个引出极，一个称为正极，另一个称为负极。二极管的文字符号为VD或V，图形符号如图4-1-1b所示，图中的箭头指向为二极管正向电流的方向。

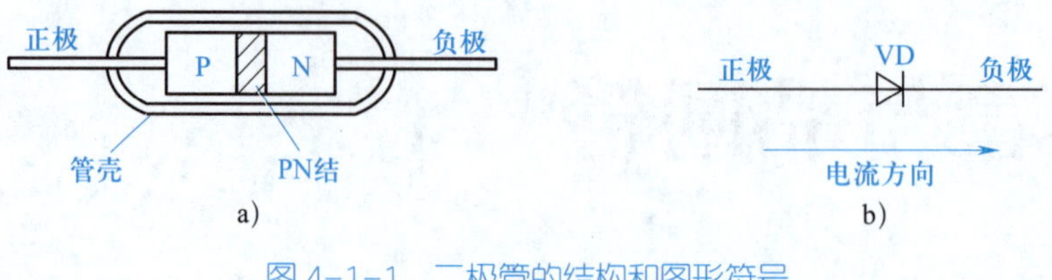

图4-1-1　二极管的结构和图形符号

a）内部结构图　b）图形符号

二、二极管的导电特性和主要参数

1. 二极管的单向导电性

二极管最重要的特性是单向导电性，这可以通过图4-1-2所示的实验加以说明。将开关置于位置1时指示灯亮，将开关置于位置2时指示灯不亮，由此可见，当二极管外加正向电压（正偏）时二极管导通，外加反向电压（反偏）时二极管截止，这就是二极管的单向导电性。

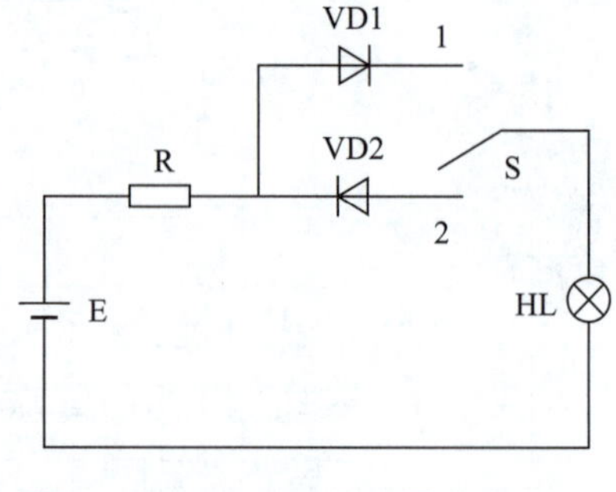

图4-1-2　二极管单向导电实验电路

二极管导通后其正向压降几乎不随流过电流的大小而变化，硅管的正向压降约为0.7 V，锗管的约为0.3 V。

二极管反向截止时，仍有很小的反向电流。在一定范围内，即使反向电压增大，反向电流基本保持不变，所以又称为反向饱和电流。

当反向电压增加到某一数值时，反向电流急剧增大，这种现象称为反向击穿，这时的电压称为反向击穿电压。

2. 二极管的主要参数

（1）最大整流电流 I_{FM}

最大整流电流 I_{FM} 是指二极管允许通过的最大正向工作电流的平均值。如实际工作电流超过此值，二极管可能会因过热而损坏。

（2）最高反向工作电压 U_{RM}

最高反向工作电压 U_{RM} 是指二极管允许承受的最高反向工作电压峰值，一般规定最高反向工作电压为反向击穿电压的 1/3 ~ 1/2。

（3）反向饱和电流 I_R

反向饱和电流 I_R 是指二极管在规定的反向电压和环境温度下的反向电流值。

因为 PN 结中的反向电流是由少数载流子形成的，而少数载流子的数量受温度的影响很大，所以二极管的反向电流越小，表明其热稳定性越好。

三、常用二极管

根据 PN 结的伏安特性，利用不同的原材料和生产工艺，可制成众多不同用途的二极管，下面介绍几种常用的二极管。

1. 整流二极管

整流二极管实物图如图 4-1-3 所示，电路图形符号为二极管的基本符号。利用二极管的单向导电性，可以将交流电转换为脉动直流电（二极管的整流原理将在本章第二节进行讲解），整流电路波形如图 4-1-4 所示。

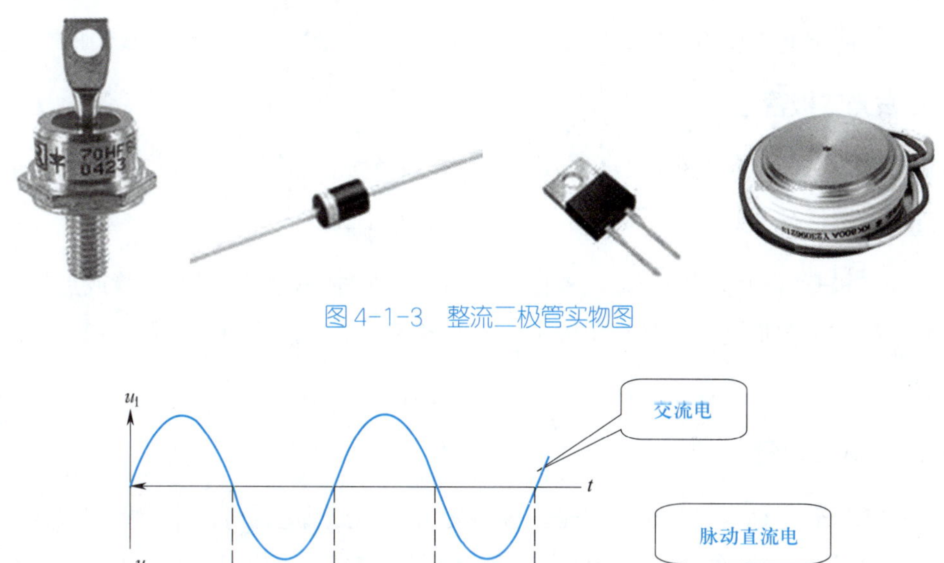

图 4-1-3　整流二极管实物图

图 4-1-4　整流电路波形

2. 稳压二极管

稳压二极管的实物和图形符号如图 4–1–5 所示。

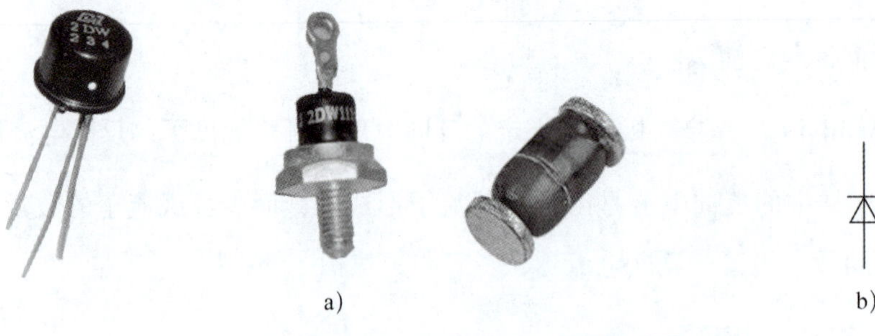

图 4–1–5 稳压二极管的实物和图形符号

a）实物图 b）图形符号

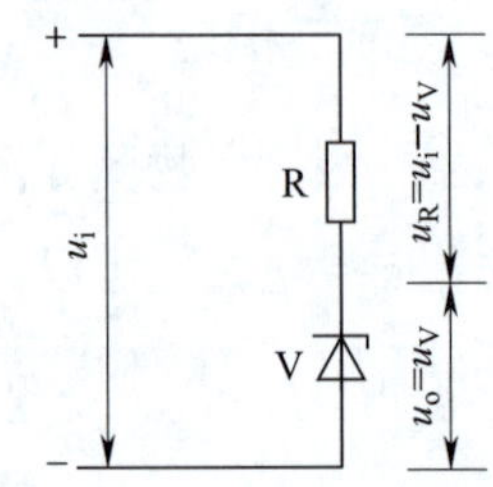

图 4–1–6 最简单的串联稳压电路

稳压二极管是采用特殊工艺制作的硅材料二极管，其外形与普通二极管相似，其特性与普通二极管的区别是：反向击穿电压可根据需要制成不同规格，当管子击穿时，只要控制反向电流不要太大，稳压二极管就可以长时间工作在反向击穿状态，并保持两端电压几乎不变。图 4–1–6 所示为一个最简单的串联稳压电路，图中 R 为限流电阻。

3. 发光二极管

利用二极管的电致光效应，可制成各种颜色的发光二极管。发光二极管的内部结构、外形和图形符号如图 4–1–7 所示，文字符号常用 LED 表示。

发光二极管常用作照明或显示器件，除单个使用外，也可制成数码管或点阵显示器，显示数字或图形文字，甚至用成千上万个发光二极管点阵制成超大面积的户外显示屏幕。

4. 光敏二极管

光敏二极管也称光电二极管，是一种将光信号转变成电信号的半导体器件。它的基本结构也是一个 PN 结，但是它的 PN 结接触面积较大，可以通过管壳上的一个窗口接受入射光。光电二极管的外形、内部结构和图形符号如图 4–1–8 所示。

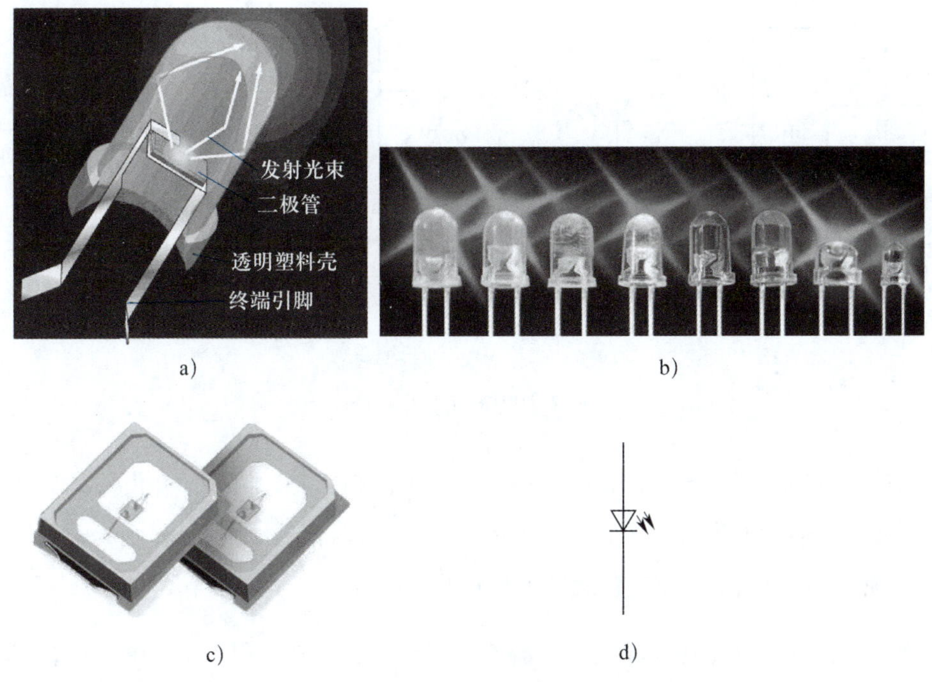

a) b)

c) d)

图 4-1-7 发光二极管

a）内部结构图 b）普通发光二极管外形 c）贴片式发光二极管外形 d）图形符号

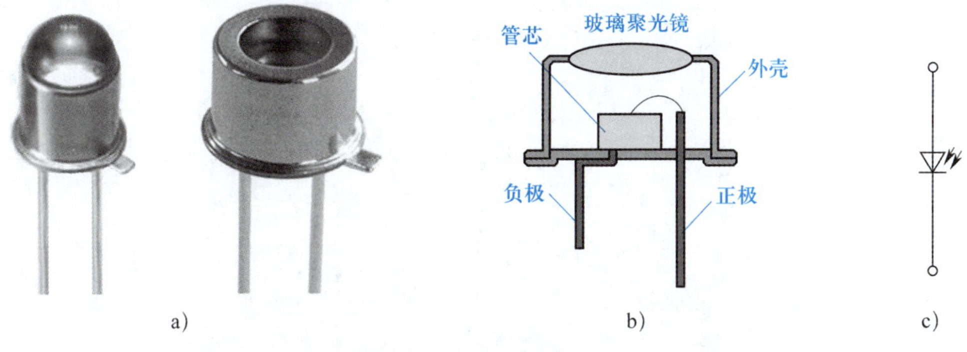

a) b) c)

图 4-1-8 光电二极管

a）外形 b）内部结构 c）图形符号

光电二极管工作在反偏状态，当无光照时，反向电流很小，称为暗电流，一般小于 0.1 μA；当有光照时，反向电流迅速增大，可达几十微安，称为光电流。光电流不仅与入射光的强度有关，而且与入射光的波长有关。

图 4-1-9 所示为远红外遥控电路，图 4-1-9a 所示为发射电路，图 4-1-9b 所示为接收电路。

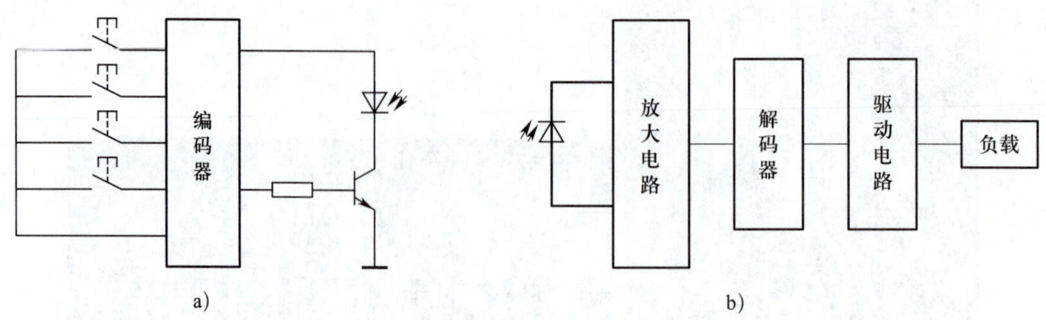

图 4-1-9　远红外遥控电路

a）发射电路　b）接收电路

当按下发射电路中某一按钮时，编码器产生调制的脉冲信号，并由发光二极管转换成光脉冲信号发射出去，按收电路中的光电二极管将光脉冲信号转变成电信号，经放大、解码后由驱动电路驱动负载做出相应的动作。

光电二极管不仅能构成光电传感器件，如果制成受光面积大的光电二极管，则可化为一种能源，称为光电池。图 4-1-10 所示为光电池 LED 路灯。

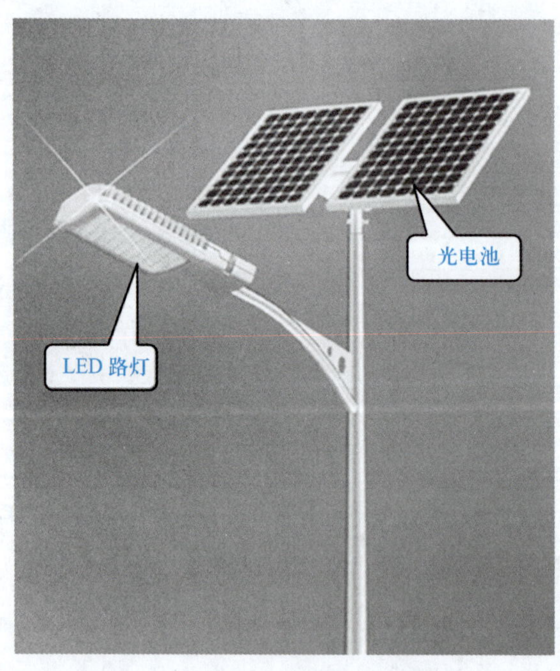

图 4-1-10　光电池 LED 路灯

5. 开关二极管

开关二极管一般用于接通或切断电路，它是利用 PN 结的正向偏置导通、反向偏置截止的特性完成工作的。开关二极管与普通二极管相比，其反向恢复时间（从截止到导通）更短，开关频率更快。

实训任务 9

用万用表检测二极管

一、实训目的

会使用万用表检测常用二极管的管脚和性能。

二、实训器材

1. 指针式万用表及数字式万用表各 1 只。

2. 20 V 可调直流稳压电源 1 台。

3. 普通二极管、稳压二极管、发光二极管和远红外光敏二极管若干。

4. 1 kΩ 左右的限流电阻 1 只。

三、实训内容

1. 检测普通二极管

（1）将指针式万用表的功能开关拨至 R × 1 kΩ 挡，并调零。

（2）按照图 4–1–11 将黑、红表笔分别与二极管的两个引脚相接（万用表的红表笔与表内电池负极相连，黑表笔与表内电池正极相连），读取电阻值，并填入表 4–1–1。

若测得阻值较小（几千欧以下），再将红、黑表笔对调后接在二极管两端，测得的阻值较大（几百千欧），说明二极管质量良好，测得的阻值较小的那一次黑表笔所接为二极管的正极。如果测得二极管的正、反向电阻都很小（接近零），说明二极管内部已短路；如果测得二极管的正、反向电阻都很大，说明二极管内部已开路。

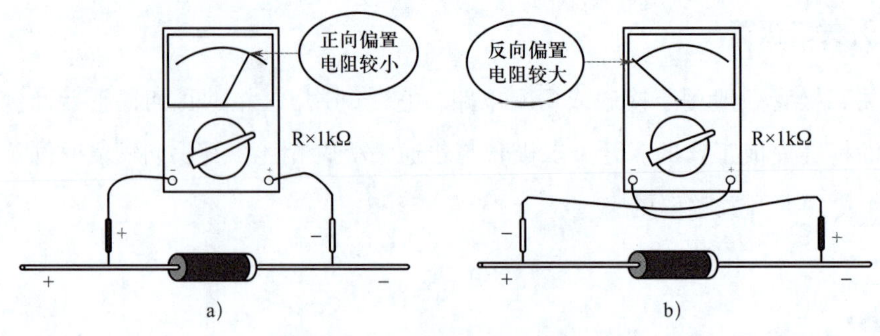

图 4-1-11 二极管的测量方法

a）正向偏置时电阻较小 b）反向偏置时电阻很大

表 4-1-1 普通二极管检测记录

序号	检测结果				元件性能
	正向电阻 /Ω	反向电阻 /Ω	1 号引脚极性	2 号引脚极性	

2. 检测发光二极管

（1）检测方法与测量普通二极管相似，但万用表必须拨至 R × 10 kΩ 挡，并调零。

（2）将黑、红表笔分别与发光二极管的两个引脚相接，读取电阻值，并填写在表 4-1-2 中。

表 4-1-2 发光二极管检测记录

序号	检测结果				元件性能
	正向电阻 /Ω	反向电阻 /Ω	1 号引脚极性	2 号引脚极性	

3. 检测稳压二极管

（1）测量电路

测量电路如图 4–1–12 所示。

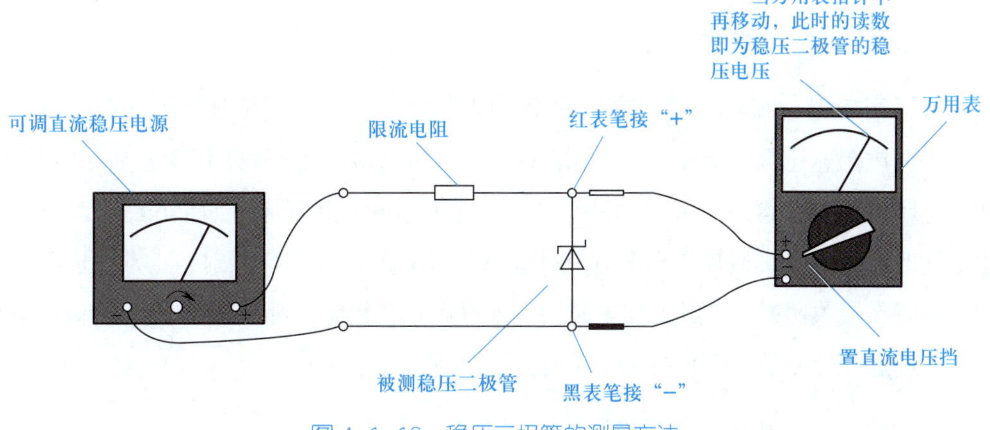

图 4–1–12　稳压二极管的测量方法

（2）测量步骤和方法

1）按照图 4–1–12 所示方法连接电路。

2）将万用表拨至 50 V 直流电压挡（因为通常使用的稳二极管的稳压值小于 50 V）。

3）将可调直流稳压电源输出电压调节旋钮逆时针旋到底（使接通电源后输出最小）。

4）按顺时针方向缓缓转动直流稳压电源的输出电压调节钮，使输出电压慢慢增大，同时观察万用表指针的偏转情况。当指针不再随直流稳压电源的输出电压而增大时，读取此时的电压值，并填入表 4–1–3 中。

表 4–1–3　稳压二极管检测记录

序号	检测结果	
	稳压值 /V	元件性能

提示：

①电路连接中不能将稳压二极管和电源正、负极接错，否则稳压二极管会被损坏。

②如果读数小于 10 V，应将万用表转至 10 V 直流电压挡；如果读数小于 2.5 V，应将万用表转至 2.5 V 直流电压挡。

4. 检测远红外光敏二极管

将万用表置于 R×1 k 电阻挡，并将两表笔短接调零。测量远红外光敏二极管的正、反向电阻，正向电阻应为 3 ~ 10 kΩ，反向电阻应为 500 kΩ 以上，如果测量正、反向电阻均为零或均为无穷大，说明二极管已击穿或开路损坏。如果在测量其反向电阻的同时，用电视机遥控器对着远红外光敏二极管的接收窗口照射，正常的远红外光敏二极管在接收照射时，其反向电阻会由 500 kΩ 以上减少到 5 ~ 10 kΩ。阻值下降越多，说明远红外光敏二极管灵敏度越高。

5. 用数字式万用表检测二极管

将功能选择置于“二极管”挡，将红表笔插入 VΩ 孔，黑表笔插入 COM 孔（数字式万用表的红表笔与表内电池正极相连，黑表笔与表内电池负极相连）。

将红、黑两支表笔跨接在二极管的两端，如果蜂鸣器响，说明二极管内部击穿；如果显示二极管的正向压降，说明二极管质量良好，红表笔所接为二极管的正极。如果红、黑表笔对调，测量两次都显示“1”，说明二极管开路。

提示：正常发光二极管正向连接时，显示正向压降并发光。

应用链接

汽车光电式点火信号发生器

图 4-1-13 所示为汽车光电式点火信号发生器示意图。

光电式点火信号发生器主要由遮光盘、分电器转轴、电源、光接收器等组成，采用发光二极管作为光源。发光二极管发出的红外线光束一般还要用一只近似半球形的透镜聚焦，以便增大光束强度，有利于光接收器接收。光接收器可以是光敏二极管，

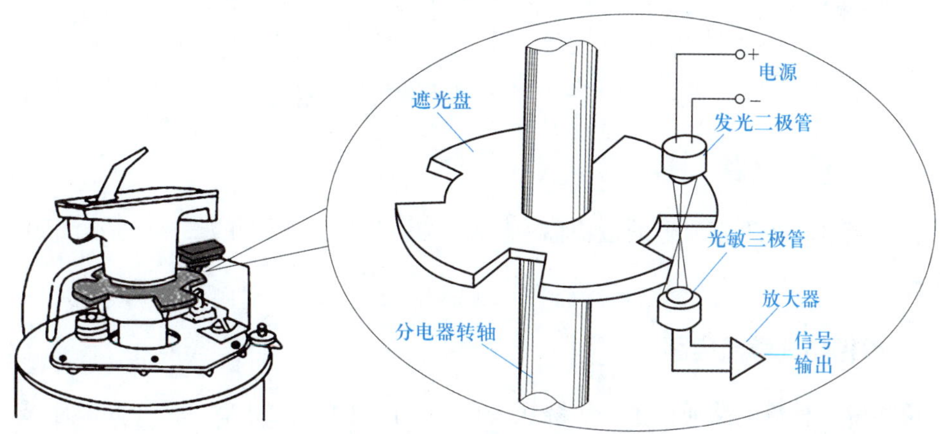

图 4-1-13　汽车光电式点火信号发生器示意图

也可以是光敏三极管。光接收器与光源相对，以便使光源发出的红外线光束聚焦后照射到光接收器上。

遮光盘安装在分电器转轴上，位于分火头下面，其外缘开有与发动机缸数相同的缺口。当遮光盘随分电器转轴转动时，光源发出的射向光接收器的光束被遮光盘交替遮挡，因而光接收器交替导通与截止，形成矩形脉冲点火信号，经放大整形后被送到电子点火控制单元。

§4-2　直流稳压电源

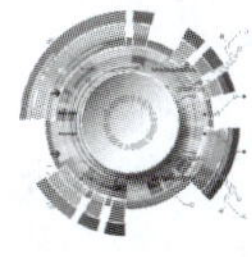

学习目标

1. 掌握单相桥式整流电路的组成和工作原理。
2. 了解常用滤波电路的组成和工作原理。
3. 了解三端式集成稳压器的基本知识和应用。
4. 了解三相桥式全波整流电路的工作原理和在汽车中的应用。

汽车蓄电池是直流电源，必须用直流电源对其进行充电；如果是交流电源，必须先将其转换为直流电源才能为蓄电池充电。直流稳压电源的作用就是把交流电转换成稳定的直流电，所以也称其为（AC/DC）变换器。直流稳压电路主要由整流电路、滤波电路和稳压电路组成，如图 4-2-1 所示。

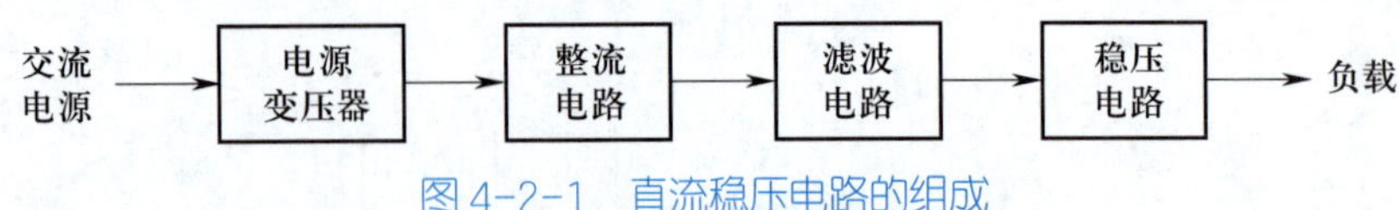

图 4-2-1 直流稳压电路的组成

一、整流电路

将交流电转换为直流电的过程称为整流，具有单向导电性的二极管是最常用的整流元件。

1. 单相桥式整流电路

单相桥式整流电路通常由一个降压变压器、四只整流二极管和一个负载组成，如图 4-2-2 所示。

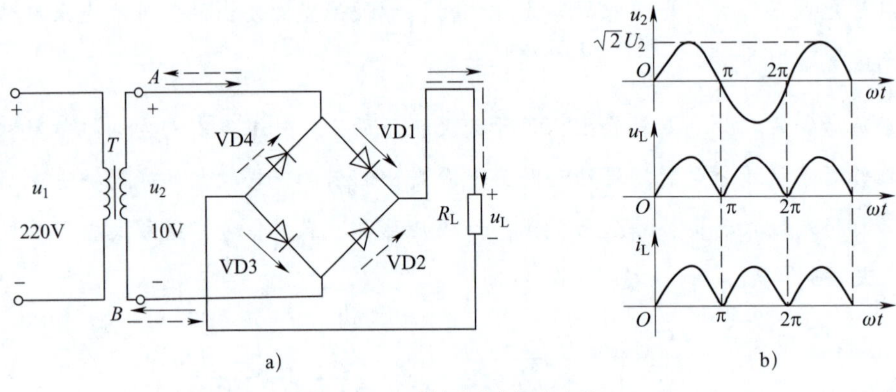

图 4-2-2 单相桥式整流电路

a）电路图 b）整流波形

当 u_2 为正半周时，设 A 端为正，B 端为负，则二极管 VD1、VD3 导通，VD2、VD4 截止，电流通路如图 4-2-2a 中实线所示，R_L 上的电流方向为由上向下，电压极性为上正下负。

当 u_2 为负半周时，设 B 端为正，A 端为负，二极管 VD2、VD4 导通，VD1、VD3 截止，电流通路如图 4-2-2a 中虚线所示，R_L 上的电流方向和电压极性与 u_2 正半周时相同。

单相桥式整流电路负载上得到的脉动直流电压在一周内的平均值为

$$U_L=0.9U_2$$

单相桥式整流电路具有变压器利用率高、平均直流电压大和脉动小等优点，所以得到了广泛应用。

2. 三相桥式整流电路

一般的直流电源采用单相整流电路，较大容量的直流电源则采用三相整流电路。

三相桥式整流电路如图 4–2–3 所示，电源变压器一次绕组接成△形，二次绕组接成Y形。VD1、VD2、VD3 共阴极连接，VD4、VD5、VD6 共阳极连接。

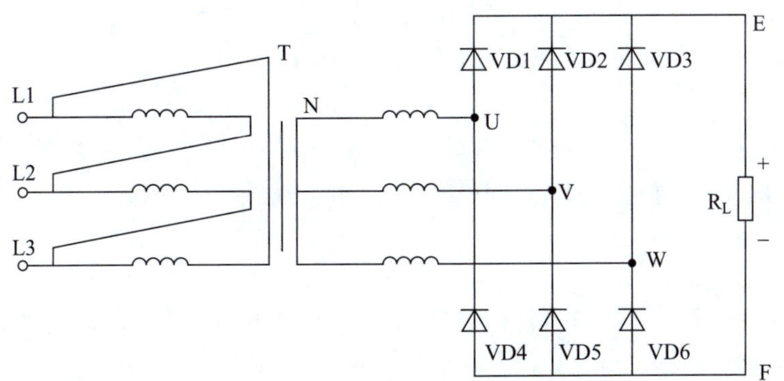

图 4–2–3　三相桥式整流电路

三相桥式整流电路工作波形如图 4–2–4 所示。

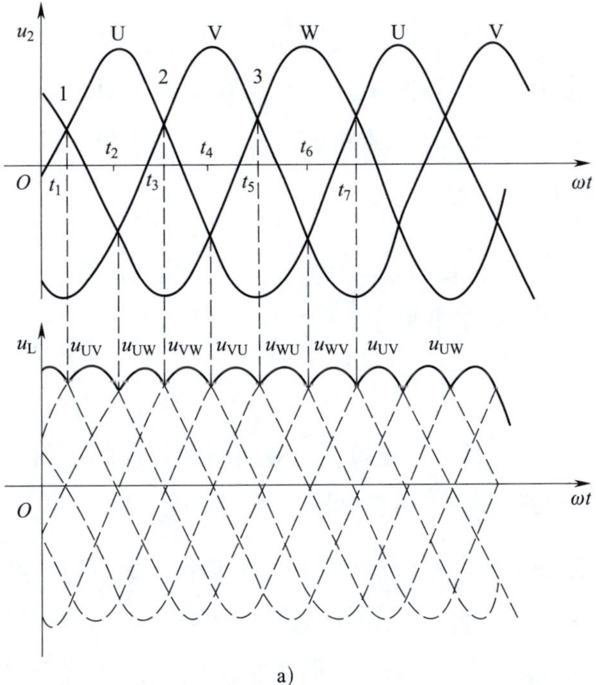

a)

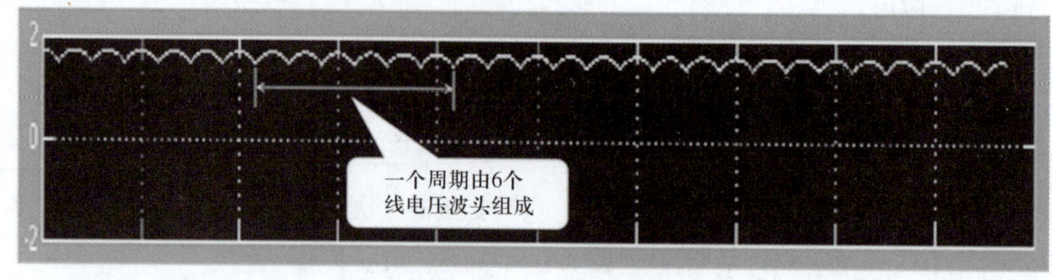

b)

图 4-2-4 三相桥式整流电路工作波形

a）整流电路工作波形 b）实测输出波形

在 $t_1 \sim t_2$ 时间内，U 相电位最高，共阴极组中，VD1 优先导通；共阳极组中，V 相电位最低，VD5 优先导通，其余二极管截止。电流通路为 U→VD1→R_L→VD5→V。这时，$u_o = u_{UV}$。

在 $t_2 \sim t_3$ 时间内，U 相电位最高，VD1 继续导通，而 W 相电位变为最低，因此 VD1 与 VD6 串联导通，其余二极管截止。电流通路为 U→VD1→R_L→VD6→W。这时，$u_o = u_{UW}$。

在 $t_3 \sim t_4$ 时间内，V 相电位最高，W 相电位最低，共阴极组的二极管中由 VD1 换为 VD2 导通。因此，VD2 与 VD6 串联导通，电流通路为 U→VD2→R_L→VD6→W。这时，$u_o = u_{VW}$。

以此类推，可得到如下结论：在任一瞬间，共阴极组和共阳极组中各有一只二极管导通，每只二极管在一个周期内导通 120°，负载上获得的脉动直流电压是线电压 u_{UV}、u_{UW}、u_{VW}、u_{VU}、u_{WU}、u_{WV} 的波顶连线。在一个周期内出现 6 个波头，负载电压为正压输出，输出直流电压平均值为

$$U_o = 2.34 U_2$$

式中，U_2 为变压器二次侧相电压有效值。

3. 硅整流堆

将硅整流器件按某种整流方式连接后封装成一体就制成硅整流堆，简称硅堆。采用硅整流堆构成整流电路占用线路板空间小，安装方便，可靠性好。

硅整流堆器件品种较多，在内部结构上，低压小电流硅堆的整流二极管按半桥或全桥方式组合，简称桥堆，通常采用塑料或陶瓷封装；大电流硅堆则采用特殊工艺制造，通常采用金属封装，有的还直接带有散热器。常见硅堆外形如图 4-2-5 所示。

a) b) c) d)

图 4-2-5 常见硅堆外形

a）单相整流桥堆 b）贴片式单相整流桥堆 c）三相整流桥堆 d）高压硅整流堆

二、滤波电路

交流电经整流后转换为脉动直流电，其中还含有较大的交流成分。为了得到平滑的直流电，必须在整流电路之后接入滤波电路，从而把脉动直流电中的交流成分过滤掉。

1. 桥式整流电容滤波电路

桥式整流电容滤波电路如图 4-2-6 所示，滤波电容与负载并联（图中采用单相桥式整流电路的简化画法）。

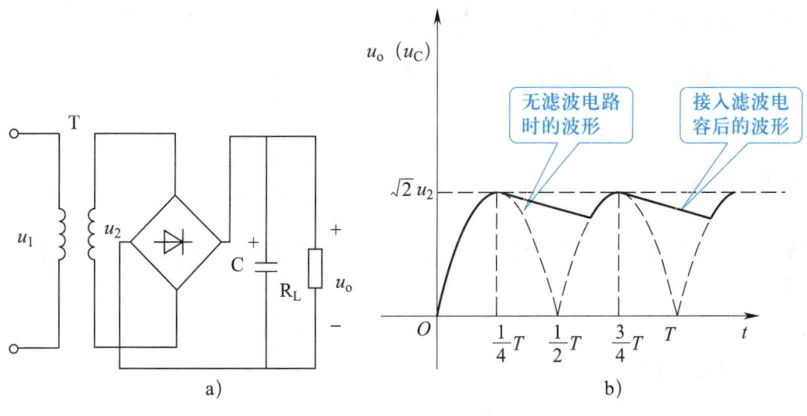

a) b)

图 4-2-6 桥式整流电容滤波电路

a）电路图 b）波形图

由于滤波电容的充放电作用，输出电压的脉动程度大为减弱，波形相对平滑，输出电压平均值也得到提高。只有当电容量较大而负载电流又较小时，电容放电慢，波形才比较平滑。当滤波电容较大时，在接通电源的瞬间会有很大的充电电流，称之为浪涌电流。因此，电容滤波电路比较适用于负载电流较小且变化不大的场合。

2. 电感滤波电路

电感滤波电路如图 4-2-7 所示，滤波电感与负载串联。

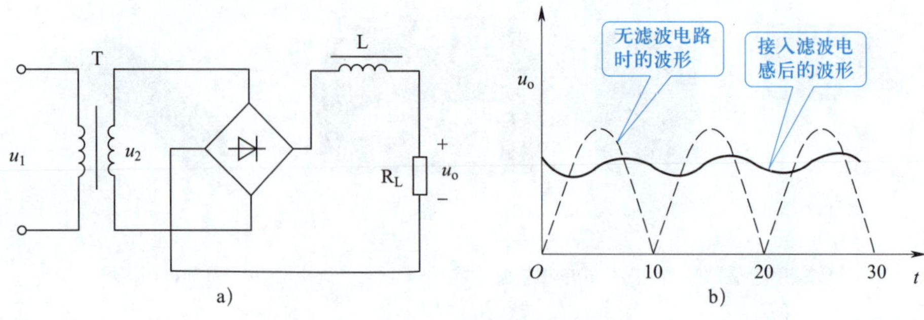

图 4-2-7 电感滤波电路

a）电路图 b）波形图

当负载电流 i_L 发生变化时，电感线圈两端要产生自感电动势来阻碍电流的变化，所以 i_L 的脉动程度大为减弱，输出电压的波形变得较为平滑。

电感滤波对整流二极管没有电流冲击。一般来说，感抗越大，滤波效果越好。为了增大 L 值，电感多用带铁芯的线圈，但其体积大，较笨重，成本高，输出电压也会降低，所以滤波电感常取几亨到几十亨。

电感滤波主要用于大电流负载或电流经常变化的场合。有些整流电路负载是电动机线圈、继电器线圈等电感性负载，负载本身就能起到平滑脉动电流的作用，这时可以不必另加滤波电感。

3. 复式滤波电路

为了进一步提高滤波效果，可以将电容器和电感器（或电阻器）组合成复式滤波电路。

（1）LC 型滤波电路

在电感滤波电路的基础上，再在 R_L 上并联一个电容，便构成如图 4-2-8 所示的 LC 型滤波电路。脉动直流电经过电感 L，交流成分被削弱，再经过电容滤波，将交流成分进一步滤除，就可以在负载上获得更加平滑的直流电压。

LC 型滤波电路带负载能力较强，在负载变化时，输出电压比较稳定。由于滤波电容接于电感之后，因此可使整流二极管免受浪涌电流的冲击。

（2）LC-π 型滤波电路

在 LC 型滤波电路的输入端再并联一个电容，便构成 LC-π 型滤波电路，如图 4-2-9 所示。

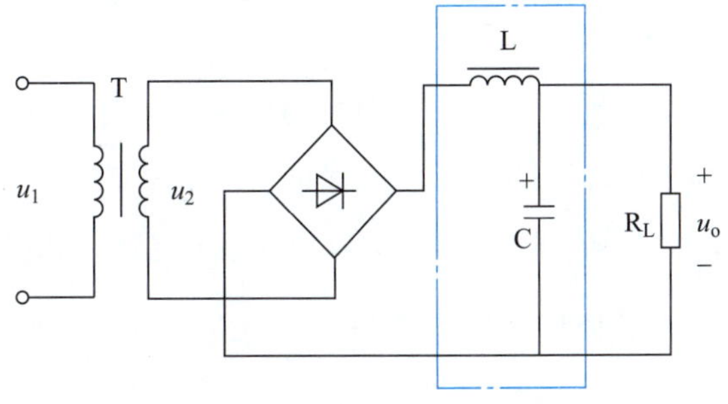

图 4-2-8　LC 型滤波电路

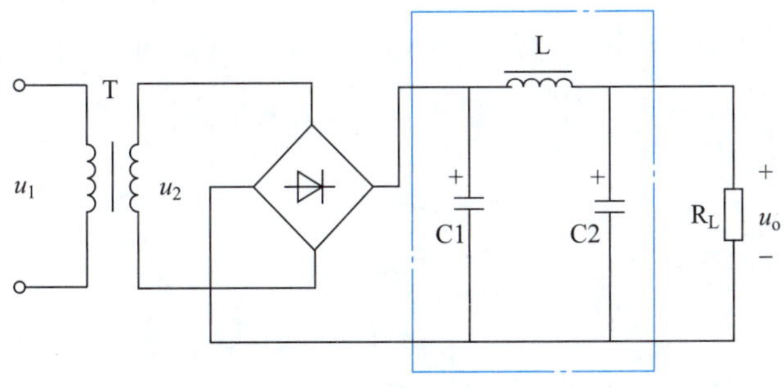

图 4-2-9　LC-π 型滤波电路

LC-π 型滤波电路比 LC 型滤波电路的输出电压高，波形也更平滑，但带负载能力较差，仍存在浪涌电流对整流二极管的影响。为了减小浪涌电流，一般取 $C_2>C_1$。

（3）RC-π 型滤波电路

当负载电流较小时，常选用电阻 R 代替 LC-π 滤波电路中的电感 L，构成 RC-π 型滤波电路，如图 4-2-10 所示。脉动电压中交流分量在电阻 R 上产生较大的压降，使输出电压中的交流成分减少，电阻 R 同时对直流分量也会产生直流压降，产生直流功率损耗，使输出直流电压降低。电阻 R 的值越大，滤波效果越好，但能量损耗也越大。

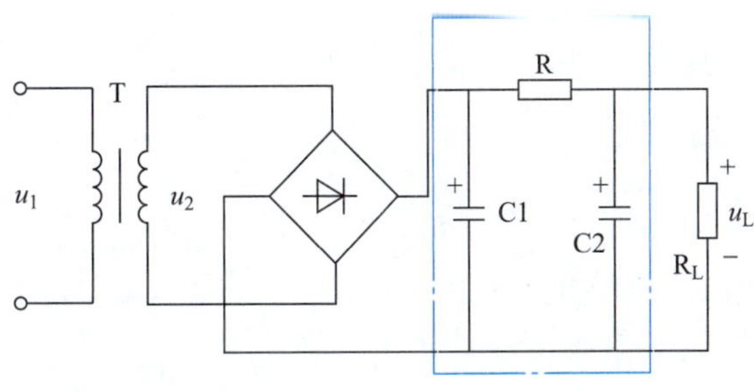

图 4-2-10　RC-π 型滤波电路

三、集成稳压器

交流电压经整流、滤波后已变成较为平滑的直流电，但常常会受电网电压波动或负载变化的影响，必须采用稳压措施，才能保证负载两端的电压基本不变。目前普遍应用的是集成稳压器，根据其工作方式可分为线性集成稳压器和开关集成稳压器两类。

线性集成稳压器根据引脚数可分为三端式集成稳压器、四端式集成稳压器、多端式集成稳压器，其中三端式集成稳压器的应用最广。

常用三端式集成稳压器有 CW78×× 固定正电压输出、CW79×× 固定负电压输出系列等。CW7800 型如图 4–2–11a 所示，如果要求输出电压可以调节，可选用 CW117 型（见图 4–2–11b）、CW317 型等三端可调式集成稳压器。

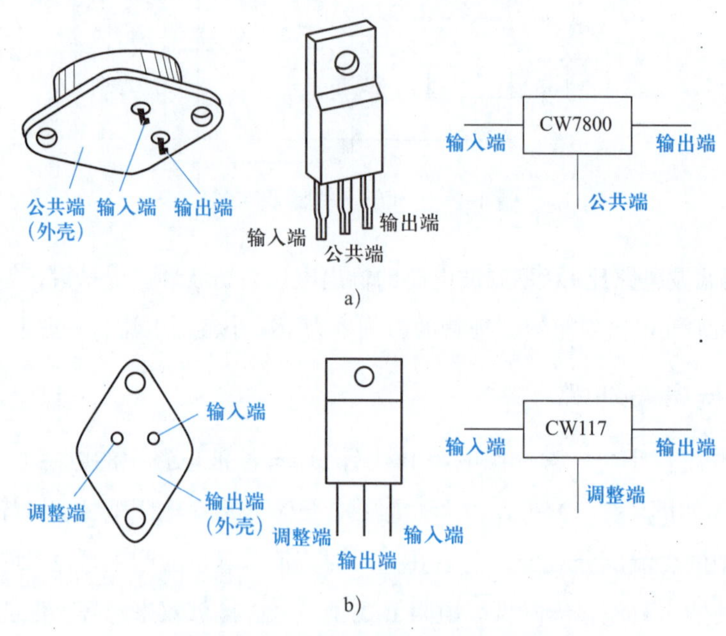

图 4–2–11　常用三端式集成稳压器

a）CW7800 型　b）CW117 型

CW7805 型集成稳压器的基本应用电路如图 4–2–12 所示，其输出电压为 +5 V。

CW117 型集成稳压器电路的接法如图 4–2–13 所示，图中 R、RP 通常称为取样电阻，调节 RP 即可在允许范围内调节输出电压值。

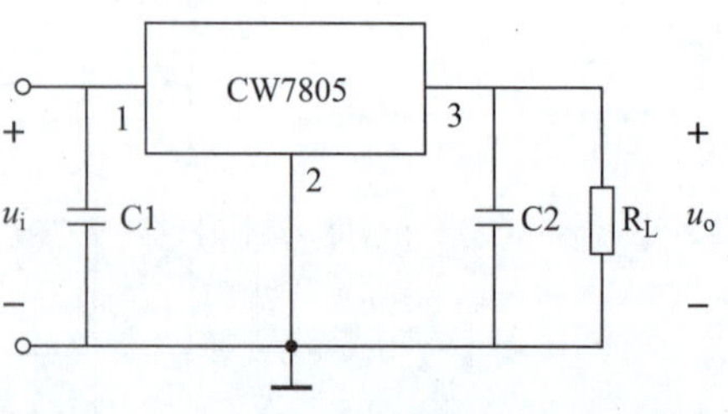

图 4–2–12　CW7805 型集成稳压器的基本应用电路

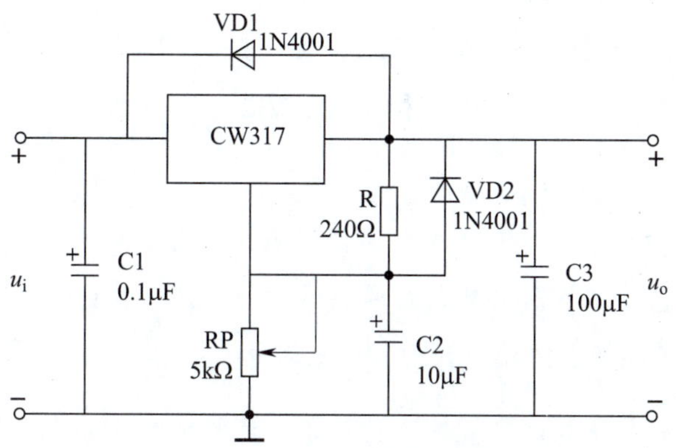

图 4-2-13 CW117 型集成稳压器电路的接法

整流器在汽车中的应用

电动汽车中的整流器又称 AC/DC 变换器，其功能是将汽车交流发电机发出的交流电变换为稳定的直流电提供给用电设备使用或汽车蓄电池储存。配有整流器的整体式交流发电机电路原理如图 4-2-14 所示。

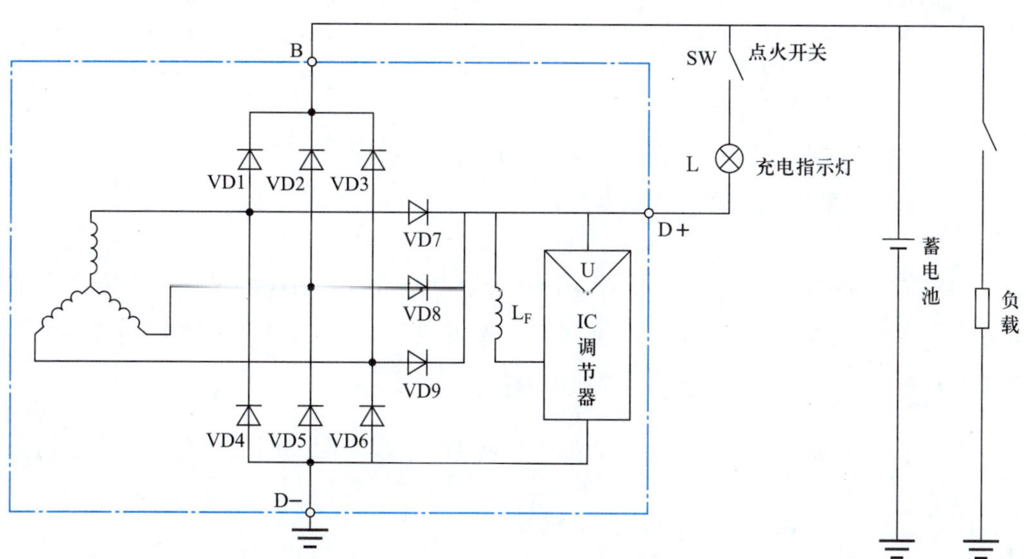

图 4-2-14 配有整流器的整体式交流发电机电器原理

图 4-2-14 中，VD1 ~ VD6 组成三相桥式全波整流电路，当发电机工作时，定子绕组产生三相交流电动势，经整流后输出直流电压，向负载供电并向蓄电池充电。VD7、VD8、VD9 三只小功率二极管和 VD2、VD4、VD6 组成的三相桥式整流电路，专门供应磁场电流。

当接通点火开关 SW 时，蓄电池电流便经点火开关 SW→充电指示灯→发电机端子 D+→磁场绕组 L_F→调节器内部大功率晶体管→搭铁→蓄电池负极构成回路，此时充电指示灯亮，指示磁场电流接通并由蓄电池供电。

当发动机起动后，随着发动机转速的升高，发电机 D+ 端电压也随之升高，充电指示灯两端电位差降低，指示灯亮度变暗。当发电机电压升高到蓄电池端电压时，发电机 B 端与 D+ 端电位相等，充电指示灯亮熄灭，指示发电机已正常工作，磁场电流由发电机自身供给。

当发动机高速运转，充电系统发生故障而导致发电机不能正常发电，D+ 端无电压输出时，充电指示灯因两端电位差增大而发亮，警示驾驶员应及时排除故障。

§4-3 晶 闸 管

学习目标

1. 了解普通晶闸管的结构和图形符号。
2. 掌握普通晶闸管的导电特性。
3. 理解晶闸管可控整流电路的组成和工作原理。
4. 能使用万用表检测晶闸管。

晶闸管是硅晶体闸流管的简称，也称可控硅（SCR），它能以毫安级小电流控制大功率的机电设备，而且无触点、无火花、速度快、效率高，广泛应用于可控整流、无触点继电器、交流调压、电动机无级调速等。

晶闸管有多种类型，主要有普通型（单向型）、双向型、可关断型、快速型和光控型等。

一、普通晶闸管

1. 外形、结构和电路符号

晶闸管按封装形式不同有塑封式（小功率）、平板式（中功率）和螺栓式（中、大功率）等，如图 4-3-1 所示，平板式和螺栓式晶闸管使用时固定在散热器上。晶闸管的文字符号为 V 或 SCR，图 4-3-2 所示为普通（单向）晶闸管的图形符号，它是在二极管图形符号的基础上又增加了一个控制极，表示其特性相当于一个带有控制端的特殊二极管。

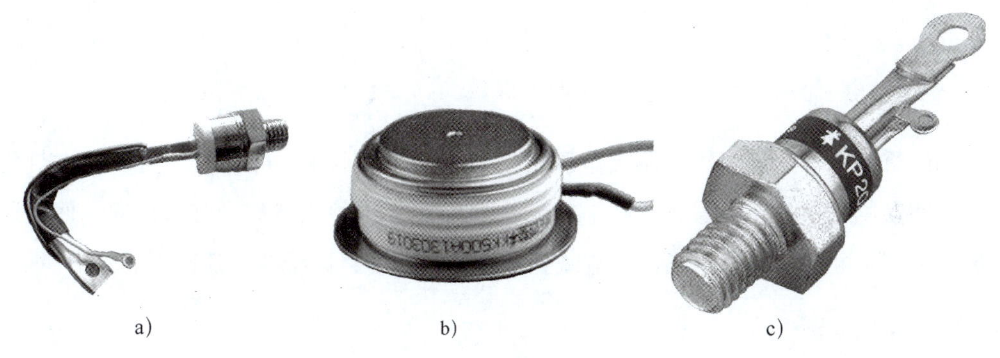

图 4-3-1 晶闸管的类型
a）塑封式 b）平板式 c）螺栓式

2. 导电特性

晶闸管的导电特性可通过图 4-3-3 所示的实验加以说明。图 4-3-3 中晶闸管阳极 A、阴极 K、灯泡 HL 和电源 GB1 构成主回路；控制极 G、阴极 K、电阻 R、开关 SA 和电源 GB2 构成控制回路。

（1）正向阻断

如图 4-3-3a 所示，给晶闸管加正向电压，而控制极不加正向电压，灯不亮，这种状态称为正向阻断。

（2）触发导通

如图 4-3-3b 所示，晶闸管加正向电压，再闭合开关 SA，使控制极和阴极之间也加上正向电压（触发电压），这时灯亮，说明晶闸管已导通，这种状态称为触发导通。

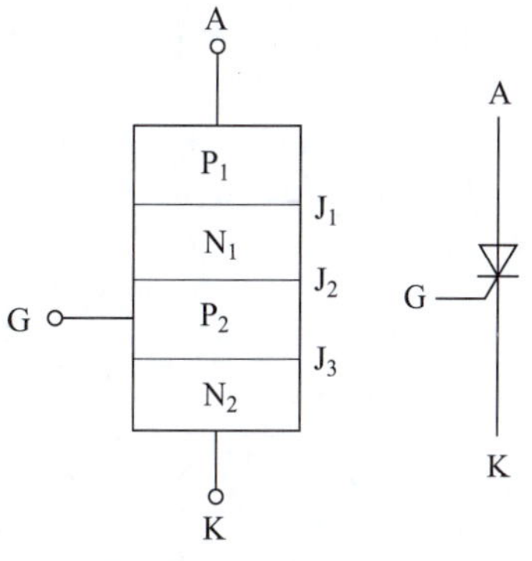

图 4-3-2 普通（单向）晶闸管的图形符号

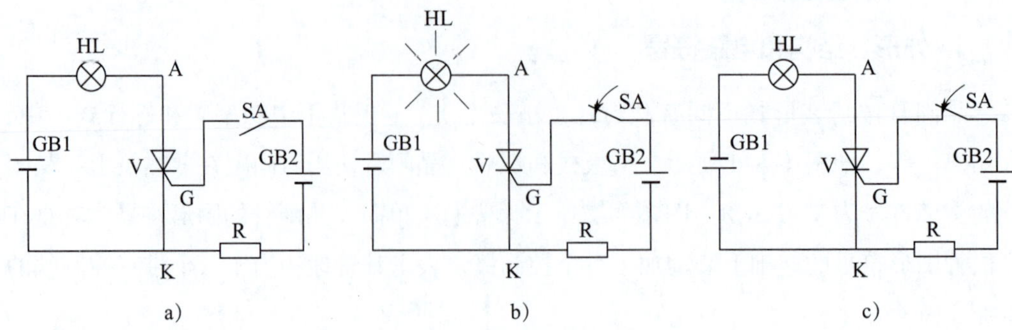

图 4-3-3　晶闸管特性实验

a）正向阻断　b）触发导通　c）反向阻断

（3）维持导通

晶闸管一旦导通后，维持阳极电压不变，断开触发电压（即断开开关 SA），灯仍亮，说明晶闸管一旦正向导通，控制极便失去作用，这种状态称为维持导通。使导通后的晶闸管关断的方法是将阳极电流减到足够小的程度，即维持电流以下。

（4）反向阻断

如图 4-3-3c 所示，晶闸管加反向电压，这时不论是否加控制电压，也不论控制极所加是正向电压还是反向电压，灯都不亮，晶闸管都不导通，这种状态称为反向阻断。

二、双向晶闸管

双向晶闸管有三个极：第一阳极 A1（T1）、第二阳极 A2（T2）和控制极 G。双向晶闸管在功能上相当于两个门极连在一起的两只反向并联的晶闸管，而双向二极管相当于两只反向并联的二极管。双向晶闸管和双向二极管的图形符号如图 4-3-4 所示。

图 4-3-4　双向晶闸管和双向二极管的图形符号

a）双向晶闸管　b）双向二极管

三、晶闸管的应用

1. 单相桥式可控整流电路

单相桥式可控整流电路及其波形如图 4–3–5 所示。

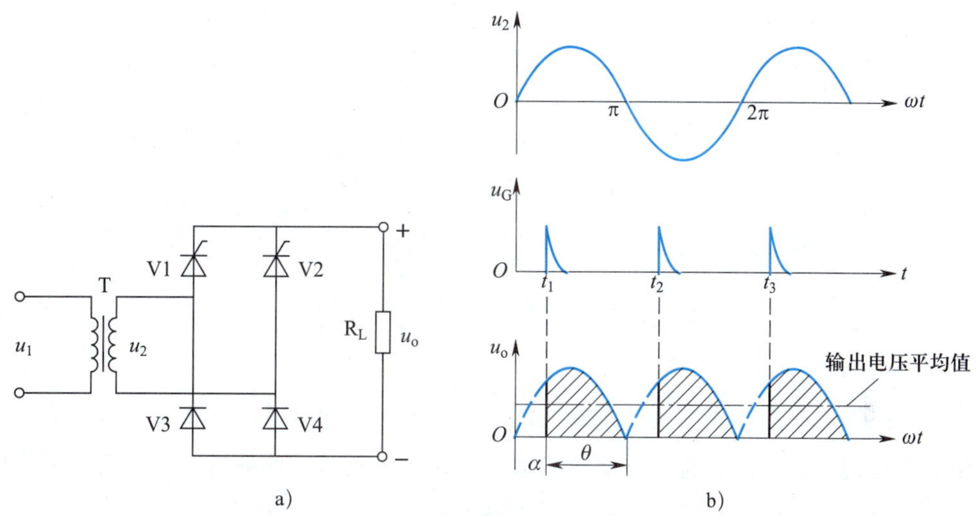

图 4–3–5　单相桥式可控整流电路及其波形

a）电路图　b）波形图

（1）u_2 为正半周时，晶闸管 V1 和二极管 V4 承受正向电压，这时未加触发电压，晶闸管处于正向阻断状态，输出电压 $u_o=0$。

（2）在 t_1 时刻（$\omega t=\alpha$）加入触发脉冲 u_G，晶闸管 V1 触发导通。

（3）在 $\omega t=\alpha \sim \pi$ 期间，尽管触发脉冲 u_G 已消失，但晶闸管仍保持导通，直至 u_2 过零（$\omega t=\pi$）时，晶闸管才自行关断。在此期间 $u_o=u_2$，极性为上正下负。

（4）u_2 为负半周时，晶闸管 V2 和二极管 V3 承受正向电压，只要触发脉冲 u_G 到来，晶闸管就导通，负载上所得到的仍为上正下负的电压。

在控制极加上触发脉冲使晶闸管开始导通的角度 α 称为控制角。在 $0 \sim \alpha$ 期间，晶闸管正向阻断。$\pi-\alpha$ 被称为晶闸管的导通角，用 θ 表示。显然控制角越大，输出电压越高，当 $\alpha=0$ 时，导通角 $\theta=\pi$，称为全导通。

可见，改变触发脉冲输入的时刻，即可改变控制角 α 的大小和导通角 θ 的大小，负载 R_L 上的电压平均值也随之改变，从而达到可控整流的目的。

2. 交流调压器

晶闸管交流调压电路如图 4-3-6a 所示，两只晶闸管反向并联，在电源电压的正、负半周内轮流触发导通，其输出电压波形如图 4-3-6b 所示。调节触发脉冲的控制角便可实现交流调压。交流调压器可用于调光、交流电动机无级调速等。

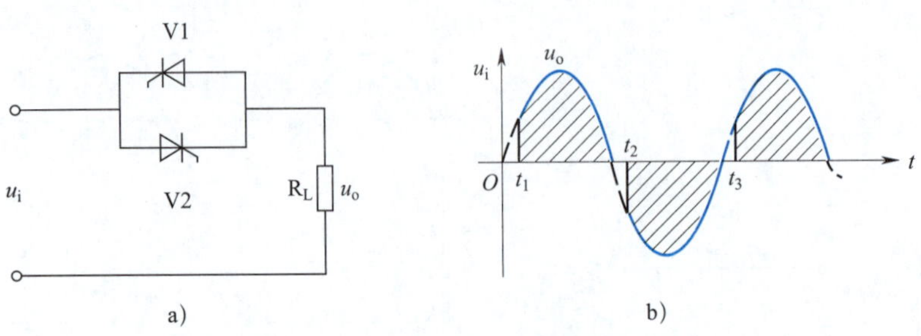

图 4-3-6 晶闸管交流调压电路及其波形

a）电路图 b）波形图

提示：在上述电路中，为了控制交流电压，使用了两只晶闸管反向并联，让每只晶闸管各控制一个半波，为此还需要两套独立的触发电路。如果用一只双向晶闸管代替两只反极性并联的晶闸管，只需要一个触发电路，即可通过改变晶闸管的导通角来实现交流调压。

3. 逆变与变频

逆变是整流的逆过程，即把直流电变为交流电，逆变过程可以用晶闸管来实现，如果令两组晶闸管 V1、V4 和 V2、V3 轮流切换导通，负载上便可得到交流输出电压 u_o，u_o 的频率取决于两组晶闸管的切换频率，如图 4-3-7 所示。变频技术被广泛应用于异步电动机的变频调速。

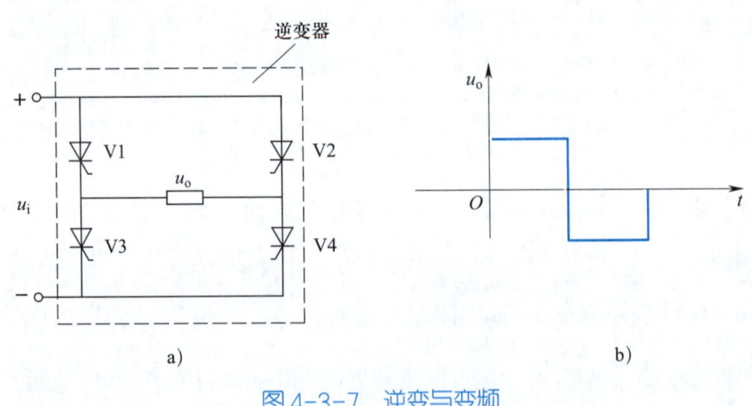

图 4-3-7 逆变与变频

a）示意图 b）波形图

4. 晶闸管的简易检测

（1）将万用表置于 R×1 kΩ 挡，测量阳极与阴极之间的正向电阻和反向电阻，均应为高阻值。测量控制极与阳极之间的正向电阻和反向电阻，也均应为高阻值。测量控制极与阴极之间的正向电阻和反向电阻应有差别，正向电阻小，可判断晶闸管质量良好。

（2）测试小功率晶闸管，可将万用表置于 R×10 Ω 挡，黑表笔接晶闸管阳极，红表笔接阴极，表针应接近∞处。用黑表笔在不断开与阳极接触的同时用表笔金属部分触碰控制极（相当于在控制极加触发电压），此时表针摆动，说明晶闸管触发导通，据此可判断晶闸管质量良好。

第五章

三极管与集成运算放大器

§5-1 三 极 管

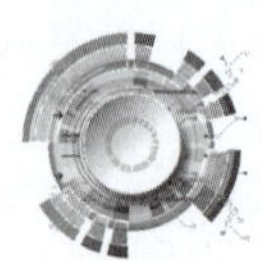

学习目标

1. 了解三极管的结构、类型和符号。
2. 掌握三极管的三种工作状态。
3. 能使用万用表检测三极管。
4. 了解三极管在汽车中的应用。

三极管是组成各种电子电路的重要元件，也是制作各种集成电路和功能模块的基础，在汽车电气、电控系统中几乎都离不开三极管。

一、三极管的外形、结构和类型

图 5-1-1 所示为常用三极管的外形。

三极管的内部结构及图形符号如图 5-1-2 所示，它有两个 PN 结，对应的三个半导体区分别为发射区、基区和集电区，从三个区引出的三个电极分别为发射极、基极和集电极，分别用 E、B、C 或 e、b、c 表示。发射区与基区之间的 PN 结称为发射结，集电区与基区之间的 PN 结称为集电结。

图 5-1-1 常用三极管的外形

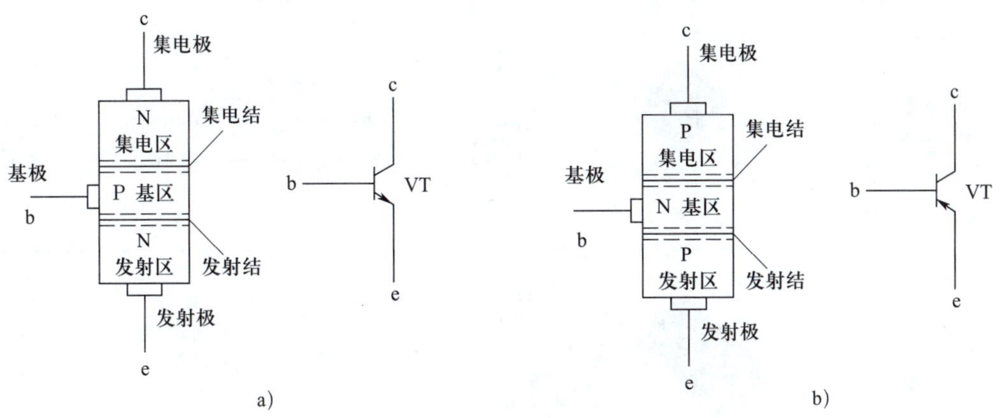

图 5-1-2 三极管内部结构及图形符号

a）NPN 型 b）PNP 型

按两个 PN 结的组合方式不同，三极管分为 NPN 型和 PNP 型两大类，其结构和图形符号分别如图 5-1-2 a 和图 5-1-2b 所示，其文字符号用 VT 或 V 表示。

几种常见三极管的封装形式与管脚排列见表 5-1-1。

表 5-1-1 几种常见三极管的封装形式与管脚排列

类型	图示	管脚排列
大功率金属封装三极管（圆柱形）	b e c	将管脚朝向自己，“品”字放正，从左起顺时针方向依次为 e、b、c
大功率金属封装三极管	c e b 安装孔 安装孔	面对管底，使引脚位于左侧，下面的引脚是基极 b，上面的引脚为发射极 e，管壳是集电极 c，管壳上两个安装孔用来固定三极管

续表

类型	图示	管脚排列
小功率金属封装三极管	定位销	面对管底，由定位销起，按顺时针方向，引脚依次为发射极 e、基极 b、集电极 c
中功率塑封三极管	b c e	面对管子正面（型号打印面），散热片为管背面，引出线向下，从左至右依次为基极 b、集电极 c、发射极 e
贴片式三极管	b c e	面对管子正面（型号打印面），引出线向下，从左至右依次为基极 b、集电极 c、发射极 e

二、三极管的特性和主要参数

1. 三极管的电流放大作用

图 5-1-3 所示为三极管基本放大电路，I_B 流经的回路称输入回路，I_C 流经的回路称为输出回路。两个回路的公共端是三极管的发射极 E，所以称为共发射极放大电路，简称共射放大电路。

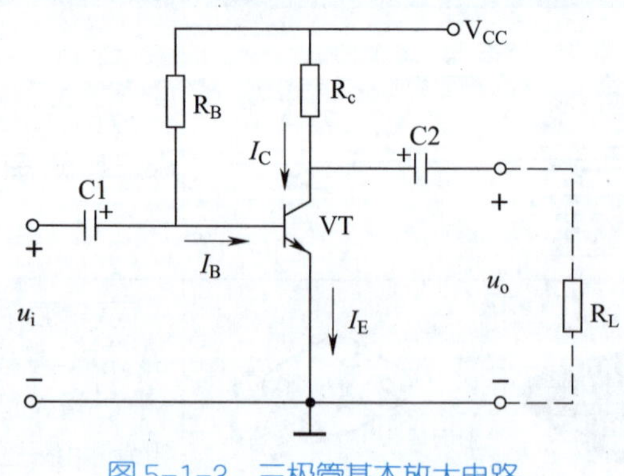

图 5-1-3　三极管基本放大电路

三极管要实现放大作用，必须满足一定的外部条件，即发射极加正向电压（正偏），集电极加反向电压（反偏）。

对于图 5–1–3 中的 NPN 型三极管，c、b、e 三个电极的电位必须符合 $U_C>U_B>U_E$。

提示：对于 PNP 型三极管，电源的极性与 NPN 型三极管相反，c、b、e 三个电极的电位必须符合 $U_C<U_B<U_E$。

将三极管看作一个广义节点，根据基尔霍夫节点电流定律，可知

$$I_E=I_C+I_B$$

三极管集电极电流 I_C 与相应的基极电流 I_B 之比，称为三极管的直流电流放大系数，用 β 表示，即

$$\beta=\frac{I_C}{I_B}$$

所以

$$I_C=\beta I_B$$

若 I_B 有一个变化量 ΔI_B，I_C 也会有一个变化量 ΔI_C，而 β 是一个远大于 1 的数，所以 ΔI_C 远大于 ΔI_B，可见较小的基极电流变化，即可引起较大的集电极电流的变化，这就是三极管的电流放大作用。

2. 三极管的三种工作状态

由于工作条件不同，三极管会有截止、放大、饱和三种不同的工作状态，下面以 NPN 型三极管为例进行讲解，见表 5–1–2。

表 5–1–2　　NPN 型三极管的三种工作状态

工作状态	截止	放大	饱和
工作条件	发射极反偏，集电极反偏	发射极正偏，集电极反偏	发射极正偏，集电极正偏
特点	$I_B=0$，$U_{CE}\approx V_{CC}$，集电极仅有很小的漏电流 I_{CEO}，称为穿透电流	这时 $I_C=\beta I_B$，三极管的管压降为 $U_{CE}=V_{CC}-I_CR_C$	$I_C\approx\frac{V_{CC}}{R_C}$，$U_{CE}\approx0$，这时不论 I_B 再怎样增大，I_C 也不再增大

三极管处于放大工作状态时，在电路中起放大作用，其管压降 U_{CE} 随 I_C 的增大而减小。

三极管处于截止和饱和状态时，在电路中可以起到开关的作用，如图 5–1–4 所

示。当三极管处于截止状态时，集－射极等效于一个断开的开关；而当三极管进入饱和状态时，集－射极等效于一个接通的开关。

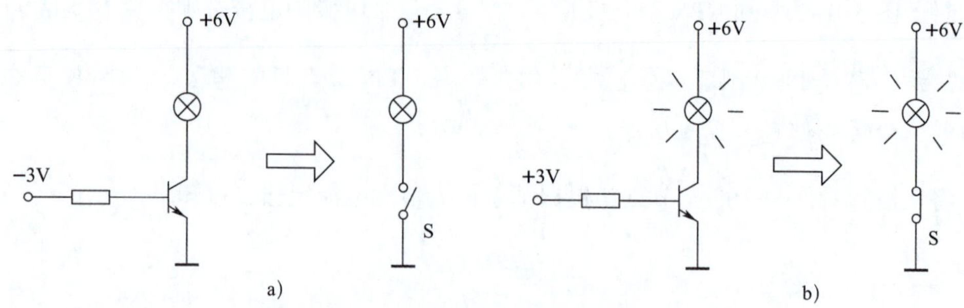

图 5-1-4　三极管的开关特性

a）集－射极等效于断开的开关　b）集－射极等效于接通的开关

三极管截止时，电流很小，因而管耗很小；当其饱和时，管压降很小，因而管耗也很小；而且其开关转换速度也很快。所以，在电子控制电路中，三极管是一种常用的电子开关。

3. 三极管的主要参数

（1）共发射极直流电流放大系数

共发射极直流电流放大系数用符号$\overline{\beta}$（或 h_{FE}）表示，它是指集电极直流电流与基极直流电流的比值，即

$$\overline{\beta}=\frac{I_c}{I_b}$$

（2）共发射极交流电流放大系数

共发射极交流电流放大系数用符号 β（或 h_{fe}）表示，它是指集电极电流增量与基极电流增量的比值，即

$$\beta=\frac{\Delta I_c}{\Delta I_b}$$

一般情况下$\overline{\beta}$和 β 在数值上相差不多，所以在实际应用中通常将它们统称为电流放大倍数。

（3）穿透电流 I_{CEO}

集－射反向饱和电流用符号 I_{CEO} 表示，它是指在基极开路、集－射极处于反向偏

置的情况下流过集电极的电流。I_{CEO} 随温度的升高而明显增大，所以希望它越小越好。硅管的穿透电流远小于锗管，因此硅管比锗管的热稳定性好。

（4）集电极最大允许电流

集电极最大允许电流用符号 I_{CM} 表示，它是指 β 下降到正常值的 2/3 时的集电极电流。三极管工作时若 I_C 超过 I_{CM}，β 值明显下降，特性变差。

（5）集－射极反向击穿电压

集－射极反向击穿电压用符号 $U_{(BR)CEO}$ 或 BV_{ceo} 来表示。当三极管的管压降 $U_{CE}>U_{(BR)CEO}$ 时，集电极电流 I_C 急剧增大。

（6）集电极最大允许耗散功率

集电极最大允许耗散功率用符号 P_{CM} 表示，正常时应使 $U_{CE}I_C<P_{CM}$，否则三极管会过热。P_{CM} 小于 1 W 的称为小功率管，大于 1 W 的称为大功率管。大功率管必须按要求加装散热器，才能达到规定的 P_{CM} 值。

三、基本共射极放大电路

1. 放大电路的作用和类型

放大电路是电子设备中最常见的一种基本单元电路。它是利用三极管的电流控制作用，把信号源传来的微弱电信号不失真地放大到所需要的数值。

用三极管组成放大电路时，根据公共端不同，可分为共射极放大电路、共集电极放大电路和共基极放大电路三种类型。

图 5-1-5 所示为应用最广的共射极放大电路。

（1）直流偏置

电源 V_{CC} 一方面经 R_B 为三极管的发射极提供合适的正向偏置电压，另一方面经 R_c 为集电极提供合适的反向偏置电压，使三极管处于放大状态。

（2）电流放大和电压放大

输入的交流信号电压 u_i 经输入电容 C1 加到三极管的基极与发射极之间，使流过基极的电流在原直流偏置电流的基础上叠加了与输入信号电压波形相同的交流电流 i_B，这时在集电极上产生了与基极电流波形相同但放大了的集电极电流 i_C，此电流在流过

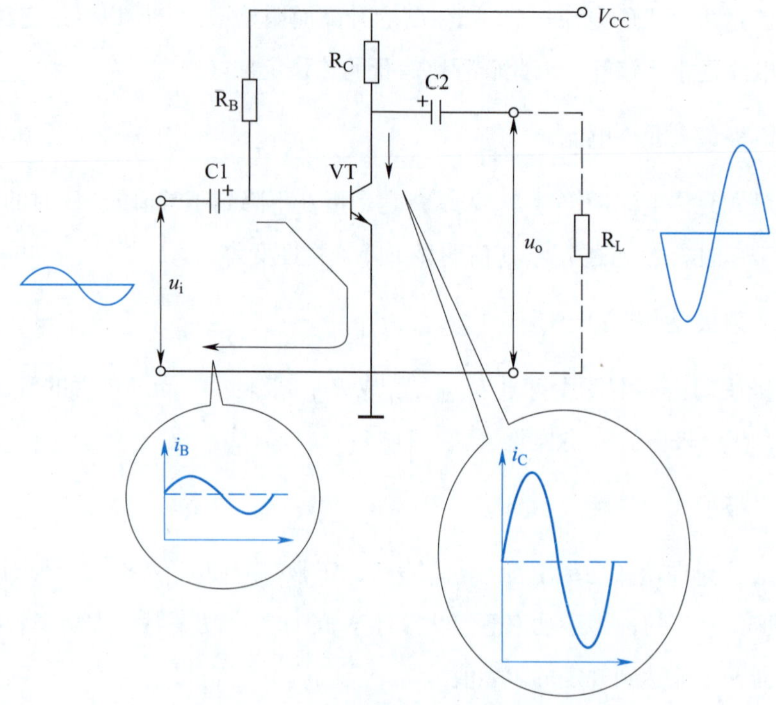

图 5-1-5　应用最广的共射极放大电路

集电极电阻 R_C 时，在 R_C 上形成与集电极电流 i_C 波形相同的电压。由于集电极 - 发射极之间的电压为 $u_{CE}=V_{CC}-i_CR_C=V_{CC}-\beta i_BR_C$，所以 u_{CE} 的波形与 i_B、i_C 相位相反。此电压经输出电容 C2 的隔直作用，便在负载电阻 R_L 上形成与输入信号电压相位相反且放大了的输出电压。

放大电路相当于信号源的负载，其输入电阻大，向信号源索取的电流小；而对于负载，放大电路又相当于一个信号源，其输出电阻小，带负载的能力强。

2. 多级放大电路

在实际应用中，要把一个微弱的电信号放大几千倍或几万倍甚至更大，仅靠一个放大电路是不够的，通常需要把若干个放大电路连接起来，将信号进行逐级放大，这类电路称为多级放大电路。多级放大电路的组成如图 5-1-6 所示。

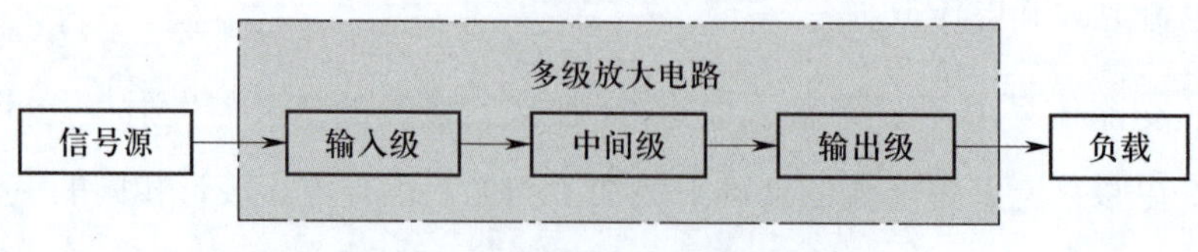

图 5-1-6　多级放大电路的组成

多级放大电路中各级之间的连接称为“耦合”，耦合方式有阻容耦合、直接耦合、变压器耦合和光电耦合等。第一级称输入级，接信号源，要求输入电阻大；最后一级为输出级，又称功放级，连接负载，要求输出电阻小；中间级则要保证能有足够大的放大倍数。

实训任务 10

用万用表检测三极管

一、实训目的

会使用万用表检测三极管的管脚、材料和性能。

二、实训器材

M47 型万用表 1 台，各种三极管若干。

三、实训内容

1. 测量方法

（1）判断基极

1）将万用表置于 R × 1 kΩ 挡，并调零。

2）如图 5-1-7 所示，让黑、红表笔分别接触三极管的任意两个引脚，当阻值示数较小（约 1 kΩ ~ 10 kΩ）时，保持黑表笔所接引脚，将红表笔换接第三个引脚。若这时阻值示数仍较小（同前），则黑表笔所触引脚是基极，且三极管属于 NPN 型。

若三极管为 PNP 型，则上述第二步，黑、红表笔应互换。

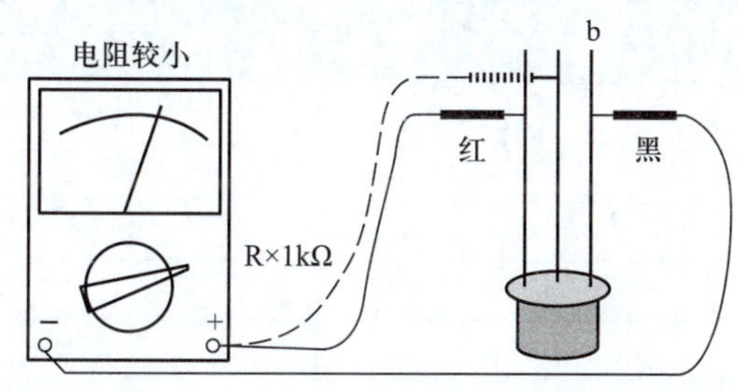

图 5-1-7 判别 NPN 型三极管的基极和导电类型

（2）判断集电极（或发射极）

三极管若为 NPN 型，则判断方法如下。

1）先假定除已知基极外的两个极中的任何一个为集电极，然后将万用表置于 R × 1 kΩ 挡，黑表笔接假定的集电极，红表笔接假定的发射极，同时用手指在基极与假定的集电极之间搭一个“人体电阻”，这时注意万用表指针发生偏转后所指示的位置（见图 5–1–8）。

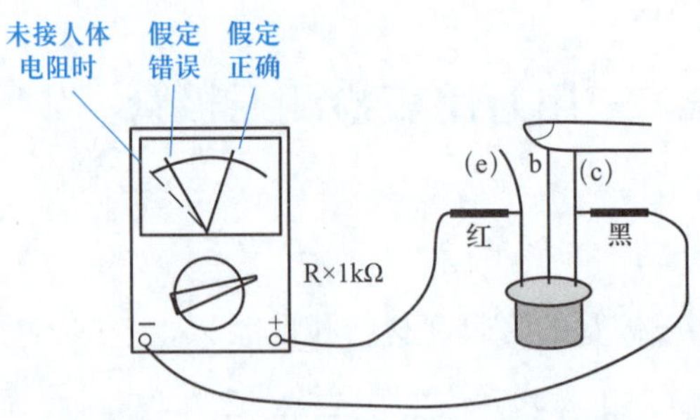

图 5-1-8　判别 NPN 型三极管的集电极

2）对调假定集电极和发射极（原先假定的发射极，现假定为集电极；原先假定的集电极，现假定为发射极），重复第一步测试。

3）在上述两次假定中，在基极与假定的集电极之间搭一个“人体电阻”后，万用表的指针发生偏转较大的那次假定是正确的。

三极管若为 PNP 型，则在上述操作中仅须将黑、红表笔换位，其他步骤相同。

2. 检测结果记录

将检测结果记录在表 5–1–3 中。

表 5-1-3　检测结果记录

序号	材料	导电类型	引脚判断		
			1	2	3

三极管在汽车发电机电压调节器中的应用

在汽车正常运行时，用电设备所需电能几乎全部由发电机提供，电压调节器是控制汽车发电机输出电压的装置，其功能是在发电机输出电压达到一定值后，为防止过高的电压烧坏车上的用电设备及导致蓄电池过量充电等，可减小直至切断发电机励磁绕组的供电电流，降低发电机的输出电压，起到稳定电压的作用。

某汽车发电机电压调节器电路如图 5-1-9 所示，电路中以两个三极管为主组成电压调节器，代替了传统的有触点开关。其工作原理如下。

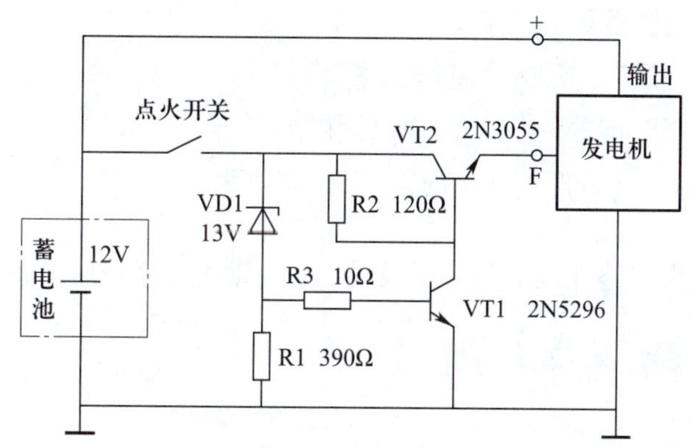

图 5-1-9 某汽车发电机电压调节器电路

点火开关接通后，发动机开始工作。当发电机输出的电压小于 13 V 时，稳压管 VD1 截止，R1 中无电流通过，三极管 VT1 因无基极电流而截止。VT1 集电极处于高电位，使 VT2 饱和导通，发电机输出的直流电压全部加在发电机励磁绕组上，发电机向蓄电池进行定电压充电。

发动机转速越高，发电机输出的直流电压越高，当发电机输出电压达到 13.6 V 时，稳压管 VD1 击穿导通，输出电压经点火开关、R3 加到 VT1 的基极，导致 VT1 导通。VT1 的导通为 R2 提供了电流通路，电流从电源正极经点火开关、R2、VT1 集电极、发射极到“地”，在 R2 上产生的电压降使 VT2 基极（与 VT1 集电极同电位）电位降低，VT2 退出饱和导通，发电机励磁电流减小，输出电压下降。

如果因转速突然升高等，使发电机输出电压达到或高于 14 V 时，VT1 将进入饱和导通状态，很大的集电极电流流过 R2 时，在 R2 上形成很大的电压降，将使 VT1 的基极电位接近 0 而进入截止状态，励磁电流的通路中断，发电机暂时停止发电。

上述三种状态随着发动机转速等因素的改变而变换，使发电机的输出电压限制在 13 ~ 13.6 V 的范围内，达到自动调压的目的。

§5-2　反馈与振荡

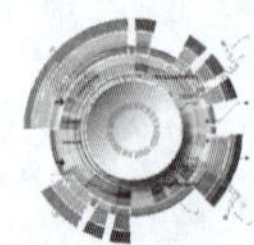

学习目标

1. 掌握反馈的定义及类型。
2. 理解负反馈对放大器性能的影响。
3. 了解正弦波振荡器的基本组成和振荡条件。
4. 了解开环、闭环控制方式在汽车中的应用。

反馈是改善放大电路性能的重要手段，也是自动控制系统中的重要环节。

一、反馈的定义及类型

1. 反馈的定义

将输出量（电压或电流）的一部分或全部通过一定的电路形式送回到输入回路，并对输入量产生影响的过程称为反馈。

如图 5–2–1 所示，引入了反馈的放大电路称为反馈放大电路，它由基本放大电路和反馈电路（反馈网络）两部分组成。图 5–2–1 中⊗称为比较环节，输入信号与反馈信号相加，形成基本放大电路的净输入量，加到基本放大电路的输入端，而反馈信号则由基本放大电路的输出端取出，经过反馈电路回送到输入端。基本放大电路可以是单级，也可以是多级，或是集成放大电路；反馈电路可以由电阻、电容、电感、三极管等元件组成。反馈电路与基本放大电路组成一个闭环系统，所以把引入反馈的放大电路称为闭环放大电路，而未引入反馈的放大电路则称为开环放大电路。

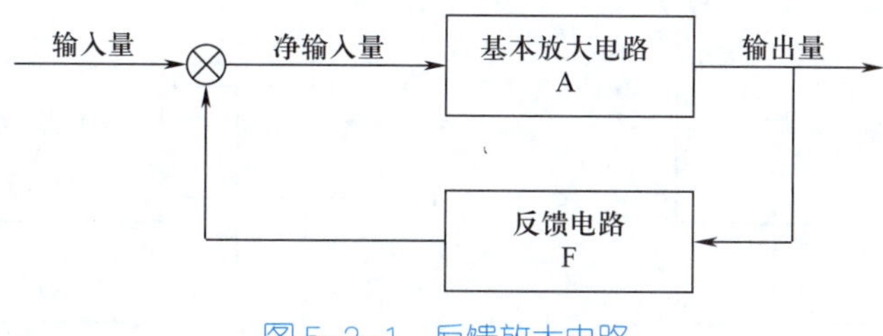

图 5-2-1 反馈放大电路

2. 反馈的类型

（1）正反馈和负反馈

根据反馈极性的不同，可以将反馈分为正反馈和负反馈。使放大器净输入量增大的反馈称为正反馈，使放大器净输入量减小的反馈称为负反馈。放大器中主要采用负反馈，振荡电路中主要采用正反馈。

（2）电压反馈和电流反馈

根据负反馈信号从输出端取样方式的不同，可将反馈分为电压反馈与电流反馈两种。如果反馈信号取自放大器的输出电压，称为电压反馈；如果反馈信号取自放大器的输出电流，称为电流反馈。电压反馈的取样环节与放大器输出端并联，电流反馈的取样环节与放大器输出端串联，如图 5-2-2 所示。

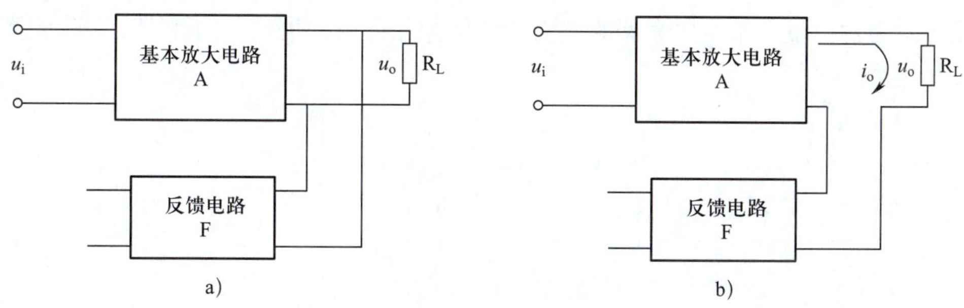

图 5-2-2 反馈电路在输出端的取样分析

a）电压反馈 b）电流反馈

（3）串联反馈和并联反馈

根据反馈信号与输入信号连接方式（也称比较方式）的不同，可将反馈分为串联反馈与并联反馈两种。串联反馈的反馈信号在输入端与信号源串联；并联反馈的反馈信号在输入端与信号源并联，如图 5-2-3 所示。

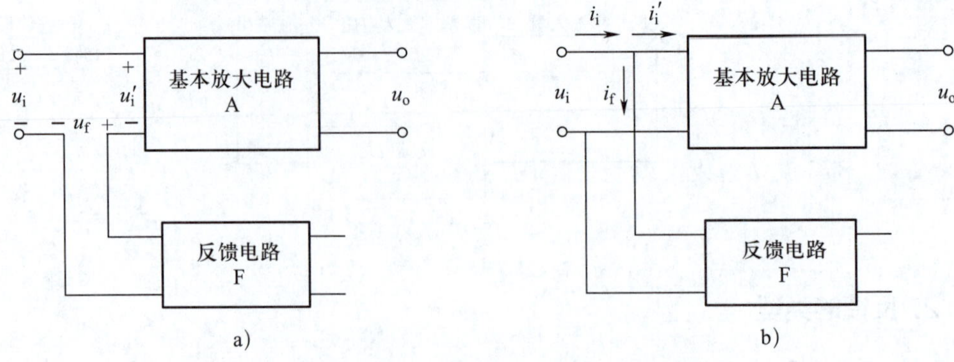

图 5-2-3　反馈信号与输入信号的连接方式

a）串联反馈　b）并联反馈

在放大电路中主要是引入负反馈，若同时考虑反馈电路与输入、输出回路的连接方式，负反馈放大器可以归纳为四种类型，包括电流串联负反馈、电压串联负反馈、电流并联负反馈和电压并联负反馈。

二、负反馈对放大电路性能的影响

1. 放大倍数下降，但稳定性能提高

为了便于分析，假设负反馈放大器无附加相移。图 5-2-4c 所示为负反馈放大器框图，图中 A 为基本放大器，F 为负反馈电路。u_i 为输入量，u_f 为反馈量，u_i' 为净输入量，u_o 为输出量，基本放大器的放大倍数称为开环放大倍数，用 A 表示。反馈系数用 F 表示。

$$A=\frac{u_o}{u_i'}$$

$$F=\frac{u_f}{u_o}$$

负反馈放大器的放大倍数称为闭环放大倍数，用 A_f 表示，由图可得

$$A_f=\frac{A}{1+AF}$$

由上式可知，引入负反馈后，放大器的闭环放大倍数衰减为开环放大倍数的（1+AF）分之一。通常将（1+AF）称为反馈深度。当（1+AF）远大于1时，称为深度负反馈。此时

$$A_{\mathrm{f}} \approx \frac{1}{F}$$

上式表明，在深度负反馈条件下，放大器的闭环放大倍数已与开环放大倍数无关，它不再受放大器各种参数的影响，而只由反馈系数 F 决定。此时，只要采用高稳定性的反馈元件，闭环放大倍数 A_{f} 就能获得很高的稳定性。

2. 减小了非线性失真

当放大器输入正弦信号时，由于三极管输入与输出特性，有可能使放大器输出信号的波形正、负半周幅度不一致，即产生非线性失真，如图 5-2-4a 所示。

图 5-2-4b 所示是没有负反馈的情况，输出的失真波形上半周大，负半周小。引入负反馈后如图 5-2-4c 所示，负反馈信号 u_{f} 与输入信号 u_{i} 进行叠加后使净输入信号 u_{i}' 正半周小，负半周大。这样的预失真信号经过放大后恰好得到补偿，使输出信号正、负半周幅度接近相等，从而减小了非线性失真。

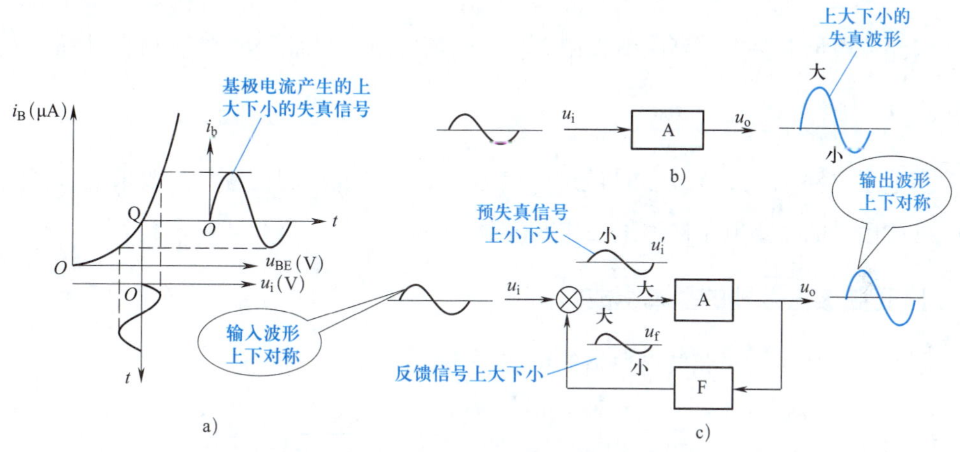

图 5-2-4　负反馈减小了非线性失真

a）放大电路的非线性失真　b）没有反馈的情况　c）引入负反馈后的情况

3. 展宽了通频带

放大电路引入负反馈后，放大倍数下降，但放大倍数的稳定性得以提高，由于频率不同而引起的放大倍数的变化也因此减小。中频段原放大倍数最大，但反馈信号也相应较大，所以放大倍数下降较多；而在高频段和低频段，由于原放大倍数较小，反馈信号相应较小，则放大倍数下降也较小，结果使放大电路的幅频特性趋于平缓，即通频带展宽了，如图 5-2-5 所示。

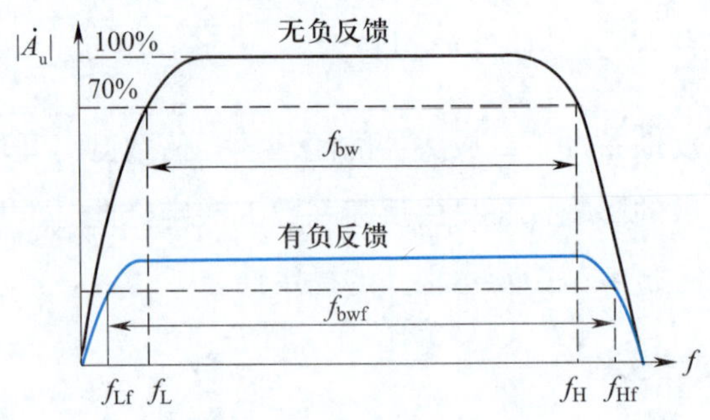

图 5-2-5　负反馈展宽了通频带

4. 改变了放大器的输入、输出电阻

负反馈对放大器输入电阻的影响取决于反馈信号在输入端的连接方式。串联负反馈使输入电阻增大，并联负反馈使输入电阻减小。

负反馈对放大器输出电阻的影响取决于反馈信号从输出端的取样方式。电压负反馈使输出电阻减小，电流负反馈使输出电阻增大。

因此，根据电路需要可以引入相应类型的负反馈，从而有效改善电路的性能。

三、正弦波振荡器

在电子电路中，常需要各种波形的信号作为测试或控制信号。一般来说，将能产生正弦波信号的振荡电路称为正弦波振荡器。

1. 正弦波振荡器的基本组成

图 5-2-6 所示为正弦波振荡器的组成框图。

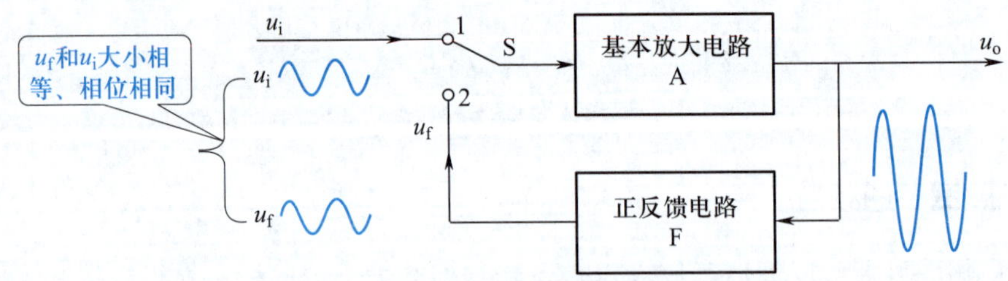

图 5-2-6　正弦波振荡器的组成框图

当开关 S 接“1”时，输入信号 u_i 经基本放大电路放大，在输出端得到一个较大的输出信号 u_o，此时如果将开关 S 瞬间接“2”，从输出端引入正反馈信号 u_f，并使 u_f

与原输入信号 u_i 大小相等、相位相同，则整个电路在去掉输入信号 u_i 的情况下，即可依靠反馈信号 u_f 持续输出稳定的信号。

由图 5-2-6 可以看出，正弦波振荡电路由一个基本放大电路和一个正反馈电路（或称正反馈网络）组成，但要产生单一频率的正弦波，还必须有选频电路（或称选频网络），此外还要有稳幅环节，以保证输出信号的稳定。

2. 自激振荡的条件

由于自激振荡电路无须外加信号而是用反馈信号作为输入信号，因此要形成等幅振荡必须保证每次回送的反馈信号与原输入信号完全相同，即不仅振幅要相同，而且相位也要相同，所以振荡电路的自激振荡条件实际应包含以下两个条件。

（1）振幅平衡条件

根据反馈信号与输入信号大小相等的要求，设放大电路电压放大倍数为 A，反馈系数为 F，则有 $u_f=AFu_i=u_i$，可得

$$AF=1$$

一般取 $AF\geqslant1$，这样做是为了便于电路起振。

（2）相位平衡条件

根据反馈信号与输入信号相位相同的要求，则基本放大电路与反馈电路的总相移必须等于 2π 的整数倍，即

$$\varphi_A+\varphi_F=2n\pi \quad (n\text{ 为整数})$$

这样所引入的反馈才是正反馈。

振荡电路只有同时满足幅度平衡条件和相位平衡条件才有可能起振。

根据选频网络的不同，正弦波振荡器有 RC 振荡器、LC 振荡器、石英晶体振荡器等多种。通过相应的转换电路，可以将正弦波转换为方波、三角波、锯齿波等非正弦波。

提示：有时放大电路中会出现一些对信号造成干扰的自激振荡，使信号产生畸变，甚至使电路无法工作，需要采取相位补偿（如并接电容）等措施加以抑制。

应用链接

汽车中的开环控制和闭环控制

1. 开环控制

如果控制系统的输出量对系统没有控制作用，即系统无反馈，这个系统称为开环控制系统，如图 5-2-7 所示。例如，用按键开关控制汽车喇叭便是一种开环控制方式。汽车中的检测系统，如冷却液温度表、车速里程表、燃油表等也是采用开环控制方式。

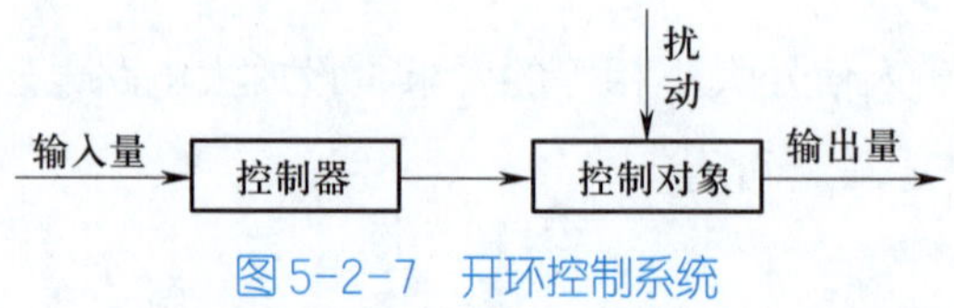

图 5-2-7　开环控制系统

2. 闭环控制

闭环控制系统是将输出量检测出来，经过物理量的转换，再反馈到输入端去与输入量进行比较，并利用比较后的偏差信号，经过控制器（调节器）对控制对象进行控制，以抑制内部或外部扰动对输出量的影响，减少输出量的误差，如图 5-2-8 所示。例如，汽车怠速控制、汽车发电机调压器的电压控制、汽车空调的温度控制等都采用了闭环控制方式。

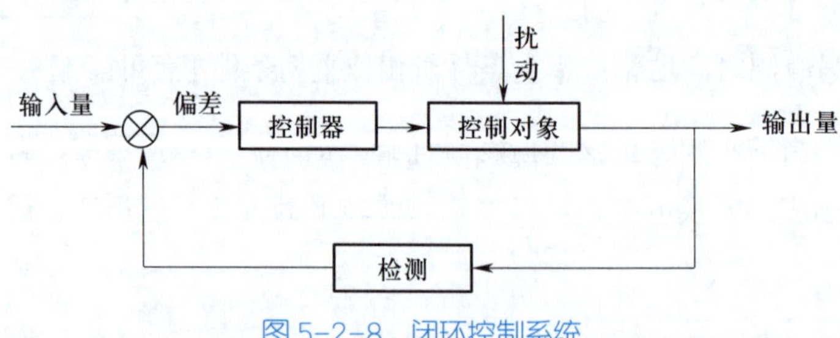

图 5-2-8　闭环控制系统

§5-3　集成运算放大器

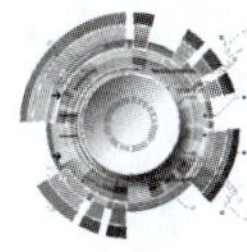

学习目标

1. 掌握集成运算放大器的电压传输特性。
2. 掌握理想集成运算放大器工作于线性和非线性状态时的特点。
3. 了解集成运算放大器的典型应用电路。
4. 了解集成运算放大器在汽车中的应用。

一、集成运算放大器的外形、结构及符号

集成运算放大器（简称集成运放）相当于一个高性能的多级直流放大器，它是一种通用性很强的功能器件。几种常用的集成运算放大器外形如图 5-3-1 所示。

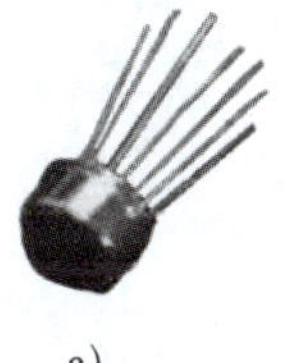

a)

b)

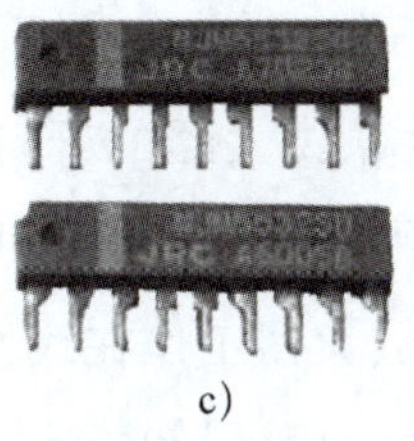

c)

d)

图 5-3-1　几种常用的集成运算放大器外形

a）金属圆壳式　b）双列直插式　c）单列直插式　d）贴片式

集成运算放大器的组成如图 5-3-2 所示，通常包括输入级、中间级、输出级和偏置电路。

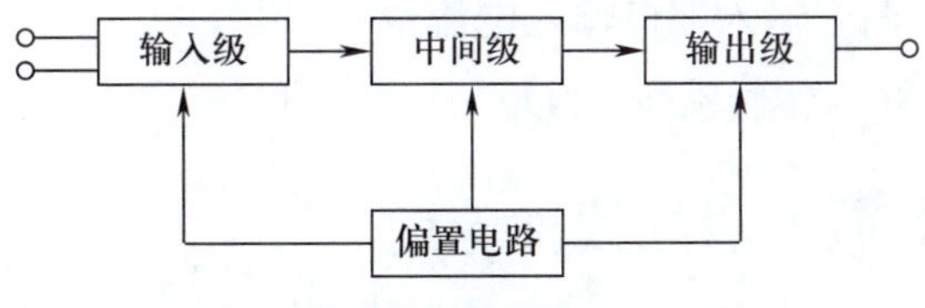

图 5-3-2　集成运算放大器的组成

集成运算放大器的图形符号如图 5-3-3 所示。集成运算放大器有多个引脚，但在图形上只标了两个输入端和一个输出端，同相输入端标“+”或“P”，表示输出信号与该端输入信号同相；反相输入端标“-”或“N”，表示输出信号与该端输入信号反相。

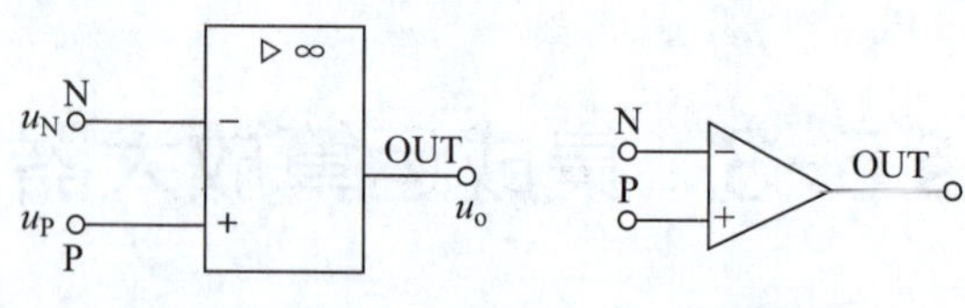

图 5-3-3　集成运算放大器的图形符号

二、集成运算放大器的工作特性

1. 理想特性

在分析集成运算放大器的应用电路时，常把集成运算放大器看作是理想的，即具备以下特性。

（1）开环电压放大倍数趋于无穷大。

（2）输入电阻趋于无穷大。

（3）输出电阻趋于零。

2. 电压传输特性

由于理想集成运算放大器的开环电压放大倍数趋于无穷大，因此电路中必须引入负反馈才能保证集成运算放大器工作在线性区。集成运算放大器在线性应用电路中近似为理想器件，输出量与输入量之间呈线性关系（见图 5-3-4 中的斜线部分）。这时两输入端电压相等，即 $u_P=u_N$，这一特性称为“虚短”，如果同相输入端接地，则另一反相输入端也常接近地电位，称为“虚地”。同时，两个输入端口输入电流也均为零，即 $i_P=i_N=0$，这一特性称为“虚断”。

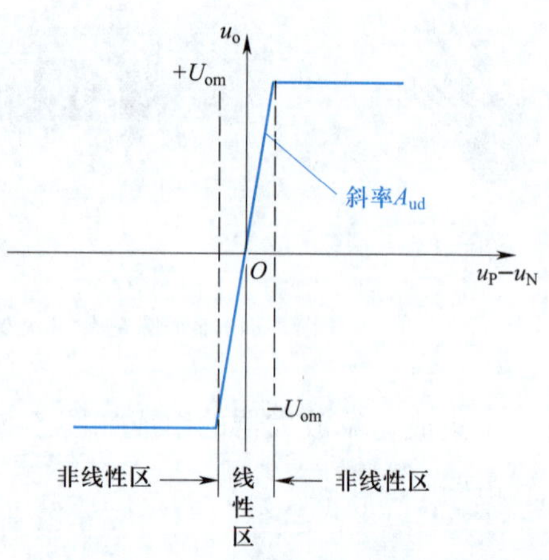

图 5-3-4　集成运算放大器的电压传输特性曲线

三、集成运算放大器的线性应用

应用集成运算放大器可以构成多种运算电路，如比例运算、加法运算、对数运算、积分运算、微分运算等，其中比例运算电路是最简单、最基本的运算电路。

1. 反相比例运算电路（反相放大器）

反相比例运算电路如图 5-3-5 所示，其特点是输入信号和反馈信号都加在集成运算放大器的反相输入端。图中 R_f 为反馈电阻，R′为平衡电阻。接入 R′是为了使集成运算放大器输入级的差分放大电路对称。

由于同相输入端接地，故输入端为“虚地”点，即 $u_N=u_P=0$。又根据“虚断”特性，净输入电流为零，即 $i_N=i_P=0$，分析可得

$$u_o=-\frac{R_F}{R_1}u_i$$

式中负号表示输出与输入反相，故称为反相放大器。又由于输出与输入成比例关系，故又称反相比例运算放大器。若取 $R_F=R_1$，则比例系数为 -1，电路被称为反相器。

2. 同相比例运算电路（同相放大器）

同相比例运算电路如图 5-3-6 所示，利用“虚短”特性（注意同相输入时无“虚地”特性），可得 $u_N=u_P$，又根据“虚断”特性，可得 $i_N=i_P=0$，分析可得

$$u_o=\left(1+\frac{R_F}{R_1}\right)u_i$$

式中，输出与输入同相，故称为同相放大器，又称同相比例运算放大器，如果 $R_1=\infty$，则为电压跟随器，其输出量与输入量相等。

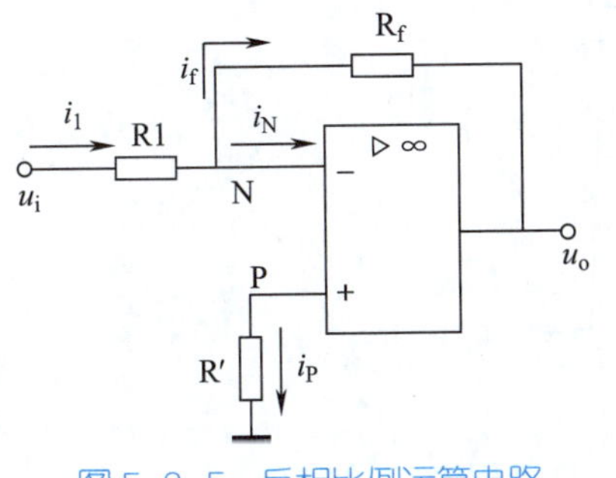

图 5-3-5　反相比例运算电路

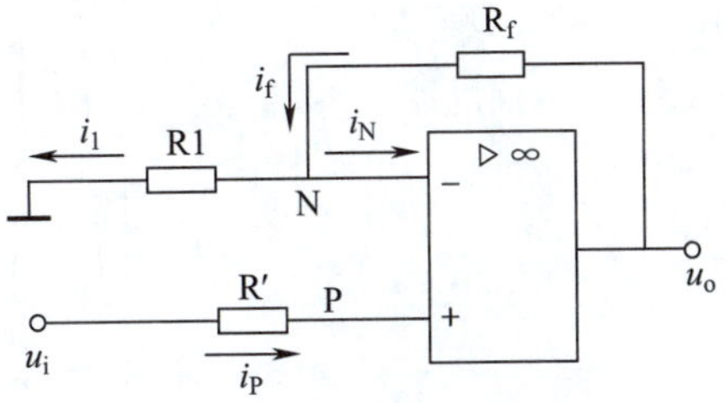

图 5-3-6　同相比例运算电路

四、集成运算放大器的非线性应用

1. 单门限电压比较器

单门限电压比较器如图 5-3-7 所示，U_R 为事先设定的参考电压，它是单门限电压比较器的门限电压，u_i 是比较电压。

当 $u_i > U_R$ 时，$U_o = -U_{om}$；

当 $u_i < U_R$ 时，$U_o = +U_{om}$；

若 $U_R = 0$，则称为过零比较器（见图 5-3-7d）。

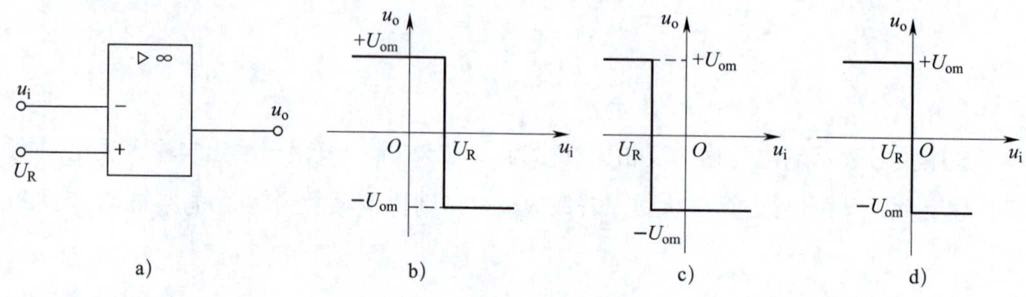

图 5-3-7　单门限电压比较器

a）图形符号　b）$U_R>0$　c）$U_R<0$　d）$U_R=0$

单门限电压比较器的典型应用如下。

（1）波形整理

当一个矩形信号在传输过程中波形发生畸变后，可选用单门限电压比较器进行整形，如图 5-3-8 所示。

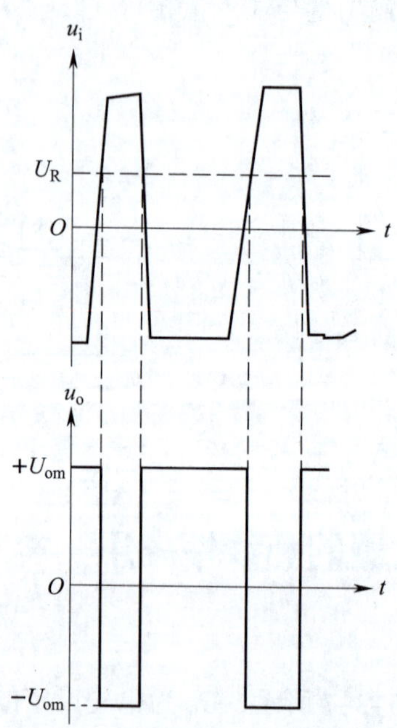

图 5-3-8　单门限电压比较器的整形作用

（2）波形变换

单门限电压比较器的基本电路如图 5-3-9a 所示，该电路可以将正弦波电信号变换为矩形波，如图 5-3-9b 所示。

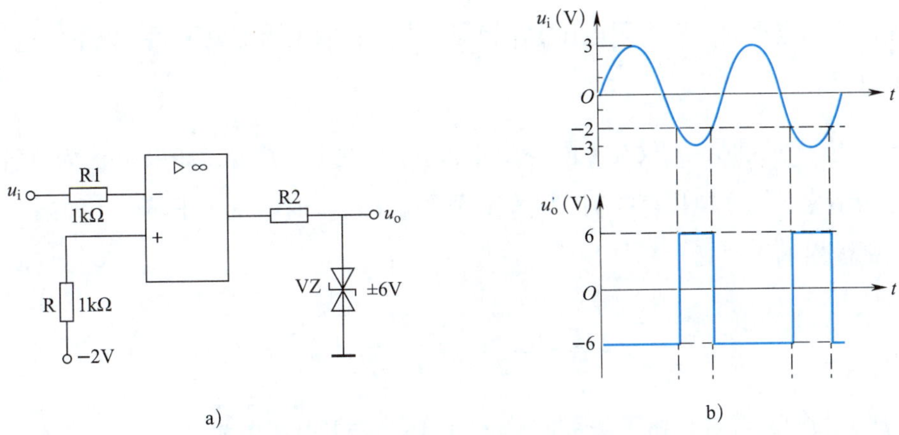

图 5-3-9 单门限电压比较器的波形变换电路

a）电路组成 b）波形图

2. 双门限电压比较器

双门限电压比较器的基本电路如图 5-3-10a 所示。该电路的门限电压 u_P 并不固定，而是在两个值之间交替变换，这种比较器又称迟滞比较器或施密特触发器。

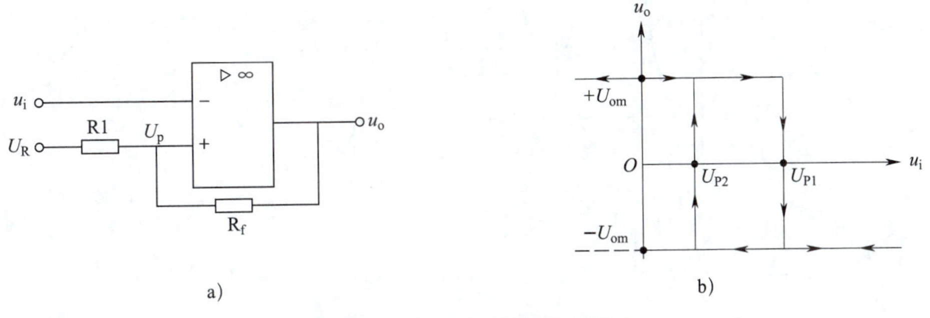

图 5-3-10 双门限电压比较器

a）电路组成 b）电压传输特性

$$\text{上限电压：}U_{P1}=\frac{R_f}{R_f+R_1}U_R+\frac{R_1}{R_f+R_1}U_{om}$$

$$\text{下限电压：}U_{P2}=\frac{R_f}{R_f+R_1}U_R-\frac{R_1}{R_f+R_1}U_{om}$$

电压传输特性如图 5-3-10b 所示。

当 $u_i < U_{P2}$ 时，$u_o = +U_{om}$

当 $u_i < U_{P1}$ 时，$u_o = -U_{om}$

输出为高电平时，以上限电压 U_{P1} 为参考电压；输出为低电平时，以下限电压 U_{P2} 为参考电压。

输入电压增大时，u_o 仅在上限电压 U_{P1} 时才会发生负跳变，如果 u_o 已为负值，则输出电压不变；输入电压减小时，u_o 仅在下限电压 U_{P2} 时才发生正跳变，如果 u_o 已为正值，则输出电压不变。

$$\Delta U_P = U_{P1} - U_{P2} = \frac{2R_1}{R_f + R_1} U_{om}$$

ΔU_P 称为回差电压。由上式可见，回差电压与参考电压无关。

利用双门限电压比较器作为脉冲整形电路可以极大地提高电路的抗干扰能力，如图 5-3-11 所示。

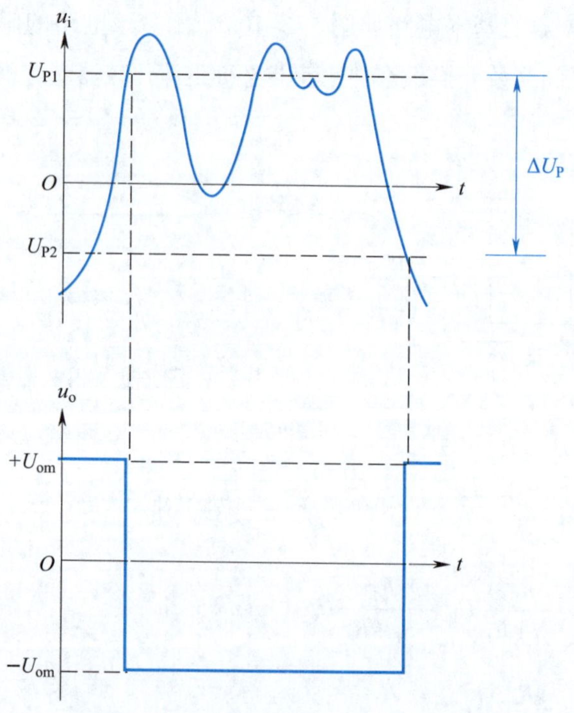

图 5-3-11 双门限电压比较器用于脉冲整形

应用链接

集成运算放大器在汽车轮速传感器中的应用

在汽车防抱死制动系统（ABS）中，送入电子控制单元的车轮速度信号来自轮速传感器。ECU对这个信号有两个要求：一是信号幅度足够大；二是应为方波信号，而轮速传感器提供的轮速信号却是波形类似于正弦波的微弱信号，如常见的霍尔轮速传感器只能提供毫伏级的正弦波电压信号。因此，必须对原始的轮速信号进行放大和波形变换。

图5-3-12所示霍尔轮速传感器电路是一个轮速信号放大和波形变换电路，它由轮速信号发生电路、线性放大电路、双门限电压比较电路和输出级四部分组成。各部分的功能如下。

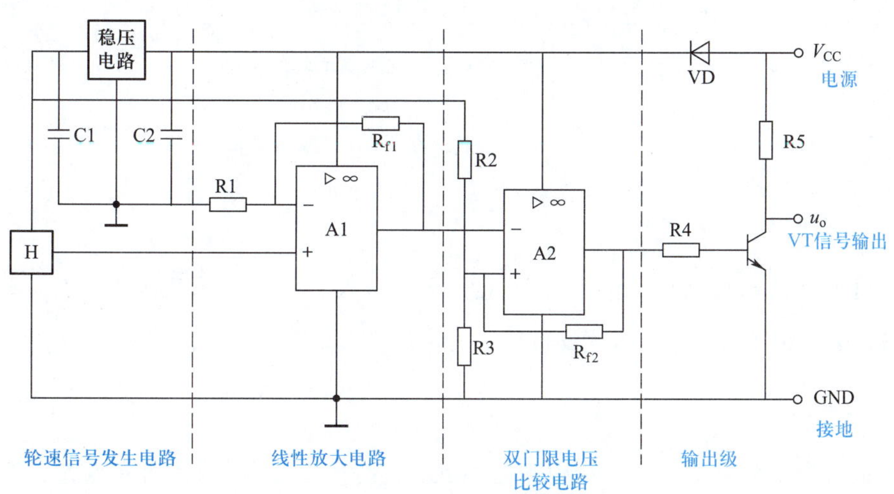

图5-3-12 霍尔轮速传感器电路

1. 轮速信号发生电路

霍尔元件H的作用是提供原始轮速信号，其输出波形如图5-3-13a所示。

2. 线性放大电路

线性放大电路由集成运放A1、电阻R1和R_{f1}组成，其作用是对原始轮速信号进行电压放大，使其达到足够强度的幅值，其输出波形如图5-3-13b所示。

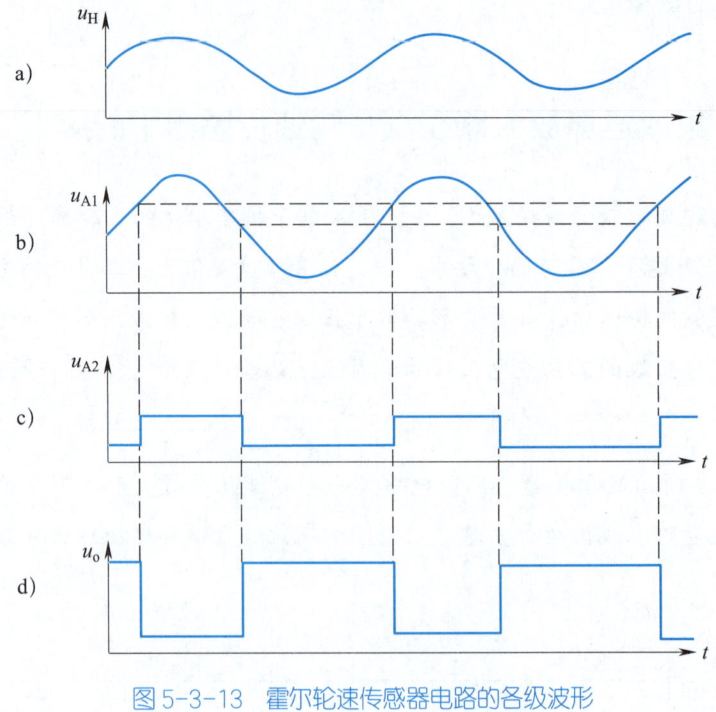

图 5-3-13　霍尔轮速传感器电路的各级波形

a）霍尔元件输出波形　b）线性放大电路输出波形

c）双门限电压比较电路输出波形　d）输出级波形

3. 双门限电压比较电路

双门限电压比较电路由集成运放 A2、电阻 R2、电阻 R3 和电阻 R_{f2} 组成，其作用是将正弦波轮速信号变换为方波信号，其输出波形如图 5-3-13c 所示。

4. 输出级

输出级由三极管 VT、电阻 R4、电阻 R5 组成，三极管工作在开关状态，输出幅值达 11.5 ~ 12 V。其作用是减轻负载对双门限电压比较电路的影响和提高输出能力，其输出波形如图 5-3-13d 所示。

在电路中，如果电源正负接反，错误的电压不会通过二极管 VD 加到集成运算放大器等器件上，起到对电路的保护作用。电容 C1、C2 则为稳压电路的滤波电容。

实训任务 11

汽车蓄电池过压、欠压报警电路的制作与调试

一、实训目的

1. 了解集成运算放大器的型号、引脚排列和使用注意事项。

2. 了解汽车蓄电池过压、欠压报警电路的组成和工作原理。

3. 能在通用电子实验板上进行电子元器件的焊接训练。

二、电路分析

汽车蓄电池过压、欠压报警电路如图 5-3-14 所示。选用集成运算放大器 LM324 构成两个电压比较器，其中 IC1 构成过电压检测器，IC2 构成欠电压检测器。VZ 提供 2.5 V 参考电压，作为两个电压比较器共同的门限电压。

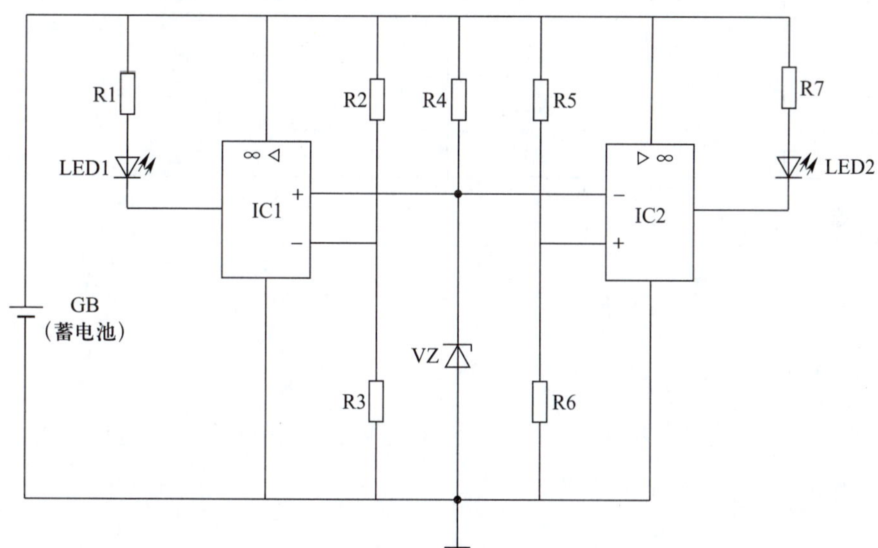

图 5-3-14　汽车蓄电池过压、欠压报警电路

当蓄电池电压高于 13 V 时，IC1 反相输入端 U_{N1}>2.5 V，比较器 IC1 输出低电平，LED1 发光报警。

当蓄电池电压低于 13 V 时，IC1 反相输入端 U_{N1}<2.5 V，比较器 IC1 输出高电平，

LED1 截止。

当蓄电池电压低于 10 V 时，IC2 同相输入端 $U_{P2}<2.5$ V，比较器 IC2 输出低电平，LED2 发光报警。

当蓄电池电压高于 10 V 时，IC2 同相输入端 $U_{P2}>2.5$ V，比较器 IC2 输出高电平，LED2 截止。

三、实训设备、仪表和工具

双踪示波器、直流稳压电源各一台。

四、实训消耗材料

实训消耗材料见表 5-3-1。

表 5-3-1　　实训消耗材料

代号	名称	规格	代号	名称	规格
R1	碳膜电阻器	5.6 kΩ	LED1	发光二极管	Φ3 黄色
R2	碳膜电阻器	43 kΩ	LED2	发光二极管	Φ3 红色
R3、R4、R6	碳膜电阻器	10 kΩ	IC1、IC2	集成运算放大器	LM324
R5	碳膜电阻器	30 kΩ	VZ	稳压管	2.5 V
R7	微调电位器	3.9 kΩ		插座	14 脚

五、安装调试

1. 对元器件进行检测与筛选后，按照图 5-3-14 安装电路。

2. 检查电路无误后，接通 +12 V 电源。

3. 调节直流电源电压略大于 13 V，LED1 应发光；调节直流电源电压略小于 10 V，LED2 应发光。将调试结果填入表 5-3-2 中。

表 5-3-2　　安装调试结果记录

观测项目	设计值 /V	实测值 /V
LED1 发光	13	
LED1、LED2 都不发光	10 ~ 13	
LED2 发光	10	

第六章

脉冲数字电路

§6-1 数字电路基础

学习目标

1. 了解数字信号的特点和脉冲波形的主要参数。
2. 了解数制与编码的概念，熟悉 8421BCD 码。
3. 掌握基本逻辑门电路的功能。

汽车电控系统是以数字信号为主要工作信号的，遍布全车的各种传感器收集行车数据，发送给电控单元及车载网络“总线”，经过对数据的综合分析、判断，再向执行机构发出相应的控制信号，精确控制执行机构工作于最佳状态。

一、数字信号与脉冲波

1. 数字信号

图 6-1-1a 所示为发动机温度传感器输出的电压信号，其数值随发动机温度的变化而连续变化，这类在时间上和数值上都是连续的信号称为模拟信号。

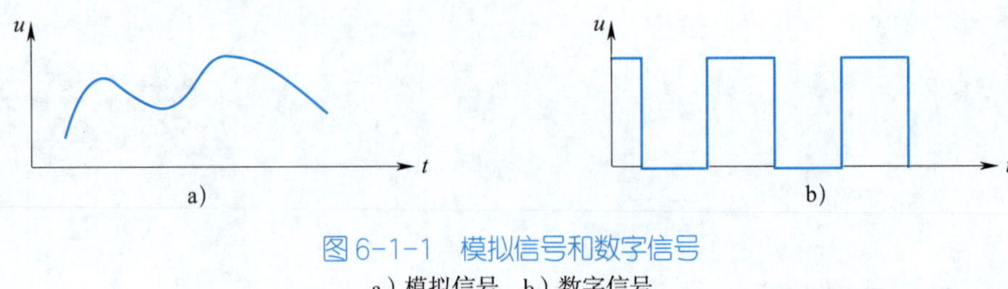

图 6-1-1　模拟信号和数字信号

a）模拟信号　b）数字信号

图 6-1-1b 所示为汽车光电式曲轴位置传感器输出的信号，这是在曲轴转动过程中，光线间断通过遮光盘上的透光孔，在光敏元件上产生的高、低两种电平信号，这类在时间上和数值上都是离散的信号称为数字信号。

处理模拟信号的电路称为模拟电路，处理数字信号的电路称为数字电路。

模拟信号的强弱与被检测参数的大小具有一一对应的关系，在信号的传输和处理过程中，即使只有微小的失真，也可能产生错误的信息。但数字信号只有高电平和低电平两种状态，通常规定高电平为 1，低电平为 0，数字电路中的高电平和低电平有一定的允许范围（见图 6-1-2），所以对电路元器件的精度要求不高，工作可靠，抗干扰能力强。

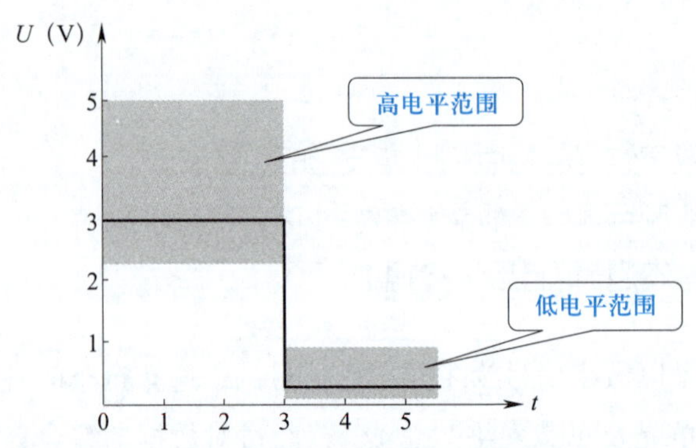

图 6-1-2　数字电路中高电平和低电平的允许范围

如果将高电平、低电平分别用“1”和“0”表示，并规定每一个“1”和“0”有相同的时间间隔，那么脉冲就变成了一串由“1”和“0”组成的数码，如图 6-1-3 所示。这些数码可以用电路输出电压的高与低、电容器上电荷的有与无、磁性物质的极化方向 N 与 S 或光盘上有无凹坑等不同状态，很方便地进行记录和保存。

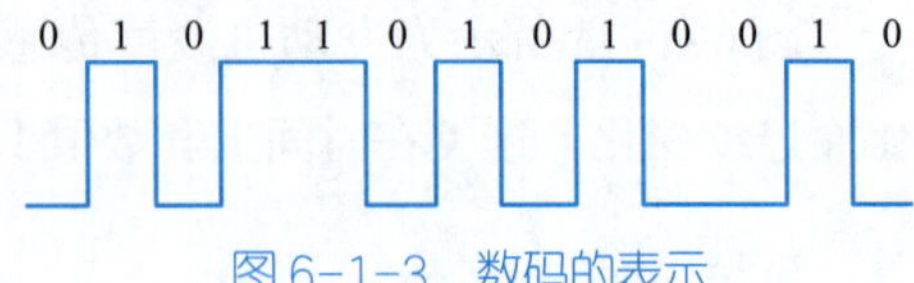

图 6-1-3　数码的表示

实际上，数字信号中的 1 和 0 不仅可以用于表示数字，对于控制对象的各种状态，如信号灯亮还是不亮、开关闭合还是断开等，也都可以用 1 和 0 来表示。所以数字信号不仅能进行数值运算，还可以进行逻辑判断和运算。

2. 脉冲波

由于数字信号的波形具有突变和间断的特点，所以这种波形称为脉冲波，也正因为如此，又把数字电路称为脉冲数字电路。

常见的脉冲波形有矩形波、三角波、锯齿波、梯形波、钟形波、尖脉冲波和阶梯形波等，如图 6–1–4 所示。

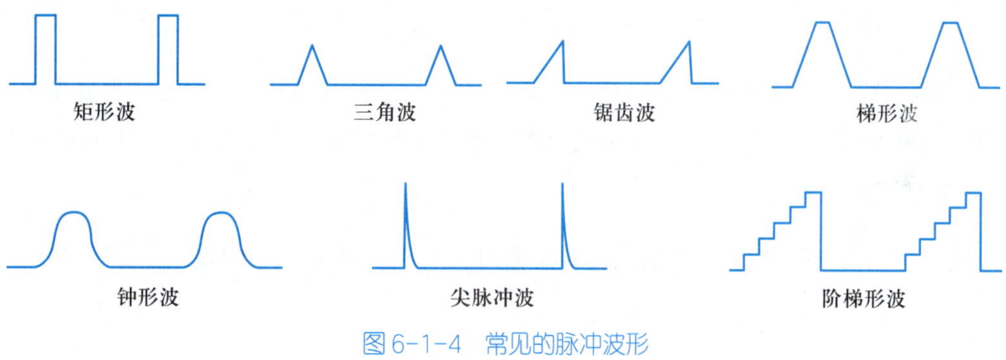

图 6–1–4　常见的脉冲波形

3. 矩形波

典型的数字信号是具有一定幅度的矩形波，矩形波主要可用脉冲幅度 U_m、脉冲重复周期 T 和脉冲宽度 t_W 三个参数进行描述，如图 6–1–5 所示。其中，t_r 表示上升时间，t_f 表示下降时间，t_w 为脉冲宽度，占空比 $q=\frac{t_w}{T}$。

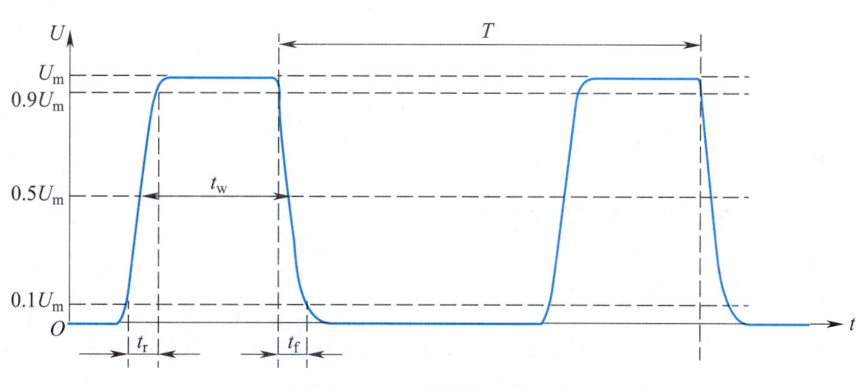

图 6–1–5　矩形脉冲的参数

矩形脉冲开始跃变的一边称为脉冲前沿（或上升沿），脉冲结束时跃变的一边称为脉冲后沿（或下降沿）。如果跃变后的幅值比起始值大，称为正脉冲；反之，则称为负脉冲。

二、数制与编码

数制是进位计数的方法。十进制是生活中习惯使用的计数方法，但数字电路只能“识别”二进制数，计算机程序则一般用十六进制数表示。十进制数、二进制数、十六进制数之间的关系以及相互转换和运算方法，是学习数字电路必备的基础知识。

1. 十进制和二进制

（1）十进制

十进制数有 10 个不同的数码 0、1、2、3、4、5、6、7、8、9，称它的基数为 10。任何一个十进制数都可以用这 10 个数码按一定规律排列起来进行表示。十进制数的进位规则是“逢十进一”。

在一个十进制数中，每个数码位置不同时，它代表的数值也不同。

如：$(369)_{10}=3\times10^2+6\times10^1+9\times10^0$

通常把 10^2、10^1、10^0 称为对应数位的权，它是表示数码在数中处于不同位置时其数值的大小。

（2）二进制

二进制数只有两个数码 0 和 1，它的基数为 2，进位规则是“逢二进一”。一个二进制数也可以按权位展开。

如：$(1011)_2=1\times2^3+0\times2^2+1\times2^1+1\times2^0$

在上式中，2^3、2^2、2^1、2^0 就是对应数位的权。可见，四位二进制数的权分别为 8、4、2、1。

2. 十进制数与二进制数之间的转换

（1）二进制数转换成十进制数

可以采用乘权相加法进行数制转换，即将相应二进制数按权展开，然后各项相加，其结果就是对应的十进制数。

如：$(1000110)_2 = 1\times2^6 + 1\times2^2 + 1\times2^1 = (70)_{10}$

（2）十进制数转换成二进制数

可以采用除 2 取余倒排法进行数制转换，即不断地用 2 去除某个十进制数，并依次记下余数，直到商为 0 为止，将每次整除得到的余数进行倒序排列，即最先得到的余数为最低位，最后得到的余数为最高位，这样就得到与该十进制数等值的二进制数了。

如：$(396)_{10} = (110001100)_2$，转换过程如下。

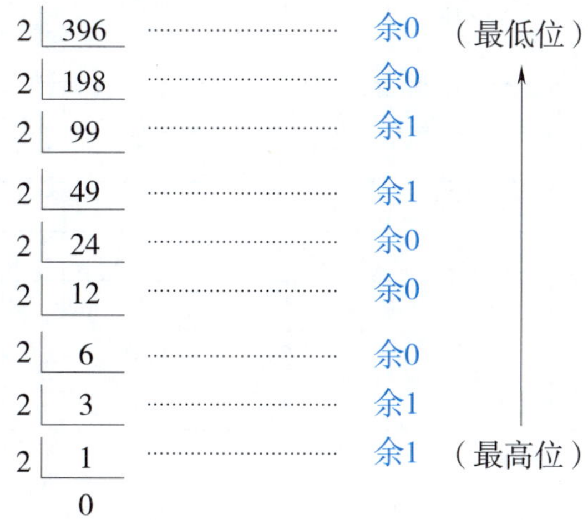

3. 编码

用数码、符号、文字来表示特定对象的过程称为编码。例如，各地的邮政编码、个人的身份证号、学校教学楼每一个教室的代码等，这些代码包含对象的特定信息，并不表示数值的大小。

对于数字技术的编码，不同的编码方式称为码制。常用的码制有二进制代码、BCD 码、格雷码等。

（1）二进制代码

数字系统的信息通常采用多位二进制数表示，称为二进制代码。一个二进制数有 1 和 0 两个代码，可以表示两个信息，n 位二进制代码可以表示 2^n 个不同的信息。如果需要编码的信息有 N 项，则应满足 $N \leqslant 2^n$。

（2）BCD 码

用二进制数表示十进制数的编码方式称为二—十进制编码，简称 BCD 码。由于十进制数有十个（0 ~ 9）不同的数码，所以需要用 4 位二进制数表示，而 4 位二进制数可以组成 $2^4=16$ 种不同的组合，根据从 16 种组合中选出 10 种组合方式的不同，可以得到多种二—十进制编码方案。表 6–1–1 中列出了几种常用的 BCD 码。

表 6–1–1　几种常用的 BCD 码

十进制数	有权码				无权码	
	8421	5421	2421（A）	2421（B）	余 3 码	格雷码
0	0000	0000	0000	0000	0011	0000
1	0001	0001	0001	0001	0100	0001
2	0010	0010	0010	0010	0101	0011
3	0011	0011	0011	0011	0110	0010
4	0100	0100	0100	0100	0111	0110
5	0101	1000	0101	1011	1000	0111
6	0110	1001	0110	1100	1001	0101
7	0111	1010	0111	1101	1010	0100
8	1000	1011	1110	1110	1011	1100
9	1001	1100	1111	1111	1100	1000

1）8421BCD 码

最常用的 BCD 码是 8421BCD 码，它是一种有权码，从高位（左）到低位（右）的权分别为 8（2^3）、4（2^2）、2（2^1）、1（2^0），所以称为 8421BCD 码。它选取 0000 ~ 1001 前 10 种组合来表示十进制数。

2）5421BCD 码

5421BCD 码也是一种有权码，从高位到低位分别是 5、4、2、1。

例如，$(1011)_{5421}$ 按位展开可得 $1\times5+0\times4+1\times2+1\times1=8$。

此外，还有 2421BCD 码、余 3 码、格雷码等。

三、基本逻辑门电路

数字电路中最基本的单元是门电路。所谓门，就相当于一种开关，它能按照一定的条件控制信号的通过或不通过。门电路的输出状态是由输入状态决定的，两者之间具有一定的逻辑关系。所以门电路又称逻辑门电路，基本的逻辑门电路有与门、或门和非门。

1. 与门（AND）

在图 6-1-6 所示的与逻辑控制电路中，只有当 SB1、SB2 两个按钮都按下，即 A、B 两个继电接触器的线圈都得电时，灯才亮；只要有一个线圈不得电，灯就不亮。这说明，只有当决定一件事情的几个条件全部具备时，这件事情才能发生，否则就不发生，这样的关系称为与逻辑关系。图 6-1-7 所示为与门逻辑符号。

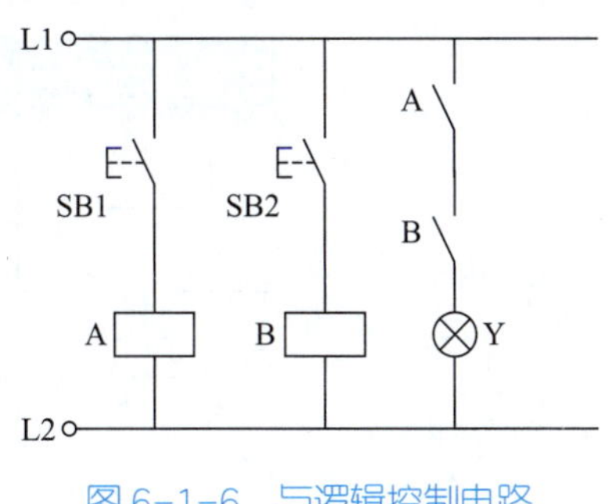

图 6-1-6　与逻辑控制电路

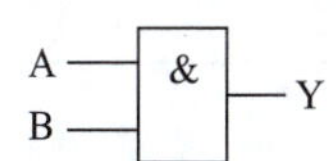

图 6-1-7　与门逻辑符号

把线圈通断与灯泡亮灭的关系列在表 6-1-2 中。如果设线圈得电为 1、不得电为 0，灯亮为 1、不亮为 0，可得表 6-1-3，这便是与门的真值表，它反映与门输出状态与输入状态之间的逻辑关系。

表 6-1-2　线圈通断与灯泡亮灭

线圈 A	线圈 B	灯泡 Y
不得电	不得电	不亮
不得电	得电	不亮
得电	不得电	不亮
得电	得电	亮

表 6-1-3　与门真值表

A	B	Y
0	0	0
0	1	0
1	0	0
1	1	1

与门的逻辑功能可概括为“有 0 出 0，全 1 出 1”。

与门的逻辑表达式为

$$Y=A\cdot B=AB$$

读作“Y 等于 A 与 B”或“Y 等于 A 乘 B”，通常也把与逻辑称为逻辑乘。

2. 或门（OR）

在图 6-1-8 所示的或逻辑控制电路中，A 和 B 两个线圈只要有一个得电，灯就亮。

这说明，当决定一件事情的几个条件中，只要有一个条件具备，这件事情就会发生，这样的逻辑关系称为或逻辑关系。

图 6-1-9 所示为或门逻辑符号，或门真值表见表 6-1-4。

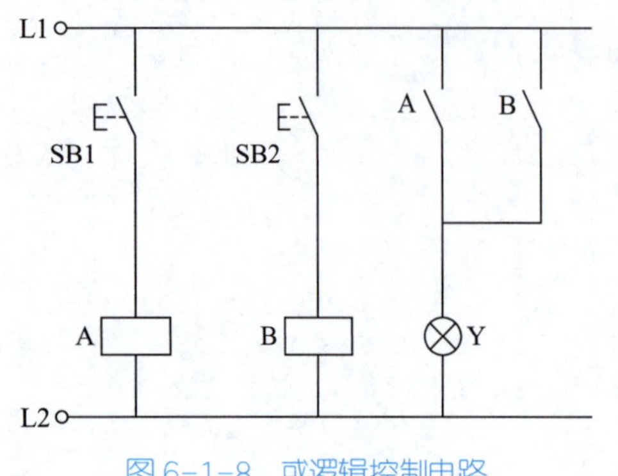

图 6-1-8　或逻辑控制电路

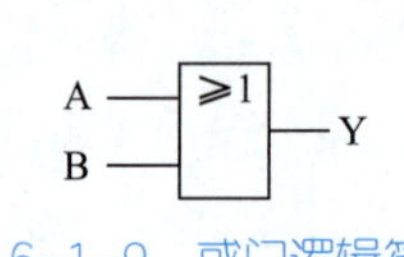

图 6-1-9　或门逻辑符号

表 6-1-4　或门真值表

A	B	Y
0	0	0
0	1	1
1	0	1
1	1	1

或门的逻辑功能可概括为“全 0 出 0，有 1 出 1”。

或门的逻辑表达式为

$$Y=A+B$$

读作“Y 等于 A 或 B”或“Y 等于 A+B”，所以或逻辑也称逻辑加。

3. 非门（NOT）

在图 6-1-10 所示的非逻辑控制电路中，当线圈 A 不得电时，A 的常闭触点闭合，灯泡亮；线圈 A 得电时，A 的常闭触点断开，灯泡就不亮。这说明，事情的结果与条件总是呈相反状态，这种关系称为非逻辑关系。

图 6-1-11 所示为非门逻辑符号，非门真值表见表 6-1-5。

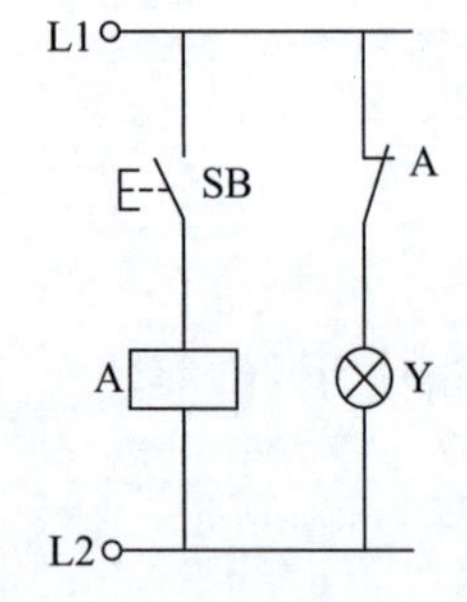

图 6-1-10　非逻辑控制电路

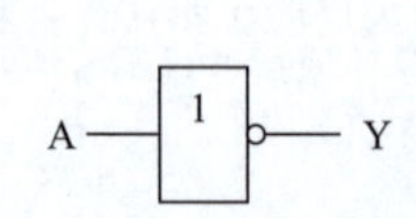

图 6-1-11　非门逻辑符号

表 6-1-5　非门真值表

A	Y
0	1
1	0

非门的逻辑功能可概括为“有 0 出 1，有 1 出 0”。

非门逻辑表达式为

$$Y=\overline{A}$$

读作“Y 等于 A 非”。

由与门、或门、非门三种基本逻辑门电路可以组合成复合逻辑门电路。常用复合逻辑门电路见表 6-1-6。

表 6-1-6　　常用复合逻辑门电路

名称	组合方式	逻辑符号	真值表	逻辑表达式	逻辑关系
与非门			A B Y 0 0 1 0 1 1 1 0 1 1 1 0	$Y=\overline{AB}$	全 1 出 0，有 0 出 1
或非门			A B Y 0 0 1 0 1 0 1 0 0 1 1 0	$Y=\overline{A+B}$	有 1 出 0，全 0 出 1
与或非门			A B C D Y 0 0 0 0 1 0 0 0 1 1 0 0 1 0 1 … … … … … 1 1 1 1 0	$Y=\overline{AB+CD}$	A、B 全 1 或 C、D 全 1 出 0，否则出 1
异或门			A B Y 0 0 0 0 1 1 1 0 1 1 1 0	$Y=A\overline{B}+\overline{A}B$ 或 $Y=A\oplus B$	相异出 1，相同出 0

续表

名称	组合方式	逻辑符号	真值表	逻辑表达式	逻辑关系
同或门		A, B → [1] → Y	A B Y 0 0 1 0 1 0 1 0 0 1 1 1	$Y=AB+\overline{A}\overline{B}$ 或 $Y=A\odot B$	相同出 1，相异出 0

随着电子集成技术的发展，经常将多个基本逻辑门电路或复合逻辑门电路集成在一个电路中，将这类电路称为集成门电路。常见的小规模集成门电路有 TTL 集成门电路和 CMOS 集成门电路。

逻辑电路在汽车门锁控制电路中的应用

汽车门锁控制电路如图 6-1-12 所示，该电路的功能是产生门锁控制信号驱动执行机构动作，正常开关车门以及在发生异常情况时提醒驾驶员注意。

1. 正常开关车门

（1）通过车外门锁开关控制

将钥匙插入门锁开关并且旋向锁止位置时，非门 h 输入低电平，输出高电平，或门 m 输出高电平，发出锁止信号，驱动门锁电动机将车门锁死。相反，将车门钥匙旋向解锁位置时，非门 i 输入低电平，输出高电平，或门 l 输出高电平，发出解锁信号，驱动电动机打开车门。

（2）通过车内门锁开关控制

当车内门锁开关拨向锁止或解锁位置时，或门 m 和 l 也能发出相应的控制信号，驱动电动机开关车门。

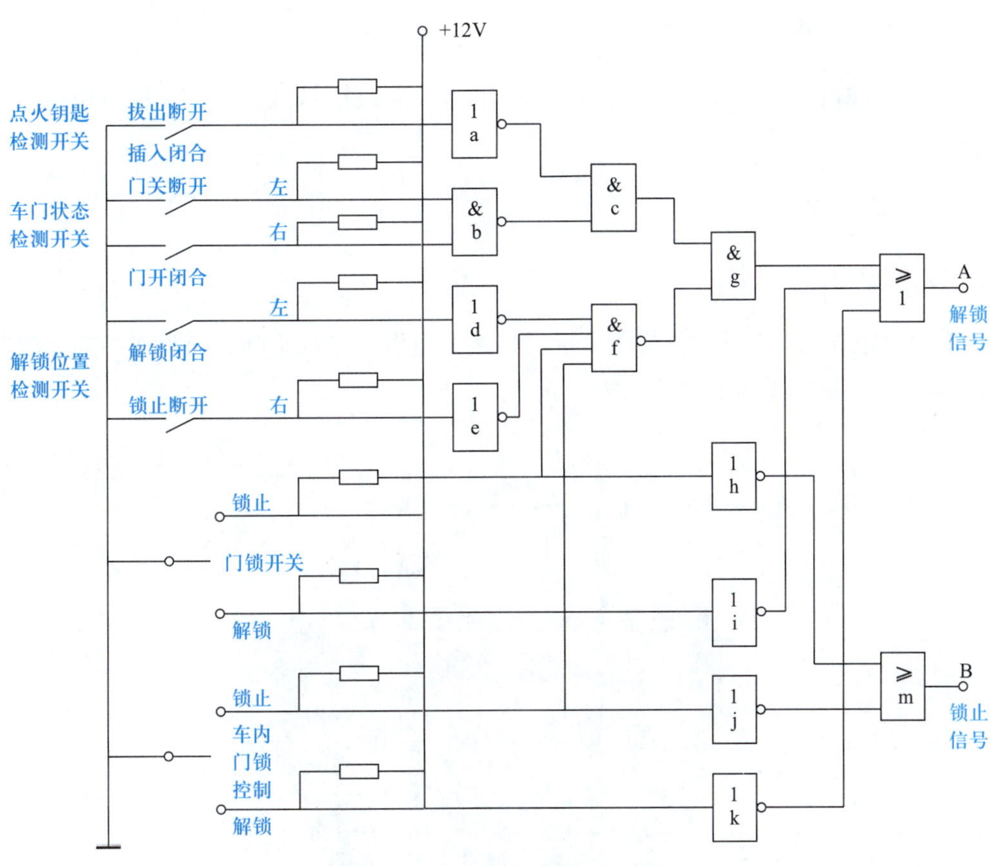

图 6-1-12 汽车门锁控制电路

2. 异常情况下提醒驾驶员注意

当驾驶员将钥匙遗忘在点火开关内，准备锁车时，点火钥匙检测开关闭合，非门 a 输入低电平，输出高电平，在其他开关均正常时，与门 c、g 均输出高电平，或门 l 输出高电平，发出解锁信号，车门无法关闭，提醒驾驶员取出点火钥匙。

实训任务 12

练习使用汽车示波器

一、实训目的

初步掌握汽车示波器的使用方法。

二、实训器件

汽车示波器1台，教学用汽车1辆（雪佛兰2013款科鲁兹），汽车检测用接线盒1套。

三、实训步骤

1. 测量喷油嘴波形

（1）如图6-1-13所示，将汽车示波器接通电源，将汽车测试探头连接到示波器的通道接口（通道A或通道B均可）。

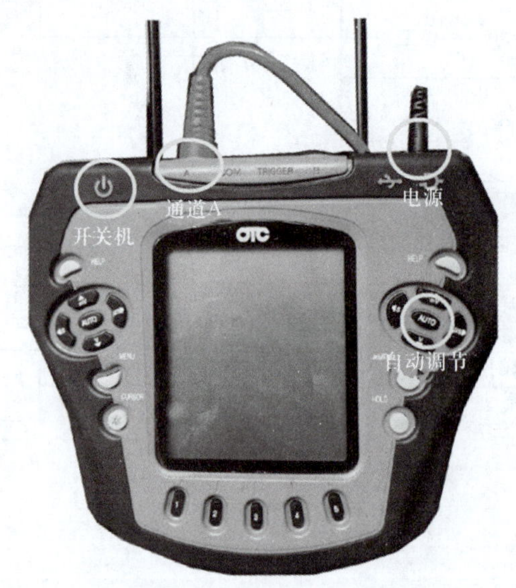

图6-1-13　博世OTC3840C双通道汽车示波器

（2）起动汽车，将汽车测试探头的鳄鱼夹接蓄电池负极或搭铁，将测试探针刺入喷油嘴，如图6-1-14所示。

（3）按下汽车示波器电源按钮，打开示波器。

（4）按下“AUTO”按键，示波器自动调节，显示相应的波形。

（5）在表6-1-7中绘制测量的波形，并判断是否正常。

2. 测量凸轮轴位置传感器波形

（1）将汽车示波器接通电源，将汽车测试探头连接到示波器的通道接口（通道A或通道B均可）。

图 6-1-14 测量喷油嘴波形接线示意图

（2）起动汽车，将汽车测试探头的鳄鱼夹接蓄电池负极或搭铁，将测试探针刺入凸轮轴位置传感器信号线，如图 6-1-15 所示。

（3）按下汽车示波器电源按钮，打开示波器。

图 6-1-15 测量凸轮轴位置传感器波形接线示意图

（4）按下“AUTO”按键，示波器自动调节显示相应的波形。

（5）在表 6-1-7 中绘制测量的波形，并判断是否正常。

表 6-1-7　　波形记录

测量对象	参考波形	实测波形	是否正常
喷油嘴	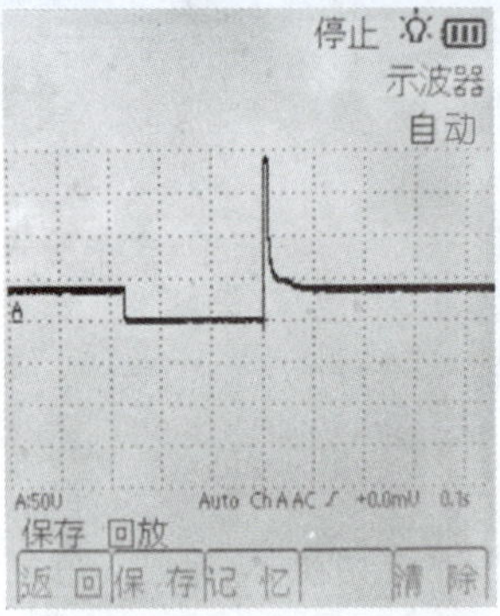		
凸轮轴位置传感器	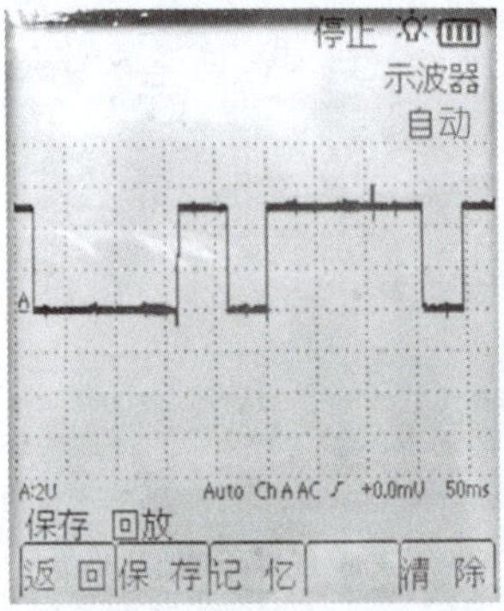		

§6-2　组合逻辑电路

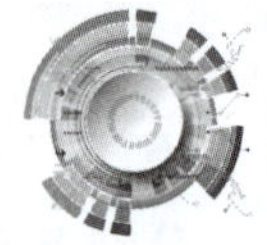

学习目标

1. 了解组合逻辑电路的特点。
2. 掌握译码器的功能和应用。
3. 了解数据选择器与数据分配器的功能和应用。

数字电路可分为组合逻辑电路和时序逻辑电路两大类。组合逻辑电路的特点是电路任一时刻的输出仅取决于该时刻的输入，而与电路原来的状态无关。此前讨论的各种逻辑门电路属于最简单的组合逻辑电路，编码器、译码器、数据选择器和数据分配器是几种最常用的组合逻辑电路。

一、二进制译码器

使用的计算器、数字式万用表、汽车故障诊断仪等，在其工作过程中，运算操作的对象主要是二进制数和二进制代码，但最终结果都要以十进制数字和文字等显示出来，这就需要译码器进行转换。

1. 二进制译码器

二进制译码器是将输入的二进制代码转换成相应信号的电路系统。假设译码器有 n 位输入代码，N 个输出信号，若 $N=2^n$，称为完全译码器；若 $N<2^n$，称为部分译码器。

74LS138 是一种典型的二进制译码器，其实物图和引脚排列图如图 6-2-1 所示。

a)

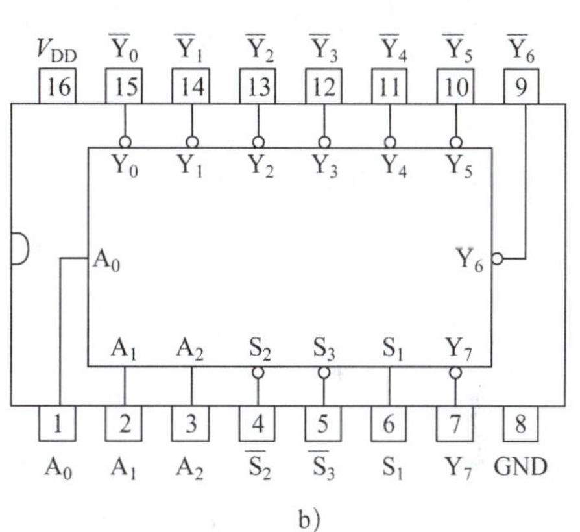

b)

图 6-2-1 译码器 74LS138

a）实物图 b）引脚排列图

它有 3 个输入端，8 个输出端，所以也称 3 线—8 线译码器，其真值表见表 6-2-1。

表 6-2-1 译码器 74LS138 的真值表

输入					输出							
S_1	$\overline{S}_2+\overline{S}_3$	A_2	A_1	A_0	$\overline{Y}_7$	$\overline{Y}_6$	$\overline{Y}_5$	$\overline{Y}_4$	$\overline{Y}_3$	$\overline{Y}_2$	$\overline{Y}_1$	$\overline{Y}_0$
1	0	0	0	0	1	1	1	1	1	1	1	0
1	0	0	0	1	1	1	1	1	1	1	0	1
1	0	0	1	0	1	1	1	1	1	0	1	1

续表

输入					输出							
S_1	$\overline{S_2}+\overline{S_3}$	A_2	A_1	A_0	$\overline{Y_7}$	$\overline{Y_6}$	$\overline{Y_5}$	$\overline{Y_4}$	$\overline{Y_3}$	$\overline{Y_2}$	$\overline{Y_1}$	$\overline{Y_0}$
1	0	0	1	1	1	1	1	1	0	1	1	1
1	0	1	0	0	1	1	1	0	1	1	1	1
1	0	1	0	1	1	1	0	1	1	1	1	1
1	0	1	1	0	1	0	1	1	1	1	1	1
1	0	1	1	1	0	1	1	1	1	1	1	1
0	×	×	×	×	1	1	1	1	1	1	1	1
×	1	×	×	×	1	1	1	1	1	1	1	1

A_2、A_1、A_0为3位二进制代码输入，$\overline{Y_0}$ ~ $\overline{Y_7}$为8个译码输出，低电平有效，即某一输出信号为0时译码成功。ST_A、$\overline{ST_B}$、$\overline{ST_C}$为选通控制，当$ST_A=1$，$\overline{ST_B}=\overline{ST_C}=0$时，允许译码，由输入代码$A_2$、$A_1$、$A_0$的取值组合使$\overline{Y_0}$ ~ $\overline{Y_7}$中的某一位输出低电平。当3个选通控制信号中只要有一个不满足时，译码器禁止译码，输出皆为无用信号。

2. 二—十进制译码器

将二—十进制代码翻译成十进制数码0 ~ 9的电路称为二—十进制译码器，常用的是8421BCD译码器。该译码器有4个输入端，10个输出端，所以也称4线—10线译码器。

图6-2-2所示为8421BCD译码器74LS42的实物图和引脚排列图。其真值表见表6-2-2，表中输出0为有效电平，1为无效电平。例如，当$A_3A_2A_1A_0=0101$时，$\overline{Y_5}=0$，它表示8421BCD码0101译成的十进制数码为5。

a)

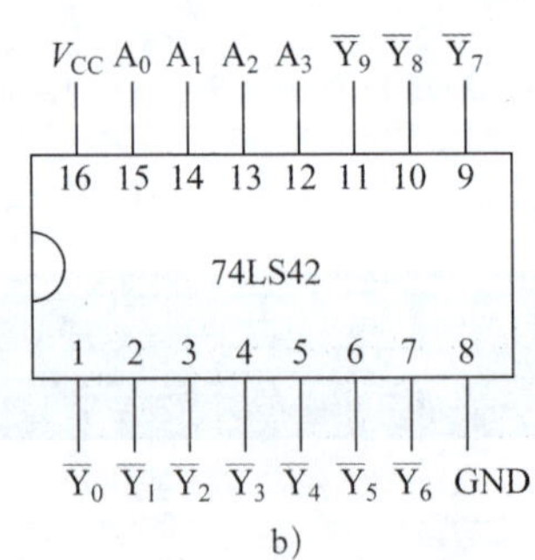

b)

图6-2-2 8421BCD译码器74LS42

a）实物图 b）引脚排列图

表 6-2-2　　8421BCD 译码器 74LS42 的真值表

数码	8421BCD 码输入				输出									
	A_3	A_2	A_1	A_0	$\overline{Y}_9$	$\overline{Y}_8$	$\overline{Y}_7$	$\overline{Y}_6$	$\overline{Y}_5$	$\overline{Y}_4$	$\overline{Y}_3$	$\overline{Y}_2$	$\overline{Y}_1$	$\overline{Y}_0$
0	0	0	0	0	1	1	1	1	1	1	1	1	1	0
1	0	0	0	1	1	1	1	1	1	1	1	1	0	1
2	0	0	1	0	1	1	1	1	1	1	1	0	1	1
3	0	0	1	1	1	1	1	1	1	1	0	1	1	1
4	0	1	0	0	1	1	1	1	1	0	1	1	1	1
5	0	1	0	1	1	1	1	1	0	1	1	1	1	1
6	0	1	1	0	1	1	1	0	1	1	1	1	1	1
7	0	1	1	1	1	1	0	1	1	1	1	1	1	1
8	1	0	0	0	1	0	1	1	1	1	1	1	1	1
9	1	0	0	1	0	1	1	1	1	1	1	1	1	1
无效数码	1	0	1	0	全部为 1									
	1	0	1	1										
	1	1	0	0										
	1	1	0	1										
	1	1	1	0										
	1	1	1	1										

3. 数码显示器

用以显示数字和字符的电子器件称为数码显示器。最常用的为七段 LED 数码显示器，如图 6-2-3 所示。它把要显示的十进制数码分成七段，因此称为七段 LED 数码显示器，俗称 LED 数码管。

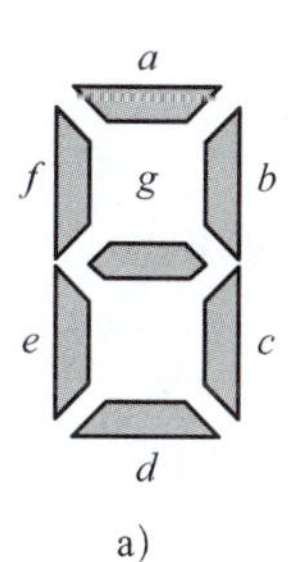

a)

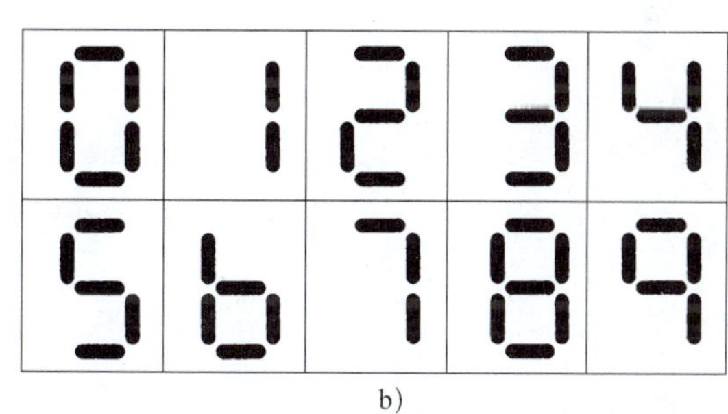

b)

图 6-2-3　七段 LED 数码显示器

a）实物图　b）七段显示图形

外形相同的数码管，由于其内部七段发光二极管的连接方式不同，分为共阳和共阴两种接法，如图 6–2–4 所示。

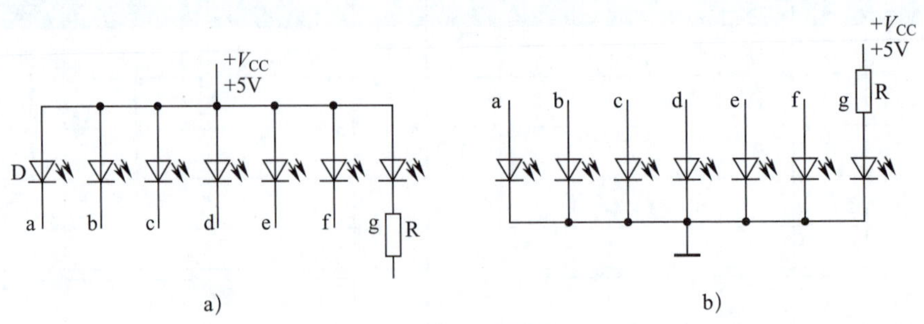

图 6–2–4 数码管的两种接法

a）共阳极 b）共阴极

4. 显示译码器

显示译码器的作用是将输入端的 8421 二—十进制代码译成数码管的字段信号，以驱动数码管，显示相应的十进制数字。现以七段显示译码器 CC4511 为例说明其应用方法。

CC4511 是高电平输出的七段显示译码器，驱动共阴极接法的 LED 数码管，其实物图和引脚排列图如图 6–2–5 所示。

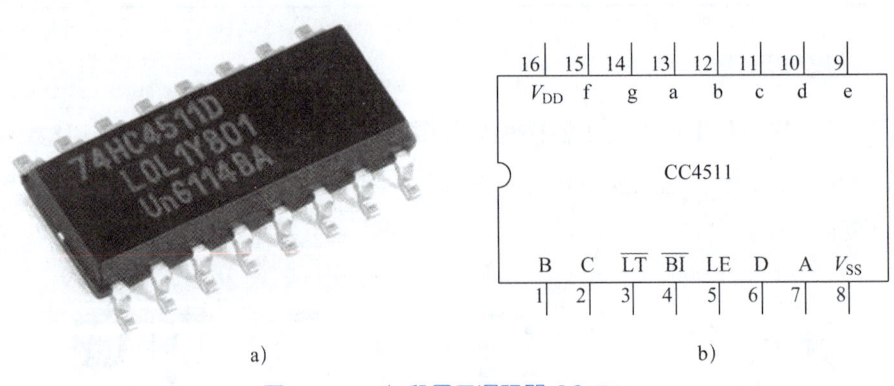

图 6–2–5 七段显示译码器 CC4511

a）实物图 b）引脚排列图

各引脚功能说明如下。

A、B、C、D——8421BCD 码输入端。

a、b、c、d、e、f、g——译码输出端，高电平有效，用来驱动共阴极 LED 数码管。

$\overline{LT}$——测试输入端（俗称试灯输入端），$\overline{LT}$=0 时，译码输出全为 1，显示字形“日”。

$\overline{BT}$——消隐输入端（俗称灭灯输入端），$\overline{BT}$=0 时，译码输出全为 0，无显示。

LE——锁定端，LE=1 时，译码器处于锁定（保持）状态，译码输出保持在 LE=0 时的数值，LE=0 时正常译码。

七段显示译码器 CC4511 的真值表见表 6-2-3。

表 6-2-3　　七段显示译码器 CC4511 的真值表

输入							输出							
LE	$\overline{BI}$	$\overline{LT}$	D	C	B	A	a	b	c	d	e	f	g	显示字形
×	×	0	×	×	×	×	1	1	1	1	1	1	1	8
×	0	1	×	×	×	×	0	0	0	0	0	0	0	消隐
0	1	1	0	0	0	0	1	1	1	1	1	1	0	0
0	1	1	0	0	0	1	0	1	1	0	0	0	0	1
0	1	1	0	0	1	0	1	1	0	1	1	0	1	2
0	1	1	0	0	1	1	1	1	1	1	0	0	1	3
0	1	1	0	1	0	0	0	1	1	0	0	1	1	4
0	1	1	0	1	0	1	1	0	1	1	0	1	1	5
0	1	1	0	1	1	0	0	0	1	1	1	1	1	6
0	1	1	0	1	1	1	1	1	1	0	0	0	0	7
0	1	1	1	0	0	0	1	1	1	1	1	1	1	8
0	1	1	1	0	0	1	1	1	1	0	0	1	1	9
0	1	1	1	0	1	0	0	0	0	0	0	0	0	消隐
0	1	1	1	0	1	1	0	0	0	0	0	0	0	消隐

续表

输入							输出							
LE	$\overline{BI}$	$\overline{LT}$	D	C	B	A	a	b	c	d	e	f	g	显示字形
0	1	1	1	1	0	0	0	0	0	0	0	0	0	消隐
0	1	1	1	1	0	1	0	0	0	0	0	0	0	消隐
0	1	1	1	1	1	0	0	0	0	0	0	0	0	消隐
0	1	1	1	1	1	1	0	0	0	0	0	0	0	消隐
1	1	1	×	×	×	×	锁　存							锁存

二、数据选择器

数据选择器又称多路调制器或多路选择开关，其功能是在选择输入（又称地址输入）信号的作用下，能从多路输入数据中选择其中一路并将其传送至公共输出端，其功能相当于多个输入的单刀多掷开关，如图 6–2–6 所示。

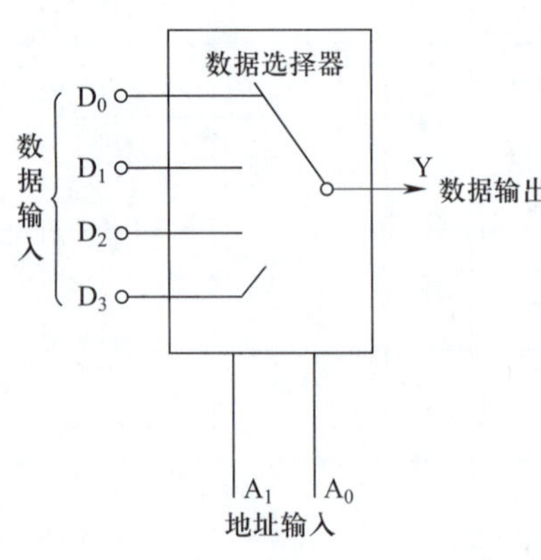

图 6–2–6　数据选择器示意图

数据选择器是目前逻辑设计中应用十分广泛的逻辑部件，常用的有 2 选 1、4 选 1、8 选 1、16 选 1 等，下面以 4 选 1 数据选择器为例进行讲解。

4 选 1 数据选择器 74LS153 的实物图和引脚排列图如图 6–2–7 所示，其真值表见表 6–2–4。

a)

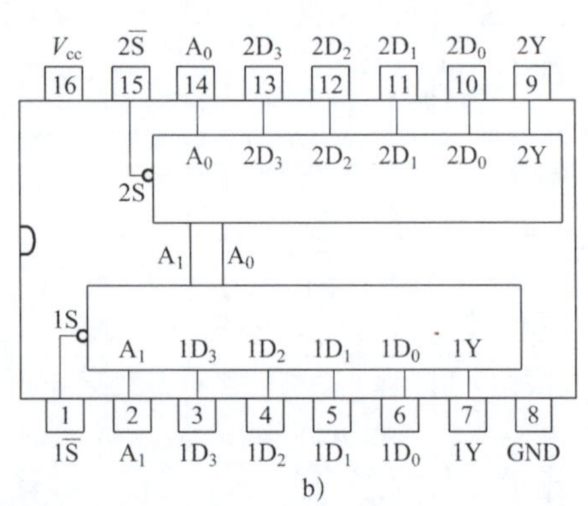

b)

图 6–2–7　4 选 1 数据选择器 74LS153
a）实物图　b）引脚排列图

表 6-2-4　　4 选 1 数据选择器 74LS153 的真值表

使能控制 $\overline{S}$	选择输入（输入地址）		输出
	A_1	A_0	Y
1	×	×	0
0	0	0	D_0
0	0	1	D_1
0	1	0	D_2
0	1	1	D_3

一个 74LS153 中有两个 4 选 1 数据选择器，A_1、A_0 为公用的地址输入端，$1D_0$ ~ $1D_3$ 和 $2D_0$ ~ $2D_3$ 分别为两个 4 选 1 数据选择器的数据输入端，Y_1、Y_2 为两个输出端。

1. 当使能端 $1\overline{S}$（$2\overline{S}$）=1 时，禁止选择，无输出。

2. 当使能端 $1\overline{S}$（$2\overline{S}$）=0 时，正常工作，根据地址输入码 A_1、A_0 的状态，将相应数据 D_0 ~ D_3 送到输出端。例如：

$A_1A_0=00$，则选择数据 D_0 到输出端，即 $Y=D_0$；

$A_1A_0=01$，则选择数据 D_1 到输出端，即 $Y=D_1$。

三、数据分配器

数据分配器又称多路解调器或反向多路开关。其功能与数据选择器相反，它是根据地址选择信号将一路输入数据传送到多路设备的某一输出端。其功能相当于多个输出的单刀多掷开关，如图 6-2-8 所示。

数据分配器实质上可用译码器构成。下面用 2 线—4 线译码器 74LS139 来构成一个 4 路分配器。74LS139 的实物图和引脚排列图如图 6-2-9 所示，其真值表见表 6-2-5。

用 74LS139 构成的双 4 路分配器如图 6-2-10 所示，它可以根据地址输入端 A_1、A_0 的取值组合，选中 $\overline{Y_0}$ ~ $\overline{Y_3}$ 中的一路数据输出。

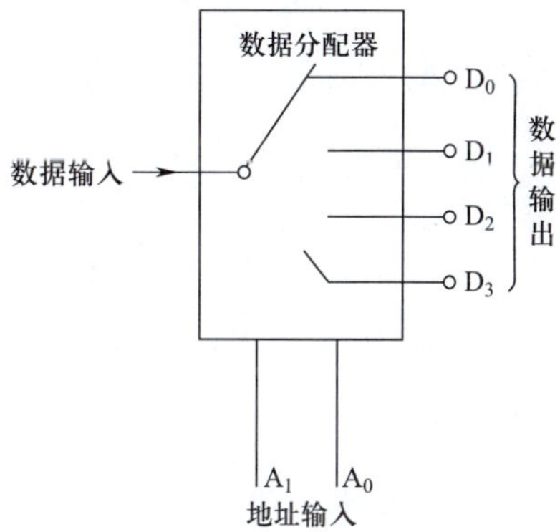

图 6-2-8　数据分配器示意图

a）

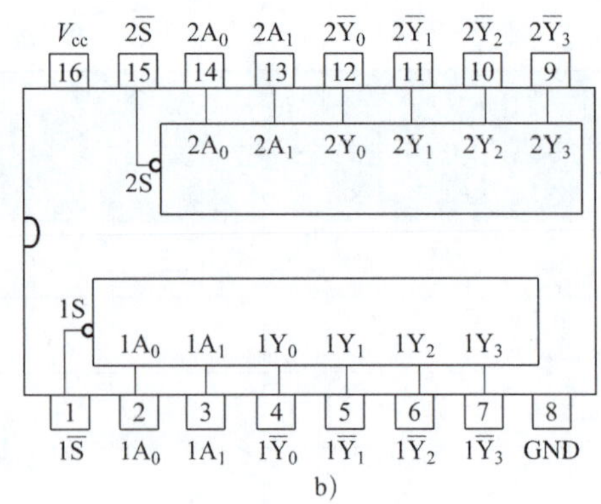

b）

图 6-2-9　2 线—4 线译码器 74LS139

a）实物图　b）引脚排列图

表 6-2-5　　2 线—4 线译码器 74LS139 的真值表

输入数据	地址输入		输出			
$\overline{S}$	A_1	A_0	$\overline{Y}_3$	$\overline{Y}_2$	$\overline{Y}_1$	$\overline{Y}_0$
1	×	×	1	1	1	1
0	0	0	1	1	1	0
0	0	1	1	1	0	1
0	1	0	1	0	1	1
0	1	1	0	1	1	1

由图 6-2-10 可知，使能端 $\overline{E}$ 作为分配器的数据输入。逻辑 0 为有效电平，逻辑 1 为无效电平。

1. 当 $\overline{E}=1$ 时，译码器不工作，此时所有输出端皆为 1。

2. 当 $\overline{E}=0$ 时，译码器正常工作，此时根据地址输入 A_1、A_0 的状态，选择 $\overline{E}$ 的通道，例如：

$A_1A_0=00$，则 $\overline{Y_0}=\overline{E}$，相当于接通到 $\overline{Y_0}$，而 $\overline{Y_1}$、$\overline{Y_2}$、$\overline{Y_3}$ 皆为 1，相当于不接通。

$A_1A_0=01$，则 $\overline{Y_1}=\overline{E}$，相当于 $\overline{E}$ 接通到 $\overline{Y_1}$，其余皆不接通。

以此类推，两个地址控制端有 4 种状态，则输入分别接通 4 个输出，从而完成数据分配功能。

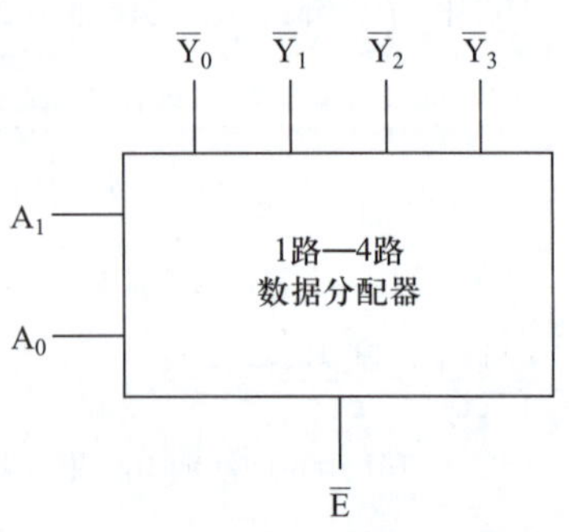

图 6-2-10　用 74LS139 构成的双 4 路分配器

数据选择器和数据分配器在汽车中的应用

在数字系统中，为了减少传输线，提高传输效率，经常采用总线技术，即在同一条传输线上对多路数据进行接收或传送，为了实现这种逻辑功能，就要用到数据选择器和数据分配器，如图 6-2-11 所示。

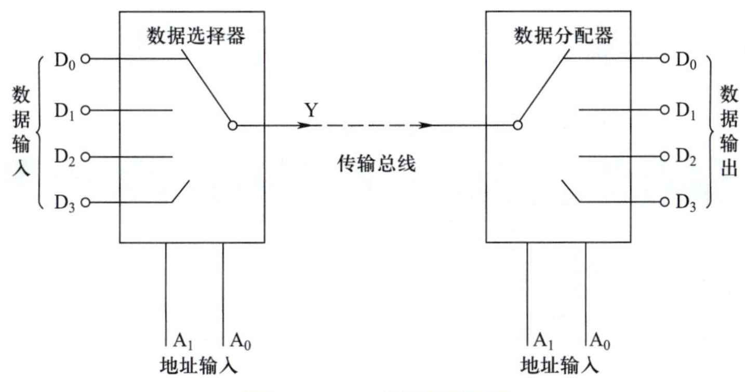

图 6-2-11　数据传送图

图 6-2-12 所示为汽车网络控制中的多路信号数据采集、处理和传送示意图，电路在对多路数据进行传送时，正是采用了这种总线技术，各物理量通过各类传感器转换为电信号后，经数据选择器轮流选通并通过总线送入 ECU 处理。ECU 将处理结果再经与数据选择器同步工作的数据分配器送到各自的执行器做出反应。

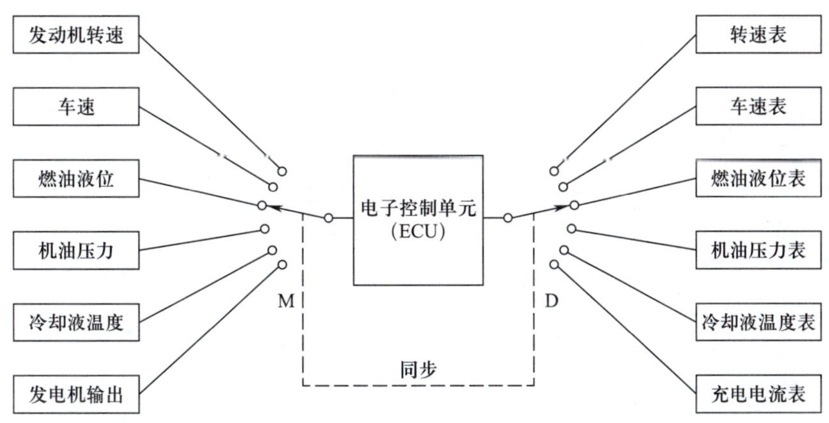

图 6-2-12　汽车网络控制中的多路信号数据采集、处理和传送示意图

实训任务 13

译码器与数码显示电路的制作与调试

一、实训目的

熟悉七段显示译码器和 LED 数码管的功能和使用方法。

二、实训器材

实训器材见表 6–2–6。

表 6-2-6 实训器材

序号	名称	序号	名称
1	数字电路试验箱	4	逻辑电平开关
2	5 V 直流电源	5	LED 数码管 BS202
3	拨码开关组	6	共阴极七段显示译码器 CC4511

三、实训内容

1. 电路元件识别

对照共阴极七段显示译码器 CC4511 和 LED 数码管引脚，识别其引脚功能。

2. 电路连接

根据 CC4511 和 LED 数码管的连接原理图（见图 6–2–13）连接电路。

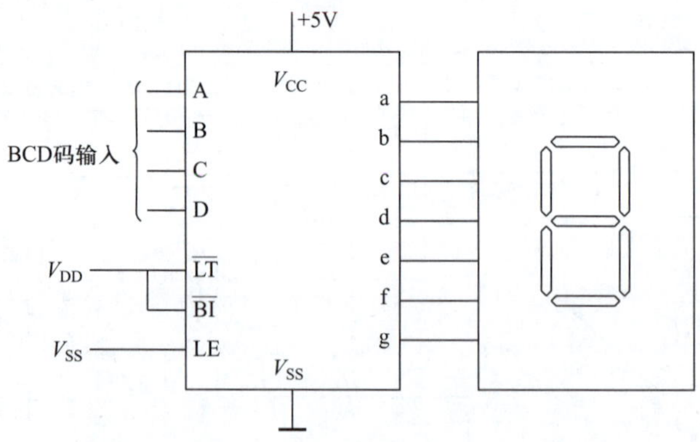

图 6-2-13 CC4511 驱动 LED 数码管

将 4 组拨码开关的输出 Ai、Bi、Ci、Di 分别接至 4 组显示译码器 CC4511 的对应输入端，LE、$\overline{BI}$、$\overline{LT}$ 接至 3 个逻辑开关的输出插口，LED 显示器接 5 V 电源。

3. 电路调试与分析

根据表 6-2-3 七段显示译码器 CC4511 的真值表，按功能表输入的要求揿动 4 个数码的增减键（“+”“-”），并操作与 LE、$\overline{BI}$、$\overline{LT}$ 对应的 3 个逻辑电平开关，观测拨码盘上的 4 位数与 LED 数码管显示的对应数字是否一致，以及译码显示是否正常。

§6-3 时序逻辑电路

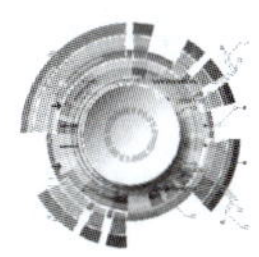

学习目标

1. 了解时序逻辑电路的特点。
2. 掌握基本 RS 触发器、JK 触发器和 D 触发器的逻辑功能。
3. 了解寄存器、计数器的功能。

组合逻辑电路的输出状态完全取决于输入状态，而与电路原来的状态无关，一旦输入信号改变，输出信号也会随之改变。但在许多场合，需要把信号储存起来，这种具有记忆功能的逻辑电路称为时序逻辑电路，简称时序电路。

一、触发器

具有记忆一位二进制数码功能的逻辑电路统称为触发器，它是构成时序逻辑电路的基本单元。

常用触发器按逻辑功能分有 RS 触发器、JK 触发器、D 触发器和 T 触发器等，其中，基本 RS 触发器的结构最为简单，它是构成各种结构复杂触发器的基础。

1. 基本 RS 触发器

（1）电路组成和逻辑符号

图 6-3-1a 所示为基本 RS 触发器，它由两个与非门交叉连接而成。$\overline{R_D}$、$\overline{S_D}$ 是它的两个输入端，非号表示低电平有效，Q、$\overline{Q}$ 是它的两个输出端。基本 RS 触发器的逻辑符号如图 6-3-1b 所示，其中，输入端带小圆圈表示低电平触发，输出端不带小圆圈表示 Q 端，带小圆圈表示 $\overline{Q}$ 端。

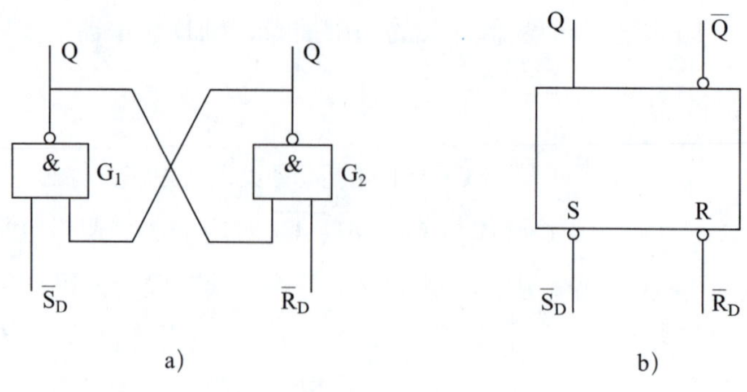

图 6-3-1　基本 RS 触发器

a）逻辑电路　b）逻辑符号

（2）逻辑功能

在正常工作情况下，基本 RS 触发器的两个输出端 Q 和 $\overline{Q}$ 的状态相反，通常规定 Q 端的状态为触发器的状态。Q=1、$\overline{Q}$=0，称为 1 态；Q=0、$\overline{Q}$=1，称为 0 态。

1）$\overline{R_D}$=1、$\overline{S_D}$=1

各触发器原来处于 0 态，即 Q=0、$\overline{Q}$=1，则门 G1 的两个输入端 $\overline{S_D}$、$\overline{Q}$ 均为 1，因此门 G1 的输出 Q=0，即触发器保持 0 态不变。同理，若触发器原来处于 1 态，即 Q=1、$\overline{Q}$=0，则门 G2 的两个输入端 $\overline{R_D}$、Q 均为 1，因此门 G2 的输出 $\overline{Q}$=0，$\overline{Q}$=0 使门 G1 的输出 Q=1，因此，触发器保持 1 态不变。

可见，触发器未输入低电平信号时，总是保持原来状态不变，这就是触发器的记忆功能。

2）$\overline{S_D}$=0、$\overline{R_D}$=1

由于 $\overline{S_D}$=0，门 G1 的输出 Q=1，因此门 G2 的两个输入 $\overline{R_D}$、Q 均为 1，则 $\overline{Q}$=0，触发器被置为 1 态，故称 $\overline{S_D}$ 端为置 1 端或置位端。

3）$\overline{R_D}$=0、$\overline{S_D}$=1

由于 $\overline{R_D}$=0，门 G2 的输出 $\overline{Q}$=1，因此门 G1 的两个输入 $\overline{S_D}$、$\overline{Q}$ 均为 1，则 Q=0，触发器被置为 0 态，故称 $\overline{R_D}$ 端为置 0 端或复位端。

4）$\overline{R_D}$=0、$\overline{S_D}$=0

显然，在这种情况下，Q 和 $\overline{Q}$ 被迫同时为 1，失去了原有的互补关系。当 $\overline{R_D}$、$\overline{S_D}$

的低电平触发信号同时消失后（即 $\overline{R_D}$ 和 $\overline{S_D}$ 同时变为 1），Q 和 $\overline{Q}$ 的状态不能确定。因此，必须避免出现 $\overline{R_D}$ 和 $\overline{S_D}$ 同时为 0 的情况，否则会出现逻辑混乱。

综上所述，基本 RS 触发器的真值表见表 6–3–1。

表 6–3–1　　基本 RS 触发器的真值表

输入信号		输出	功能说明
$\overline{R_D}$	$\overline{S_D}$	Q^{n+1}	
0	0	×	禁止
0	1	0	置 0
1	0	1	置 1
1	1	Q^n	保持（记忆）状态

表 6–3–1 中 Q^n 为触发器的现态（初态），即输入信号作用前触发器 Q 端的状态；Q^{n+1} 为触发器的次态，即输入信号作用后触发器 Q 端的状态。“×”表示触发器状态不定。

2. JK 触发器

（1）电路组成和逻辑符号

RS 触发器在 $\overline{R_D}=\overline{S_D}=0$ 时，会出现不确定的输出状态，即 R_D、S_D 之间存在约束关系，为了克服 RS 触发器的缺陷，提高触发器的使用性能，在 RS 触发器的基础上又发展了几种不同逻辑功能的触发器。其中，JK 触发器是一种功能最全、实用性最强的触发器。

JK 触发器的逻辑符号如图 6–3–2 所示。

图 6–3–2　JK 触发器的逻辑符号

a）上升沿触发　b）下降沿触发

在图 6–3–2 中，C1 是时钟脉冲 CP 的输入端，时钟脉冲只决定触发器状态转换的时刻。C1 旁的小三角表示边沿触发，小三角外无小圆圈（见图 6–3–2a），表示上升沿触发（$\uparrow$）；小三角外有小圆圈（见图 6–3–2b），表示下降沿触发（$\downarrow$）。J、K 为信号输入端，又称激励端。

（2）逻辑功能

JK 触发器的真值表见表 6–3–2，真值表简表见表 6–3–3。

表 6–3–2　　JK 触发器的真值表

时钟脉冲 CP	输入		现态 Q^{n+1}	次态 Q^n	功能说明
	J	K			
$\uparrow$（适用于图 6–3–2a） $\downarrow$（适用于图 6–3–2b）	0	0	0	0	保持不变 $Q^{n+1}=Q^n$
	0	0	1	1	
	0	1	0	0	置 0 $Q^{n+1}=0$
	0	1	1	0	
	1	0	0	1	置 1 $Q^{n+1}=1$
	1	0	1	1	
	1	1	0	1	状态翻转 $Q^{n+1}=\overline{Q^n}$
	1	1	1	0	

表 6–3–3　　JK 触发器真值表简表

输入		输出	功能说明
J	K	Q^{n+1}	
0	0	Q^n	保持不变
0	1	0	置 0
1	0	1	置 1
1	1	$\overline{Q^n}$	取反（状态翻转）

由真值表可知，这是一种下降沿触发的 JK 触发器，当 CP 脉冲下降沿来到时，有：

1）若 J=0、K=0，则 $Q^{n+1}=Q^n$，触发器保持原态不变。

2）若 J=0、K=1，则 $Q^{n+1}=0$，触发器置 0。

3）若 J=1、K=0，则 $Q^{n+1}=1$，触发器置 1。

4）若 J=1、K=1，则 $Q^{n+1}=\overline{Q^n}$，触发器状态发生翻转，即“取反”。

可见，JK 触发器不仅可以避免输出的不确定状态，而且除了保持、置 0、置 1 功能外，还增加了“取反”功能。

3. T 触发器

将 JK 触发器的输入端 J、K 连接在一起，作为输入端 T，就构成了 T 触发器，如图 6–3–3 所示。

当 T=0，即 J=K=0 时，即使有时钟脉冲信号，触发器状态也保持不变；当 T=1，即 J=K=1 时，每来一个 CP 脉冲信号，触发器的状态就改变一次。T 触发器，也称受控反转型触发器。

4. D 触发器

（1）电路组成和逻辑符号

D 触发器通常是由 JK 触发器演变而来的，其逻辑符号如图 6–3–4 所示。

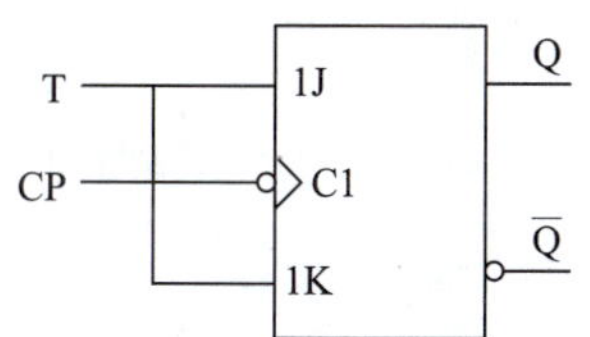

图 6–3–3 用 JK 触发器构成 T 触发器

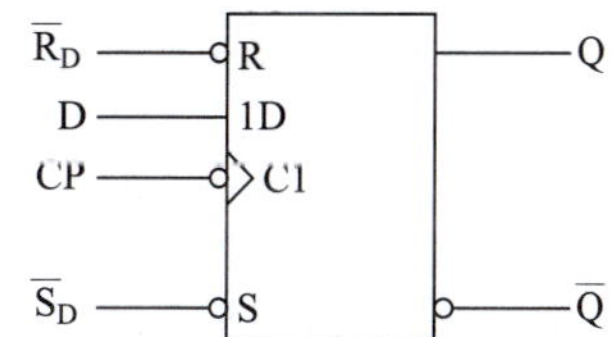

图 6–3–4 D 触发器的逻辑符号

（2）逻辑功能

D 触发器有四个控制端，其中，$\overline{R}_D$ 端和 $\overline{S}_D$ 端称为异步操作端（或直接复位置位端），平时都应处于高电平。在时钟脉冲作用后，触发器状态（Q）与 D 端状态相同，即：$Q^{n+1}=D$。

D 触发器的真值表见表 6–3–4。

表 6–3–4 D 触发器的真值表

D	Q^{n+1}
1	1
0	0

二、寄存器

寄存器的基本作用是存放二进制代码，因为任何数据系统都必须把需要处理的数据先寄存起来，所以寄存器被广泛应用于各类数字电路中。寄存器有数码寄存器和移位寄存器两种类型。

1. 数码寄存器

数码寄存器是一种最简单的寄存器，它只具有接收数码和清除原有数码的功能。

图 6-3-5 所示为 4 位数码寄存器，由 4 个 D 触发器组成，$D_0 \sim D_3$ 为 4 位被存数码，分别接入各触发器的 D 端，当 CP 上升沿时，$Q_3^{n+1}Q_2^{n+1}Q_1^{n+1}Q_0^{n+1}=D_3D_2D_1D_0$。

由于该寄存器被存数码同时从各触发器的 D 端输入，又同时从各 Q 端输出，故又称为并行输入、并行输出（简称并入 / 并出）数码寄存器。

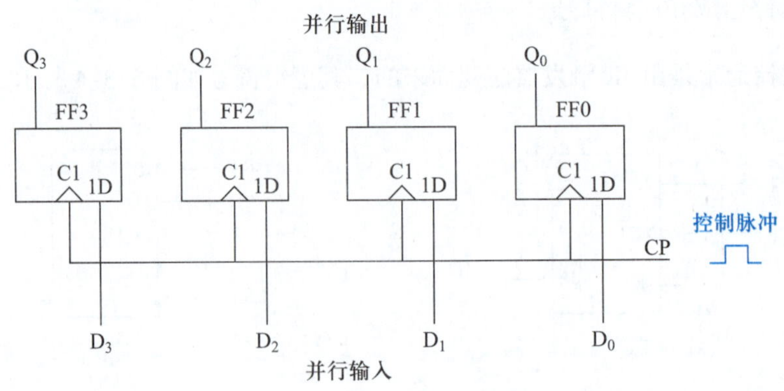

图 6-3-5　4 位数码寄存器

2. 单向移位寄存器

移位寄存器除了具有寄存数码的功能外，还具有数码移位的功能。

图 6-3-6 所示为 4 位右移寄存器，电路由 4 个 D 触发器构成。4 位二进制代码 $A_3A_2A_1A_0=1011$，高位在前，低位在后，依次从 A 端输入。设移位寄存器初始状态 $Q_3Q_2Q_1Q_0=0000$，在移位脉冲（即触发器时钟脉冲 CP）作用下，移位寄存器的数码移动情况见表 6-3-5。

从实用的角度出发，移位寄存器大都设计成带移位控制端的双向移位寄存器，即在移位控制信号的作用下，电路既可以实现右移，又可以实现左移。

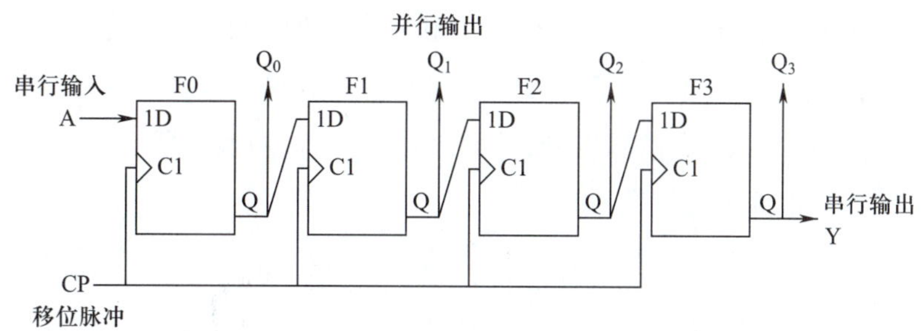

图 6-3-6 4 位右移寄存器

表 6-3-5 4 位右移寄存器状态表

CP 脉冲	被寄存数码 $A_3A_2A_1A_0=1011$	并行输出				串行输出	说明
		Q_0	Q_1	Q_2	Q_3	$Y=Q_3$	
0	0	0	0	0	0	0	将被存数码 1011 从高位到低位依次送至 F0、F1、F2、F3，经 4 次右移，将被存数码全部存入移位寄存器，$Q_3Q_2Q_1Q_0=1011$
1	1	1	0	0	0	0	
2	0	0	1	0	0	0	
3	1	1	0	1	0	0	
4	1	1	1	0	1	1	

三、计数器

在数字系统中，把用来统计输入脉冲个数的电路称为计数器，它也是数字电路中的基本逻辑部件之一。

计数器种类很多，按数制不同可以分为二进制计数器、十进制计数器；按功能不同可分为加法计数器、减法计数器和可逆计数器；按工作方式不同可分为同步计数器和异步计数器。

1. 二进制计数器

在时钟脉冲作用下，各触发器的状态翻转按二进制数码规律计数的逻辑电路称为二进制计数器。

（1）加法计数器

每输入一个脉冲，就进行一次加 1 运算的计数器称为加法计数器，也称递增计数器。

图 6-3-7 所示为四位二进制异步加法计数器，由 4 个 JK 触发器构成，它的连接

特点是每一个触发器 J、K 端都接 1，称为 T 触发器，再将低位触发器的 Q 端与高一位的 C1 端相连。最低位触发器 F0 直接受输入计数脉冲控制，其他触发器则分别受较低位触发器 Q 端输出的负跳变信号控制，因此各个应翻转的触发器状态更新有先有后，故称异步计数器，也称串行计数器。

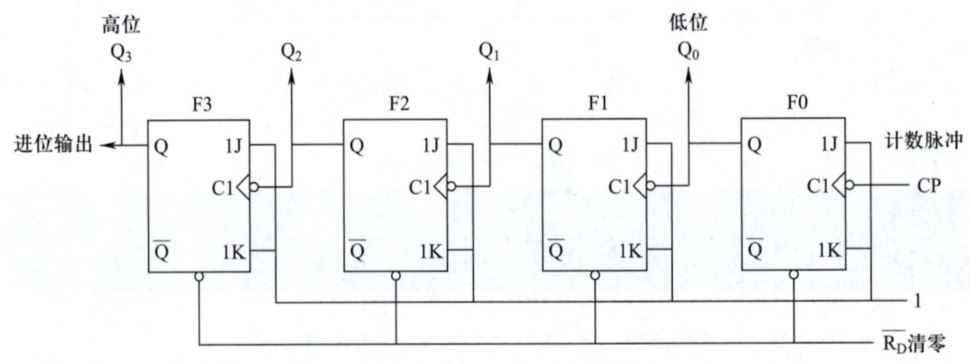

图 6-3-7　四位二进制异步加法计数器

计数器工作前先清零，即计数器初始状态为 $Q_3Q_2Q_1Q_0=0000$。

当第一个 CP 脉冲下降沿到来时，F0 状态翻转，Q_0 由 0 变 1，其余触发器状态不变，$Q_3Q_2Q_1Q_0=0001$。

当第二个 CP 脉冲下降沿到来时，F0 状态翻转，Q_0 由 1 变 0，Q_0 产生的下降沿信号加到 F1 的 C1 端，Q_1 由 0 变 1，其余触发器状态不变，$Q_3Q_2Q_1Q_0=0010$。

当第三个 CP 脉冲下降沿到来时，F0 状态翻转，Q_0 由 0 变 1，其余触发器状态不变，$Q_3Q_2Q_1Q_0=0011$。

依次类推，当第 15 个 CP 脉冲下降沿到来时，$Q_3Q_2Q_1Q_0=1111$。

当第 16 个 CP 脉冲下降沿到来时，$Q_3Q_2Q_1Q_0=0000$，计数器开始新的计数周期。

四位二进制异步加法计数器状态表见表 6-3-6。

表 6-3-6　四位二进制异步加法计数器状态表

计数脉冲 CP	Q_3	Q_2	Q_1	Q_0	计数脉冲 CP	Q_3	Q_2	Q_1	Q_0
0	0	0	0	0	3	0	0	1	1
1	0	0	0	1	4	0	1	0	0
2	0	0	1	0	5	0	1	0	1

续表

计数脉冲 CP	Q_3	Q_2	Q_1	Q_0	计数脉冲 CP	Q_3	Q_2	Q_1	Q_0
6	0	1	1	0	12	1	1	0	0
7	0	1	1	1	13	1	1	0	1
8	1	0	0	0	14	1	1	1	0
9	1	0	0	1	15	1	1	1	1
10	1	0	1	0	16	0	0	0	0
11	1	0	1	1					

由状态表可画出状态图，如图 6–3–8 所示。

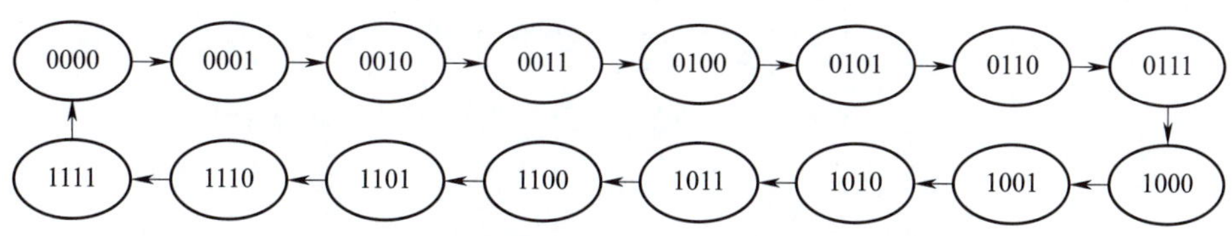

图 6-3-8　四位二进制异步加法计数器状态图

为了提高计数速度，将计数脉冲输入端与多个触发器的 C1 端相连，在计数脉冲的作用下，所有应翻转的触发器可以同时动作，这种结构的计数器称为同步计数器，也称并行计数器。

（2）减法计数器

如图 6–3–9 所示为四位二进制异步减法计数器，由 4 个 JK 触发器构成，电路接法与异步加法计数器相似，不同之处在于加法计数器是将低位触发器的 Q 接高位触发器的 C1 端，而减法计数器则是将低位触发器的 $\overline{Q}$ 端接高位触发器的 C1 端。

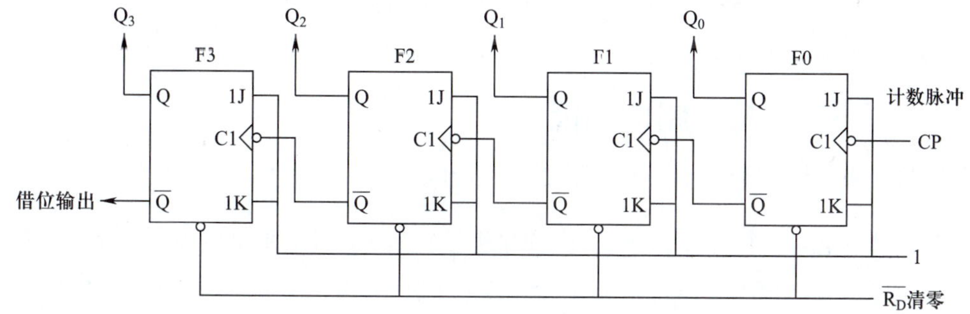

图 6-3-9　四位二进制异步减法计数器

2. 十进制计数器

十进制是日常习惯使用的计数方式，所以十进制计数器的应用十分广泛。十进制有 0～9 十个数码，最常用的 8421BCD 码是取四位二进制编码表示 16 个状态。前 10 个状态 0000～1001 表示 0～9 十个数码，其余 6 个状态为无效状态。当计数器级数到第 9 个脉冲后，若再来一个脉冲，计数器的状态必须由 1001 变到 0000，完成一个循环变化。

十进制加法计数器状态图如图 6-3-10 所示。

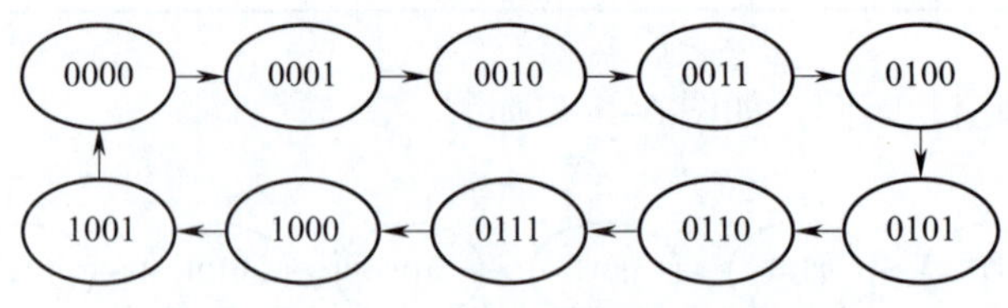

图 6-3-10　十进制加法计数器状态图

§6-4　555 时基电路

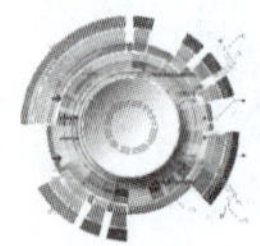

学习目标

1. 掌握 555 时基电路的逻辑功能。
2. 了解由 555 时基电路构成的多谐振荡器的工作原理。
3. 了解 555 时基电路在汽车中的应用。

555 时基电路又称 555 定时器，是一种将模拟电路和数字电路巧妙结合在一起的组合集成电路。它具有定时精度高、工作速度快、温度稳定性好等优点，在脉冲波形的产生与变换电路中应用广泛。

一、555 时基电路的功能

555 时基电路实物图和引脚排列图如图 6-4-1 所示。

555 时基电路共有 8 个引脚，1 脚为接地端；2 脚为低电平触发端，当该端电压低于 1/3 V_{CC} 时，输出为高电平；3 脚为输出端；4 脚为直接复位端（又称强制复位端），当该端外加压为低电平时，不论 2 脚、5 脚处于何种电平，输出均为低电平，如果不

a）

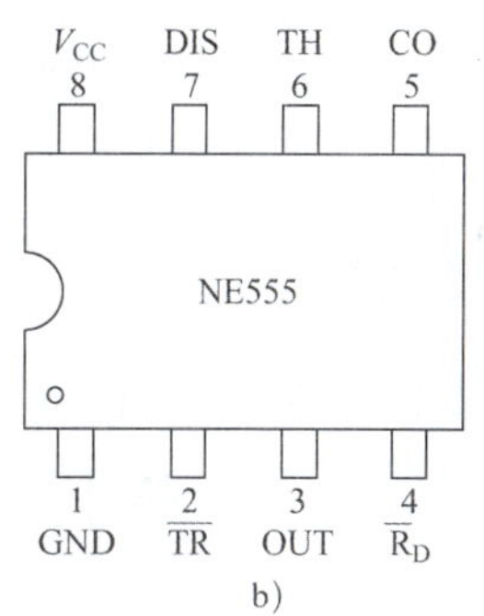

b）

图 6-4-1 555 时基电路实物图及引脚排列图

a）实物图 b）引脚排列图

需要强制复位，该端可与电源正极相连或悬空；5 脚为控制端，若在此端处接电压，可调节基准电压，若不需要调节，可通过 0.01 μF 电容接地，以消除高频干扰；6 脚为高电平触发端，当该端电压高于 2/3 V_{CC} 时，输出为低电平；7 脚为放电端，该端与集成电路内部放电管相连，为定时电容器放电，当输出为低电平时，放电管处于导通状态；8 脚为电源正端，双极型 555 时基电路允许电源电压为 4.5 ~ 5 V，CMOS 型 555 时基电路允许电压为 3 ~ 18 V。

555 时基电路可以实现直接复位、复位、置位、保持四种功能，见表 6-4-1。

表 6-4-1 555 时基电路逻辑功能

输入			输出		功能
直接复位端 $\overline{R}_D$（4 脚）	高电平触发端 TH（6 脚）	低电平触发端 $\overline{TR}$（2 脚）	输出端 OUT（3 脚）	放电端 DIS（7 脚）	
0	×	×	0	导通	直接复位
1	$>\frac{2}{3}V_{CC}$	$>\frac{1}{3}V_{CC}$	0	导通	复位
1	×	$<\frac{1}{3}V_{CC}$	1	截止	置位
1	$<\frac{2}{3}V_{CC}$	$>\frac{1}{3}V_{CC}$	原状态	原状态	保持

说明：表中 1、0 分别表示高、低电平，× 表示可为任意电平。

二、555 自激多谐振荡器

555 自激多谐振荡器是一种常见的脉冲波形发生器，在接通电源后，它不需要外加信号就能产生一定频率和幅度的矩形波。因该矩形波中含有多种谐波成分，故称为多谐振荡器。多谐振荡器是一种无稳态电路，它只有两个暂稳态，电路在通电后就在这两个暂稳态之间来回转换。

1. 电路组成

555 多谐振荡器电路如图 6–4–2a 所示，R1、R2、C 为外接定时元件。两个触发端 $\overline{TR}$ 和 TH 连接在一起，取电容电压为触发信号。C1 为旁路电容，防止干扰信号。

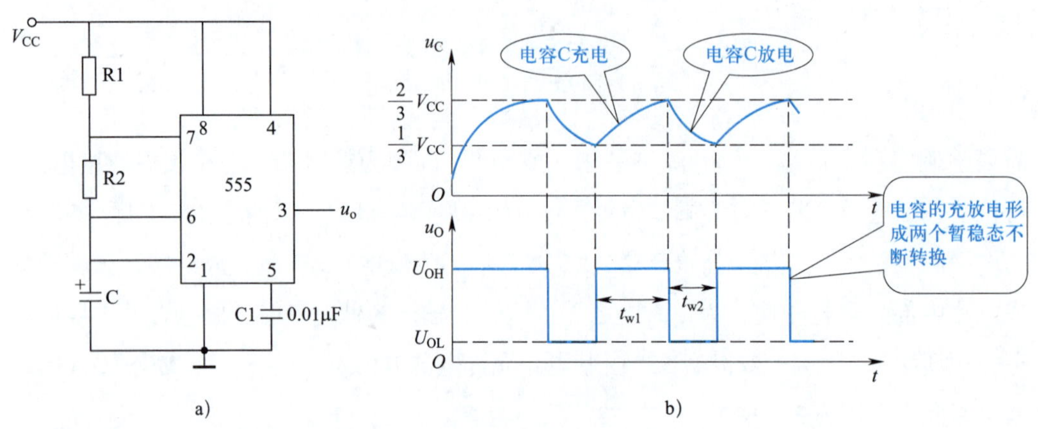

图 6–4–2 555 多谐振荡器电路及工作波形

a）电路 b）工作波形

2. 工作过程

刚接通电源瞬间，电容 C 两端电压 $u_2=0$，因为 $u_2<\frac{1}{3}V_{CC}$，所以 555 时基电路实现置位功能，输出 u_O 为高电平，内部放电管截止。

V_{CC} 通过 R1、R2 对电容 C 进行充电，使 u_C 按指数规律上升，当 u_C（即 u_2）上升到 $\frac{2}{3}V_{CC}$ 时，电路状态翻转，输出低电平，电容 C 通过内部放电管放电，u_C 随之下降，当下降到 $\frac{1}{3}V_{CC}$ 时，电路又实现置位功能。如此反复循环，输出矩形脉冲，其工作波形如图 6–4–2b 所示。

3. 振荡周期

当电容 C 充电时，电路处于第一暂稳态，持续时间为 t_{w1}；当电容 C 放电时，电路处于第二暂稳态，持续时间为 t_{w2}；电路一旦起振后，电压 u_C 便总在 $\frac{1}{3}V_{CC}\sim\frac{2}{3}V_{CC}$ 之间

变化，由理论推导可得

$$t_{w1}=0.7\ (R_1+R_2)\ C$$

$$t_{w2}=0.7R_2C$$

电路振荡周期的大小为

$$T=t_{w1}+t_{w2}=0.7\ (R_1+R_2)\ C+0.7R_2C=0.7\ (R_1+2R_2)\ C$$

显然，改变 R_1、R_2 和 $C1$ 的值，即可改变振荡频率。也可在控制电压端外接电压，通过改变触发电平，从而改变振荡频率。

三、555 单稳态触发器

1. 电路组成

555 单稳态触发器电路如图 6-4-3a 所示，图中 R、C 为外接定时元件，输入触发信号加在 $\overline{\text{TR}}$ 端。其工作波形如图 6-4-3b 所示。

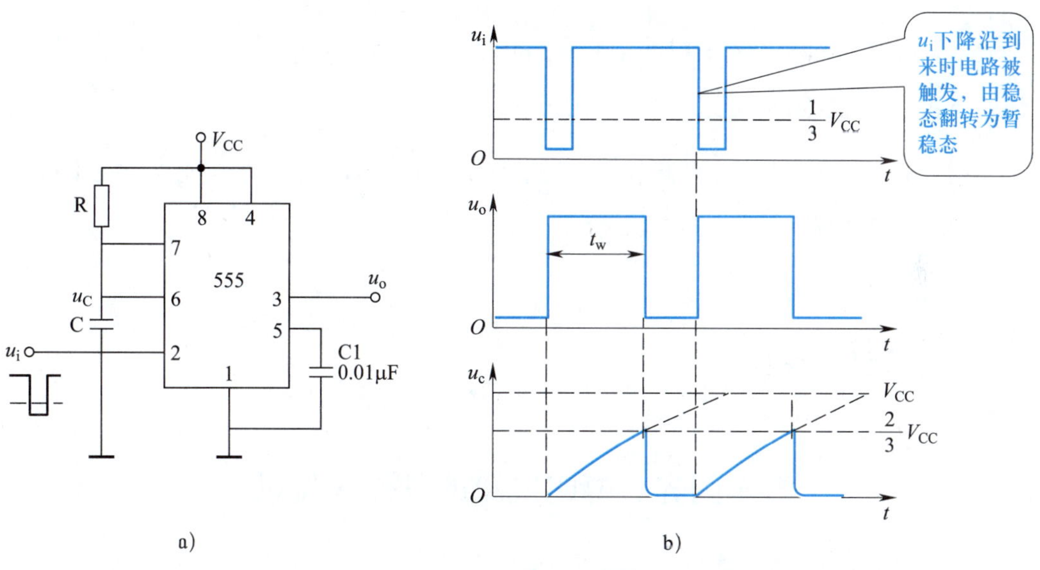

图 6-4-3 555 单稳态触发器电路及工作波形

a）电路 b）工作波形

2. 工作过程

（1）稳态

无触发信号时，相当于 $\overline{\text{TR}}$ 端输入高电平。当接通电源后，V_{CC} 通过 R 向 C 充电，

当电容电压上升到 $u_C \geqslant \frac{1}{3}V_{CC}$ 时，电路输出低电平，内部放电管饱和导通，使 $u_O \approx 0$，输出保持低电平不变，此时电路处于稳态。

（2）触发进入暂稳态

当输入触发脉冲 u_i 下降沿到来时，由于 $u_i < \frac{1}{3}V_{CC}$，电路状态翻转，输出高电平，内部放电管截止，此时电路处于暂稳态。

（3）自动返回稳态

在暂稳态期间，V_{CC} 通过 R 对电容 C 进行充电，但电容电压上升到 $u_C \geqslant \frac{2}{3}V_{CC}$ 时，电路又自动返回到触发前的状态。

由理论推导可得，输出脉冲宽度为

$$t_W \approx 1.1RC$$

上式说明，单稳态触发器输出脉冲宽度 t_W 仅取决于定时元件 R、C 的取值，与电压大小和输入触发脉冲宽度无关。

调节 R、C 的取值，即可调节 t_W。如果利用 CO（5 脚）端外接控制电压，则可改变单稳态电路的翻转电平，从而改变 t_W。

实训任务 14

汽车闪光、蜂鸣电路的制作与调试

一、实训目的

1. 进一步了解汽车闪光、蜂鸣电路的组成和工作原理，熟悉 555 时基电路的应用。

2. 能在通用电子实验板上进行电子元器件的焊接训练。

3. 继续学习电子电路的装配、调试和故障排除。

4. 进一步熟悉通用示波器的使用。

二、实训设备、仪表和工具

电烙铁和烙铁架、通用示波器、12 V 直流稳压电源、M47 型万用表、电源拖线板、小型一字旋具、镊子。

三、实训元器件

实训元器件见表 6-4-2。

表 6-4-2 实训元器件

序号	名称	规格或参数	数量	备注
1	555 时基电路	NE555	1 块	也可用其他 555 集成块代替
2	三极管	S9013	2 只	/
3	二极管	1N4148	2 只	/
4	发光二极管	Φ3 红色	2 只	也可采用其他颜色和规格的二极管
5	电阻器	10 kΩ	3 只	/
6	电阻器	1 kΩ	2 只	/
7	可调电阻器	100 kΩ	1 只	/
8	电解电容器	10 μF/16 V	1 只	/
9	电容器	0.1 μF	1 只	/
10	蜂鸣器	/	1 只	或扬声器
11	单刀双掷开关	/	1 只	/
12	电子实验板	28×28 孔	1 块	也可采用不同实验板
13	接插件	2 线	2 个	/
14	镀银导线	Φ0.5 ~ Φ0.8	1 m	/
15	硬质铜导线	Φ1 左右	10 cm	制作接线、测试端子
16	焊锡丝	Φ1 左右	0.5 m	/
17	松香	/	若干	/

四、实训电路工作原理

实训电路图如图 6-4-4 所示，主要由振荡器、闪光电路和蜂鸣电路三部分组成。

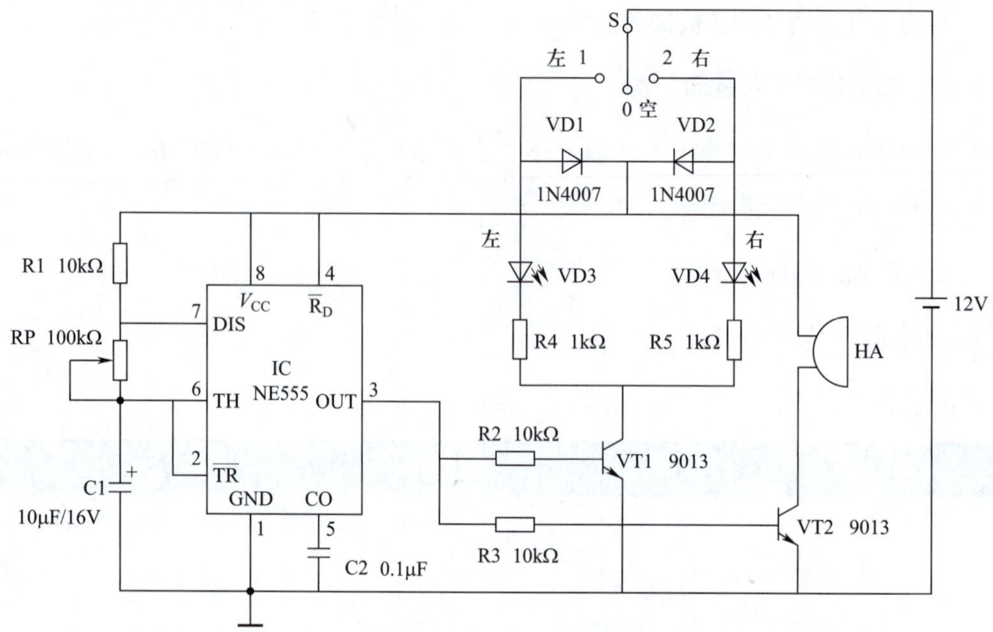

图 6-4-4 实训电路图

电路组成和工作原理如下。

1. 振荡器

以 555 时基电路为核心，配以 R1、RP、C1（R1、RP 和 C1 为定时元件）和 C2 即可组成一个多谐振荡器。当其 8 脚接通 12V 直流电源时，电路开始工作，在其 3 脚输出矩形波信号电压。此多谐振荡器的振荡周期 $T≈0.7(R_1+2R_P)C_1$，调节 RP 即可改变振荡周期（或频率）。

2. 闪光电路

闪光电路部分由 R2、VT1、VD1、VD2、VD3、VD4 和 S（三挡位开关）等组成，VT1 工作在开关状态。时基电路的 3 脚输出的矩形波电压经 R2 送到 VT1 基极，经 VT1 控制推动 VD3 或 VD4 发光。三挡位开关 S 的动触点与其“1”号触点接通时，VD3 闪烁；S 的动触点与其“2”号触点接通时，VD4 闪烁；当 S 的动触点拨在空挡“0”时，电源断开，电路停止工作。

3. 蜂鸣电路

蜂鸣电路由 R3、VT2、HA、VD1、VD2 和 S 等组成，VT2 工作在开关状态。555 时基电路的 3 脚输出的矩形波电压经 R3 送到 VT2 基极，经 VT2 控制推动 HA 发出蜂鸣声。从电路中可见，不管S的动触点与“1”号触点接通还是与“2”号触点接通，本电路都能正常工作，但当S的动触点拨在空挡时，电源断开，电路停止工作。

五、实训步骤

1. 检测元件，焊接安装电路。

2. 电路检查无误后，通电调试，观察波形。

（1）将蜂鸣器和12 V直流电源插头分别插入相应的插座后，打开12 V直流稳压电源的开关。

（2）观察发光二极管是否正常闪烁，同时听蜂鸣器是否能发出正常的声响。如果正常则进行下一步操作，否则应切断电源检查或检修电路，排除故障。

（3）缓慢调节RP，观察发光二极管和蜂鸣器的工作频率是否做相应的改变。如果正常则进行下一步操作，否则应切断电源检查或检修电路，排除故障。

（4）用示波器观察M、N点之间的波形，测定方波周期和频率范围并记录，周期范围：______________Hz；频率范围：______________Hz。

§6-5 汽车微机控制系统和车载网络技术

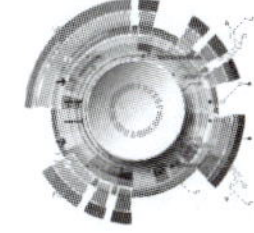

学习目标

1. 了解汽车微机控制系统的基本组成、功能和应用。
2. 了解车载导航系统的结构和工作过程。
3. 了解CAN总线的特点和应用。
4. 掌握汽车故障诊断仪的使用方法。

安全、节能、环保和智能化是现代汽车的发展方向，为了适应这一要求，汽车微机控制和车载网络系统得到了越来越广泛的应用。

一、汽车微机控制系统

1. 汽车微机控制系统的基本组成

汽车微机控制系统包括传感器、电子控制单元ECU和执行器三个基本部分，如

图 6-5-1 所示。其中 ECU 是汽车微机控制系统的核心，从用途上讲则是汽车专用单片机，又称“行车电脑”“车载电脑”等。ECU 主要由中央处理器（CPU）、存储器（ROM、RAM）、输入 / 输出接口（I/O）、模 / 数转换器（A/D）、数 / 模转换器（D/A）以及整形、驱动等大规模集成电路等组成。

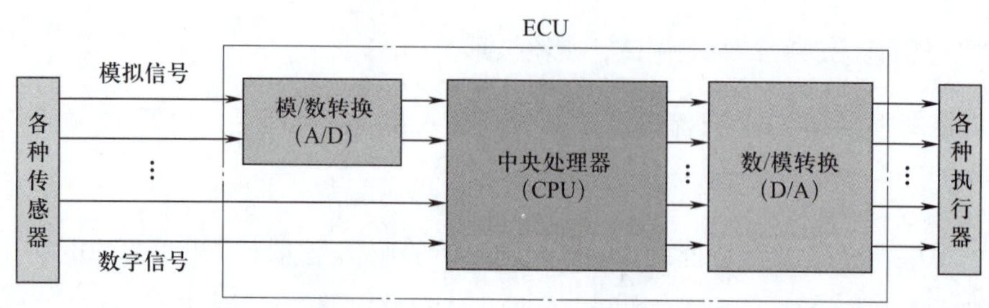

a)

b)

c)

图 6-5-1　汽车微机控制系统

a）示意图　b）安装位置图　c）实物图

2. 汽车微机控制系统的功能

（1）实时控制功能

汽车微机控制系统的一般工作过程是各传感器不停地检测汽车运行的各种状态数据参数，并实时通过输入接口传送给 ECU。ECU 利用预先编制好的程序，将这些数据参数及时与预置在内部存储的标准数据参数进行比较，通过计算和分析，确定最佳干预措施，并以数字量的形式做出处理结果，最终又转换成模拟信号控制相应执行器件的执行。

（2）自诊断功能

ECU 一般具备故障自诊断和保护功能，当系统发生故障时，它能在 RAM 中自动记录故障代码，并采用保护措施从固有程序中读取替代程序来维持发动机及相关设备的正常运转。同时这些故障信息还会显示并保持在仪表板上，可以提醒驾驶员及时发现问题。

（3）自适应功能

正常情况下，RAM 会不停地记录车辆行驶中的数据，成为 ECU 的学习程序，为适应驾驶员的驾驶习惯提供最佳的控制状态，这个程序也称为自适应程序。

（4）综合控制功能

目前，在一些中高级轿车上，不但在发动机系统应用 ECU，而且许多控制系统都配置有各自的 ECU。现在一辆汽车中可能安装有 20 ~ 30 个 ECU。为了简化电路和降低成本，汽车上会采用车载网络技术，将整车所有 ECU 形成一个机内分布式网络系统，进行信息资源共享，实现汽车电子综合控制。

3. 微机控制系统在汽车中的应用

目前，汽车（油车）上应用微机控制系统的主要是发动机、底盘和车身三大电子控制系统。

（1）汽车发动机微机控制系统

汽车发动机微机控制系统主要包括电控燃油喷射系统、电控点火系统、发动机怠速控制系统、进气控制系统、废气再循环控制系统、气缸变排量控制系统、可变压缩比系统、柴油机电控系统等。图 6–5–2 所示为汽车发动机微机控制系统示意图。

1）电控燃油喷射系统的组成如图 6–5–3 所示。系统以电子控制单元（ECU）为控制中心，利用安装在发动机不同部位的各种传感器，测得发动机的各种工作参数，按照在 ECU 中设定的控制程序，通过控制喷油器精确地控制喷油量，使发动机在各种工况下都能获得最佳浓度的混合气，从而达到提高动力、降低油耗、减少污染的目的。

2）电控点火系统的作用是使发动机在不同转速、进气量等工况下，实现最佳点火提前角，在保证发动机输出最大功率或转矩的前提下，实现节油、减排和降噪。图 6–5–4 所示为无分电器独立点火式电控点火控制系统示意图。

3）发动机怠速控制系统的作用是 ECU 根据发动机冷却液温度、空调开关和助力转向开关信号等，使发动机在怠速时处于最佳转速。

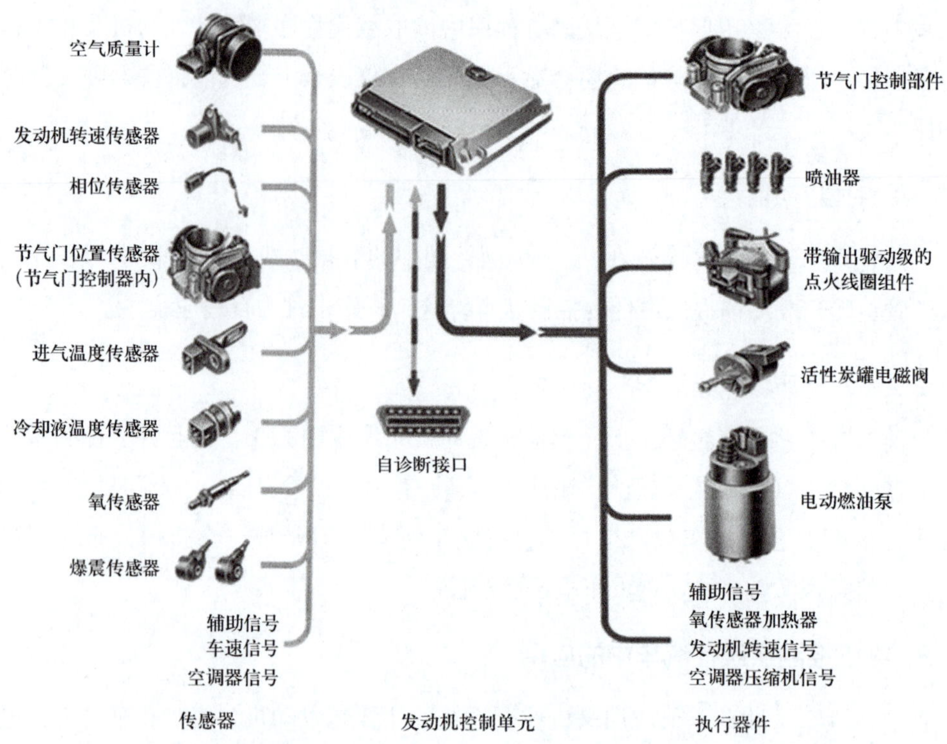

图6-5-2 汽车发动机微机控制系统示意图

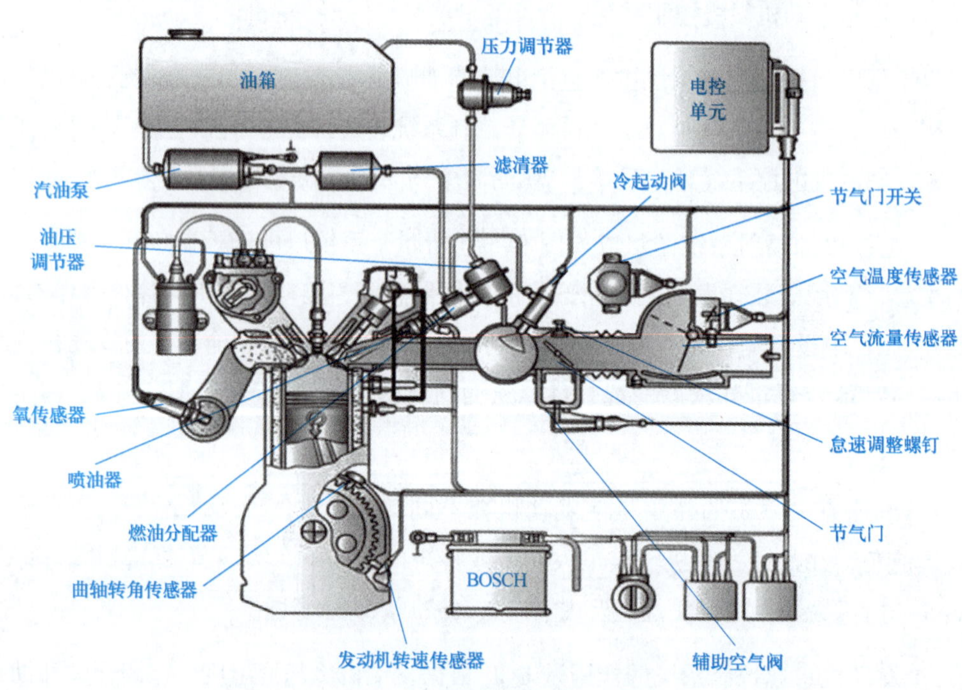

图6-5-3 电控燃油喷射系统的组成

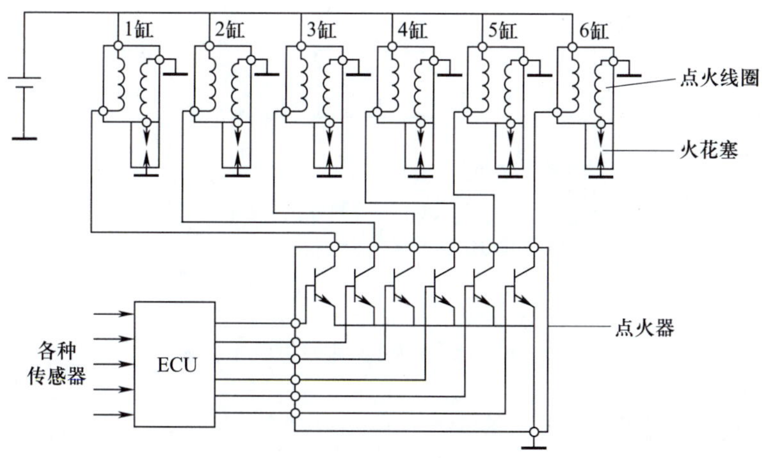

图 6-5-4 无分电器独立点火式电控点火系统示意图

4）进气控制系统包括对进气通道控制和可变配气相位控制，它可使发动机在任何工况下保持最佳的进气量。

5）废气再循环控制系统是排放控制中的一个环节，其作用是确保将汽车排放污染降低到最低的程度。

（2）汽车底盘微机控制系统

底盘电控系统包括防抱死制动系统（ABS）、电子防滑系统（ASR）、电控自动变速系统、悬架控制系统、电控助力转向系统、巡航控制系统和四轮转向控制系统等。

1）防抱死制动系统和电子防滑系统是汽车的主要安全系统，前者可防止汽车制动时车轮被抱死而产生侧滑，提高车辆制动时的稳定性和可操纵性，后者可防止汽车起步或加速时驱动轮打滑，提高车辆起步或加速时的稳定性和可操纵性。图 6-5-5 所示为汽车防抱死制动系统示意图。

在一般制动情况下，驾驶员踩在制动踏板上的力较小，车轮不会被抱死，ABS 不工作，这时制动力完全由驾驶员踩在制动踏板上的力来控制。当紧急制动或在松滑路面制动时 ABS 工作，制动开始时，制动压力骤升，车轮速度迅速下降，当轮速传感器检测到车轮刚刚出现抱死趋势时，ABS 控制器输出信号到制动压力调节器，降低制动压力，使车轮速度上升。当车轮的加速度超过某一值时，再次将制动压力提高，车轮速度又下降。这样可以获得最佳的制动效能和制动时的方向稳定性以及转向操纵能力。

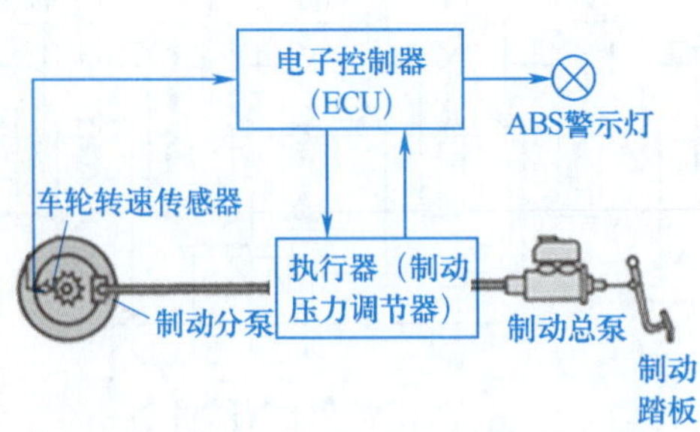

图6-5-5　汽车防抱死制动系统示意图

2）电控自动变速系统能综合发动机节气门开度和车速等因素，严格按照换挡特性和换挡规律，适时调整传动比，使汽车一直处于最佳挡位。

3）悬架控制系统能根据不同的路面条件和车辆运行工况，自动控制车身高度，调整悬架的弹性、刚度和阻尼特性，改善车辆行驶的稳定性、平顺性、操纵性和乘坐舒适性。

4）电控助力转向系统能根据车速、转向角、转矩等传感器信号自动控制施加在转向盘上的转向力矩，使驾驶员在汽车停车或低速行驶时转动转向盘所需的力矩减小，而在高速行驶时转动转向盘所需的力矩增大，提高行车安全性。

5）巡航控制系统主要用于汽车在高速公路上长时间行驶时，减轻驾驶员驾车的疲劳程度。在任意车速下，按下巡航速度开关后，ECU将根据发动机转速传感器和行车阻力自动增减节气门开度，使汽车保持设定的速度不变。

（3）汽车车身微机控制系统

汽车车身微机控制系统主要包括汽车自动空调控制系统、风窗玻璃雨刮控制系统、自动灯光控制系统、门锁控制系统、车窗控制系统、电动座椅控制系统、安全气囊与安全带控制系统、信息显示系统、防撞与防盗安全系统等。

1）汽车自动空调控制系统能根据车内温度传感器、车外温度传感器和日照强度传感器等传入的数据，计算出经过空调热交换器后送入车内应该达到的出风温度。对冷暖风调节风门开度、风扇驱动电动机转速、制冷风门、压缩机等进行控制，自动地将车内温度保持在设定的温度范围内。

2）汽车自动灯光控制系统能根据光传感器检测到的车外亮度情况，自动接通和切断车灯，以提高汽车行驶的便利性和安全性。

3）安全气囊控制系统的作用是当传感器检测到发生严重撞车事故时，立即向控制器发送信号引爆安全气囊里的气体发生剂，产生的高压氮气迅速吹胀气囊将驾驶员或副驾驶位置乘坐人与转向盘、风窗玻璃隔开，以防止事故过程中，前座人员的头部和胸部直接撞在转向盘、风窗玻璃上，减轻和免除人身伤亡事故。

4）信息显示系统由车况监测部件、车载计算机和电子仪表三部分组成。汽车车况监测是传统仪表板报警功能的发展，主要通过液位、压力、温度、灯光等传感器，检测发动机系统、制动系统和电源系统。车载计算机提供的信息能提高行车安全性、燃油经济性和乘坐舒适性等。这些信息在不需要时则不显示，只要驾驶员按下相关按键即可调出。而对于驾驶员需要的基本操作信息，只要打开电源，即可在电子仪表上进行连续的信息显示。

二、车载导航系统

车载导航系统由导航卫星、地面设备、车载设备（GPS 接收器）三部分组成，车载 GPS 导航设备框图如图 6–5–6 所示。车载导航系统的作用是在繁忙的交通状态和复杂的交通网络中选择最佳路径供驾驶员参考，使其能以最短的时间和路径到达目的地。

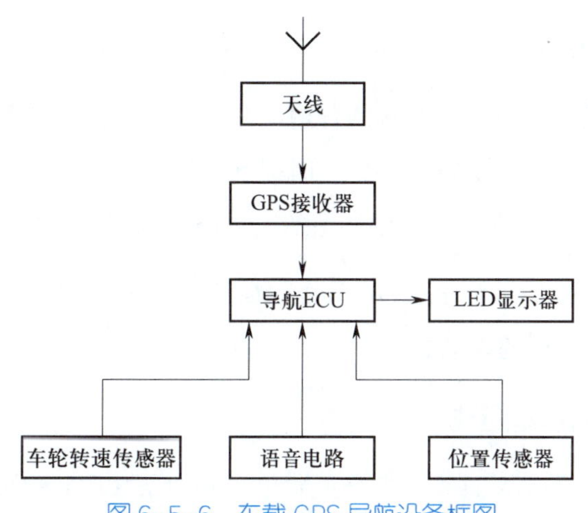

图 6–5–6 车载 GPS 导航设备框图

图 6–5–7 所示为某车载 GPS 导航设备的布置图。车辆前座中央装有显示器，可显示道路地图及其他有关交通信息。车身前后都装有 GPS 接收天线，GPS 接收器安装在行李舱内，地磁传感器装在车顶，在车轮上装有车轮转速传感器，在转向装置上装有转向角传感器等。该系统通过 GPS 天线接收从卫星传来的数据信息，结合储存在车载

导航仪中的电子地图，经过检索、计算，在显示屏上显示汽车所处的位置。相关信息经导航 ECU 统一处理，通过显示器图像及语音进行导航。

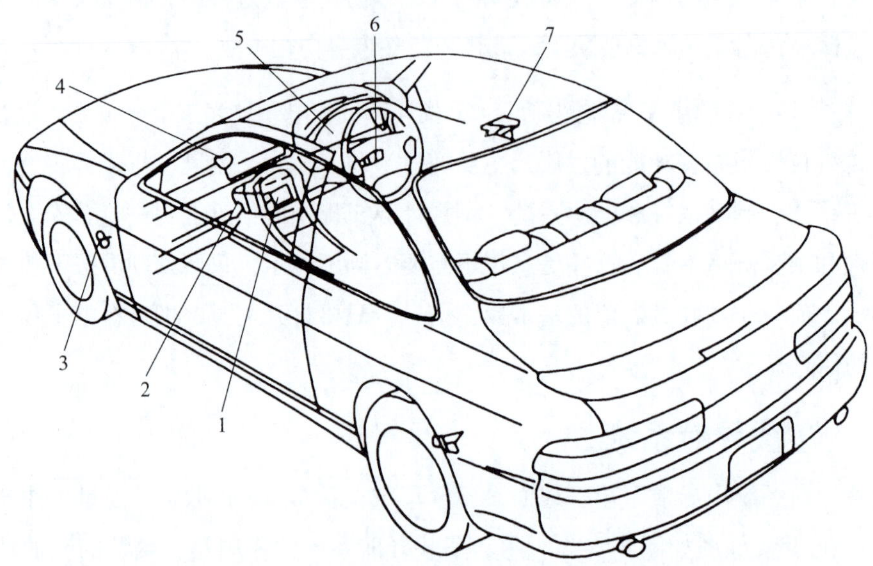

图 6-5-7　某车载 GPS 导航设备的布置图

1—LED 显示器　2—导航 ECU　3—车轮转速传感器　4—GPS 接收天线
5—车速传感器　6—转向角传感器　7—地磁传感器

三、车载网络系统

现代汽车的迅速发展和电子技术的普遍应用使汽车电路日趋复杂，为了减少车内连线，实现数据即时共享和快速交换，同时提高可靠性，对汽车内部各电控单元之间的通信采用 CAN、LIN、MOST 等基础构造的电子网络系统，即车载网络系统。

CAN 总线是 controller area network 总线的简称，即控制器局域网总线技术，它是目前汽车工业中应用最广的现场总线。

1. CAN 总线的基本组成

如图 6-5-8 所示，CAN 总线由多个控制单元和两条数据线组成。每个控制单元内部都有一个控制器和收发器，其中控制器的作用是接收控制单元中微处理器的数据，处理数据并传给收发器；同时，控制器也接收收发器收到的数据，处理数据并传给微处理器。各控制单元之间的所有信息都可以通过这两根数据线进行传递，所以这种数据线也称为数据总线。每个与总线系统连接的控制单元都能接收到这些信息，如果此信息对其有用，则会被存储或执行；如果对其无用，则会被忽略。

总线系统之所以被称为 CAN-Bus，也正是因为它的工作原理与运行中的公共汽车类似。每个控制单元相当于一个站点，数据便是乘客，而数据总线则起到了“高速公路”的作用。

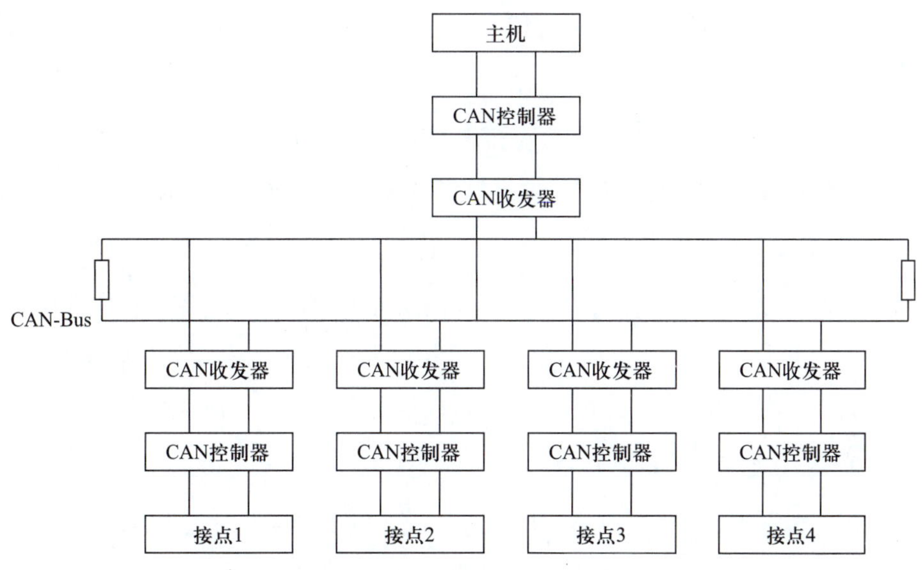

图 6-5-8 CAN 总线的基本组成

2. CAN 总线的传输方式

如图 6-5-9 所示，CAN 总线采用双线传输，分为 CAN 高位（CAN-H）和 CAN 低位（CAN-L）数据线，这两条导线缠绕在一起，称为双绞线，两条导线的电位是相反的，若一条线是高电位（如 5 V、3.6 V……），另一条线就是低电位（0 V、1.4 V……），两者之和为一定值（5 V）。通过这种方法可以使总线数据在传送中免受外界电磁场的干扰。在数据传输线的终端接有匹配电阻。

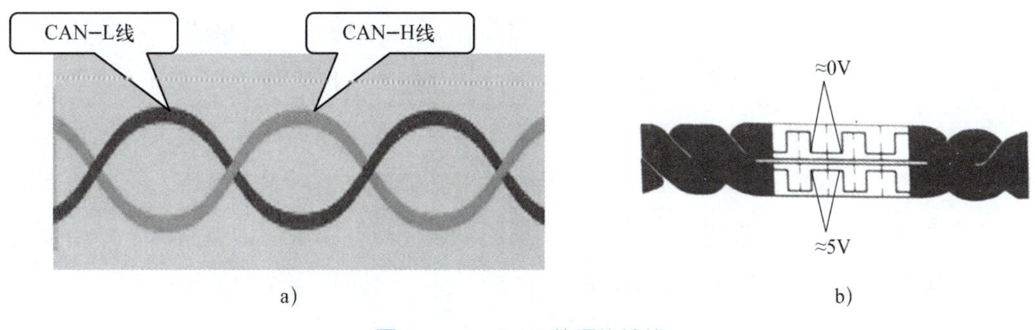

图 6-5-9 CAN 数据传输线

a）双绞线示意图 b）双线传输的电位关系

3. CAN总线通信的内容

（1）车辆起动时，中央处理器向各个模块发送自检命令，并搜集返回信息，及时发现问题、解决问题。

（2）加速过程中，采集加速踏板信号，根据控制决策，设置电动机转速及电池管理系统参数。

（3）制动过程中，制动踏板信号直接传送至防抱死制动系统（ABS）控制器，同时通过CAN总线上传至中央处理器，根据控制决策，设置电动机转速及电池管理系统参数。

（4）周期性数据刷新通信。电动机控制器采集电动机电枢电流、转速等信息，判断是否缺相，接收设定转速指令；电池管理控制器采集电池温度、荷电状态等信息，接收是否充电指令；制动控制器采集车轮转速信息，接收执行制动指令；仪表控制器采集并显示电动机转速、电池荷电状态等信息。

（5）运行过程中，检测总线数据的收发情况，发现情况及时处理，甚至发出警报。

4. CAN总线的优点

（1）减少了线束的数量，优化了车身布线方式，提高了电子系统的可靠性和可维护性，同时也减轻了车身重量。

（2）实现了全车资源共享，信息传输速度更快、更顺畅，若控制单元中有一个发生故障，其他控制单元不受影响。

（3）采用双线传输可有效防止电磁波的干扰和对外辐射。

（4）可以更灵活地改善整车功能。

目前，使用CAN总线系统的汽车大都采用两条或两条以上总线，一条是动力CAN总线，另一条是舒适CAN总线。由于CAN总线的应用，使整车成为了一个智能化的整体，汽车的安全性、舒适性及自我诊断、自我调节能力得到了很大的提升。例如，当点火开关关闭一定时间后，CAN总线的舒适系统将自动处于休眠状态，从而节省了能源消耗。而一旦接到开启信号，无须起动发动机，系统立即被激活，开始接收各节点信息，将整车迅速调整到最佳应对状态。

实训任务 15

汽车故障诊断仪的使用

一、实训目的

初步掌握汽车故障诊断仪的使用方法。

二、实训器材

汽车故障诊断仪 1 台，教学实车 2 辆（一汽大众 2012 新迈腾、雪佛兰 2013 科鲁兹）。

三、实训步骤

1. 诊断发动机故障（测试车辆车型为一汽大众 2012 新迈腾）

（1）确定要诊断的车系，进一步选择对应点汽车故障诊断仪插头，不同车系对应不同的插头，市面上多为 OBD 插头和带有 CAN 的 OBD 插头。将汽车故障分析仪插头接到车辆对应的诊断接口处（大部分在转向盘下面左右两侧位置），如图 6–5–10 所示。

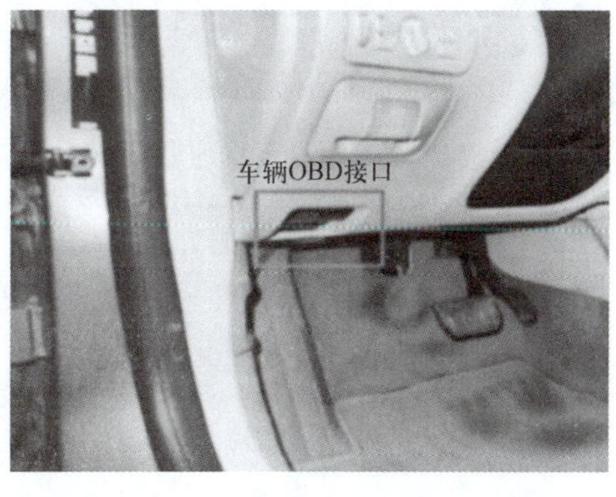

图 6–5–10　一汽大众 2012 新迈腾车辆 OBD 接口的位置

（2）打开点火开关至 ON 挡，打开诊断仪，根据被测车型进入系统，按车型进行选择，如图 6–5–11 所示。

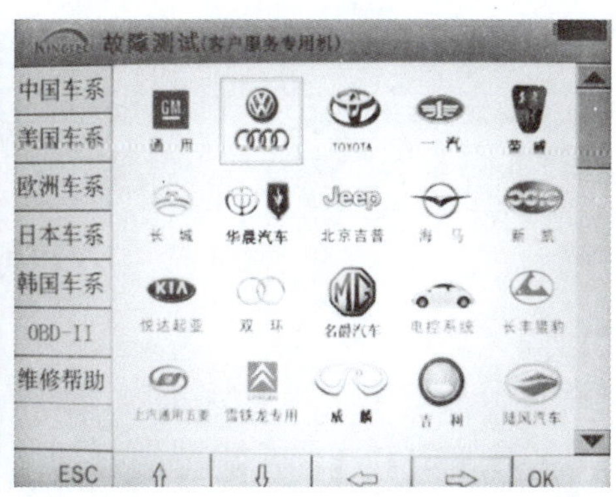

图 6–5–11　进入车型选择界面

（3）按照被测车辆的车型进行选择，如图 6–5–12 所示。

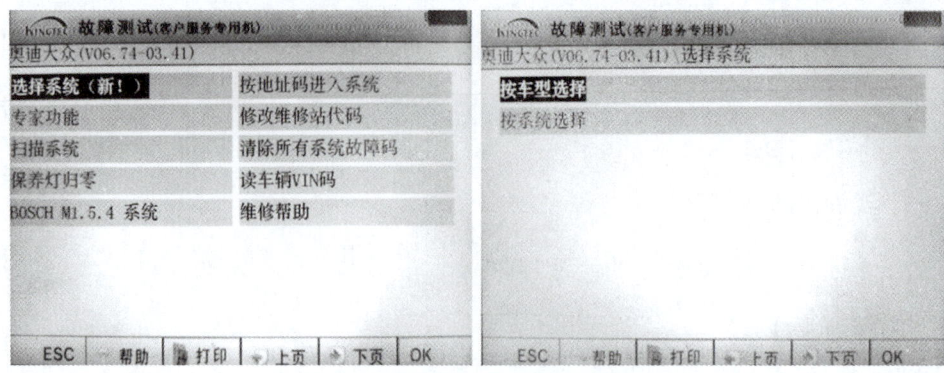

图 6–5–12　按照被测车辆的车型进行选择

（4）按照被测车辆的车型选择车系分类，如图 6–5–13 所示。

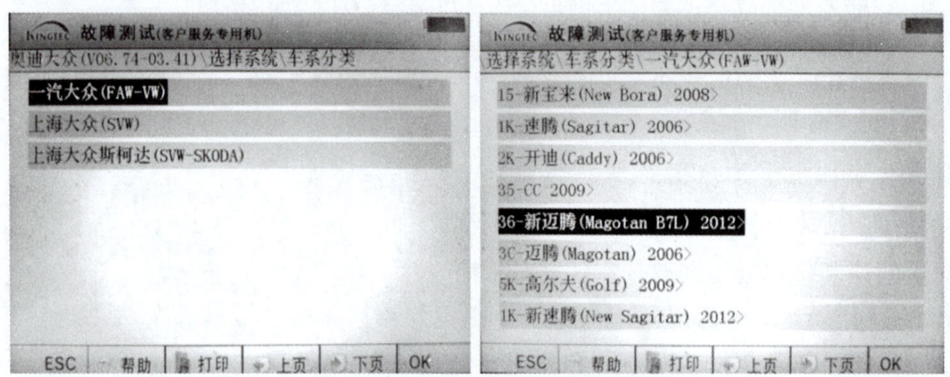

图 6–5–13　按照被测车辆的车型选择车系分类

（5）选择被测车辆年份及发动机参数，如图 6–5–14 所示。

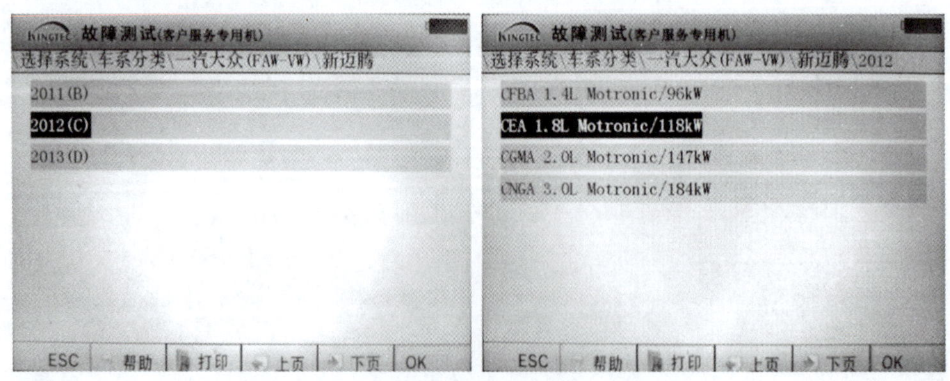

图 6–5–14　选择被测车辆年份及发动机参数

（6）如图 6–5–15 所示，在发动机电控系统下读取故障码，即可看出该车发动机电控系统存在的故障信息，将检测出的故障码记录在表 6–5–1 中。如检查不出故障码，可以选择读取动态数据流，查看数据的变化再对照维修说明书进行故障的判断。

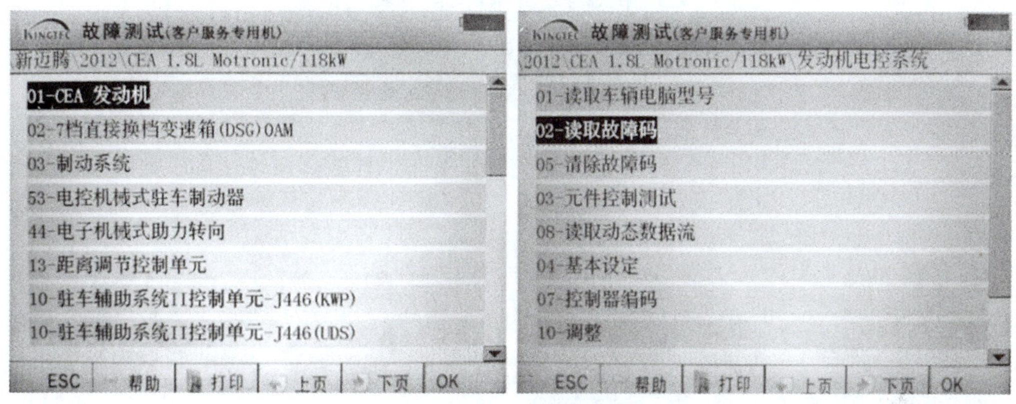

图 6–5–15　读取故障码

（7）对车辆进行诊断维修后选择清除故障码，起动发动机再次读取故障码，确认故障是否被清除，如图 6–5–16 所示。

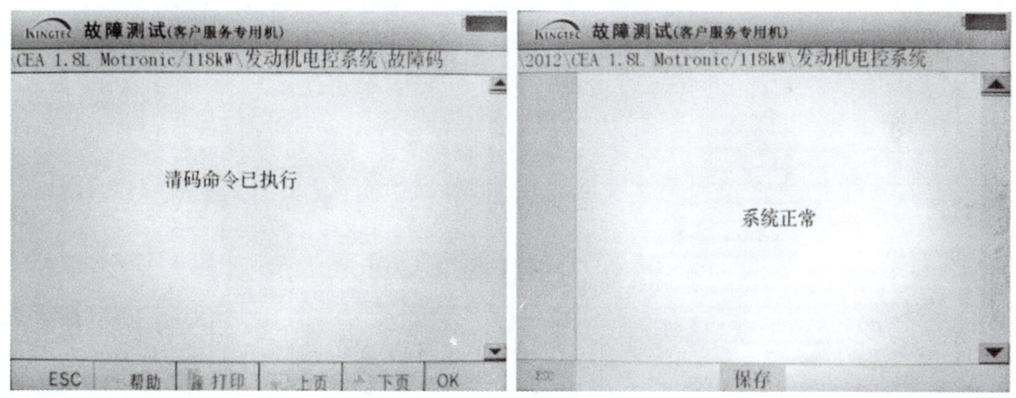

图 6–5–16　确认故障是否被清除

2. 诊断变速箱故障（测试车型为雪佛兰 2013 科鲁兹）

（1）将汽车故障诊断仪接头插到对应的车辆 OBD 接口处，如图 6–5–17 所示。

（2）打开点火开关至 ON 挡，打开诊断仪，进入车型进行选择界面，如图 6–5–18 所示。

图 6-5-17　雪佛兰 2013 科鲁兹车辆 OBD 接口位置图

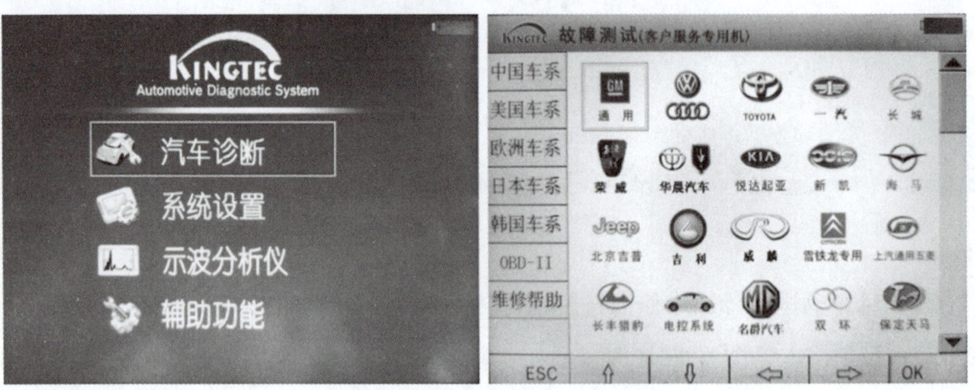

图 6-5-18　进入车型选择界面

（3）按照被测车辆的车型进行选择，如图 6-5-19 所示。

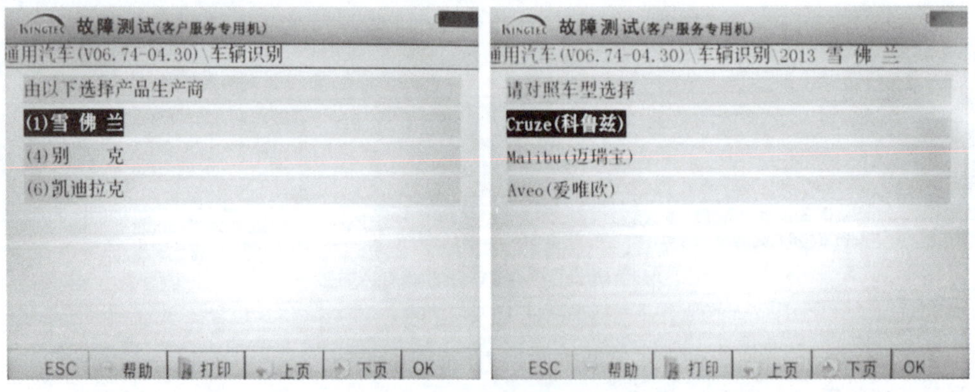

图 6-5-19　按照被测车辆的车型进行选择

（4）选择动力总成类目下的变速箱控制模块，如图 6-5-20 所示。

（5）读取故障码，如图 6-5-21 所示，将检测结果记录在表 6-5-1 中。

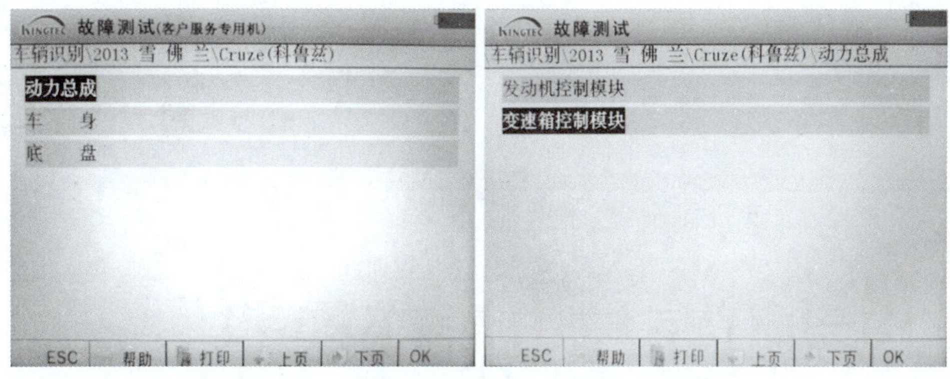

图 6-5-20 选择动力总成类目下的变速箱控制模块

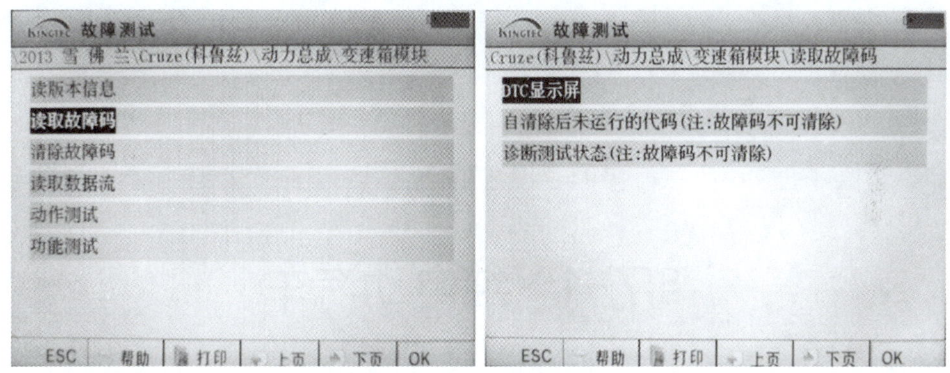

图 6-5-21 读取故障码

（6）对车辆进行诊断维修后选择清除故障码，起动发动机再次读取故障码，确认故障是否被清除。

表 6-5-1 检测结果记录

车型	测量对象	故障代码及内容	维修后故障是否清除
	发动机		
	变速箱		

第七章

纯电动汽车与电源变换器

§7-1 纯电动汽车

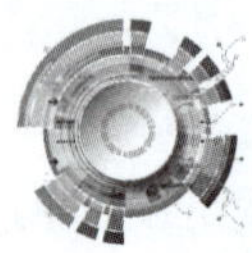

学习目标

1. 了解纯电动汽车的组成。
2. 了解纯电动汽车的电源系统。
3. 掌握纯电动汽车驱动电机的类型和特点。
4. 了解电机控制器的组成和功能。

纯电动汽车是指驱动能量完全由电能提供、由电机驱动的汽车，电机的驱动电能来源于车载可充电储能系统或其他储能装置。

一、纯电动汽车的组成

纯电动汽车的组成如图 7-1-1 所示，主要包括电源系统、驱动电机系统、整车控制器和辅助系统等。

动力蓄电池输出电能，通过电机控制器驱动电机运转产生动力，再通过减速机构将动力传送给驱动车轮，使车辆行驶。

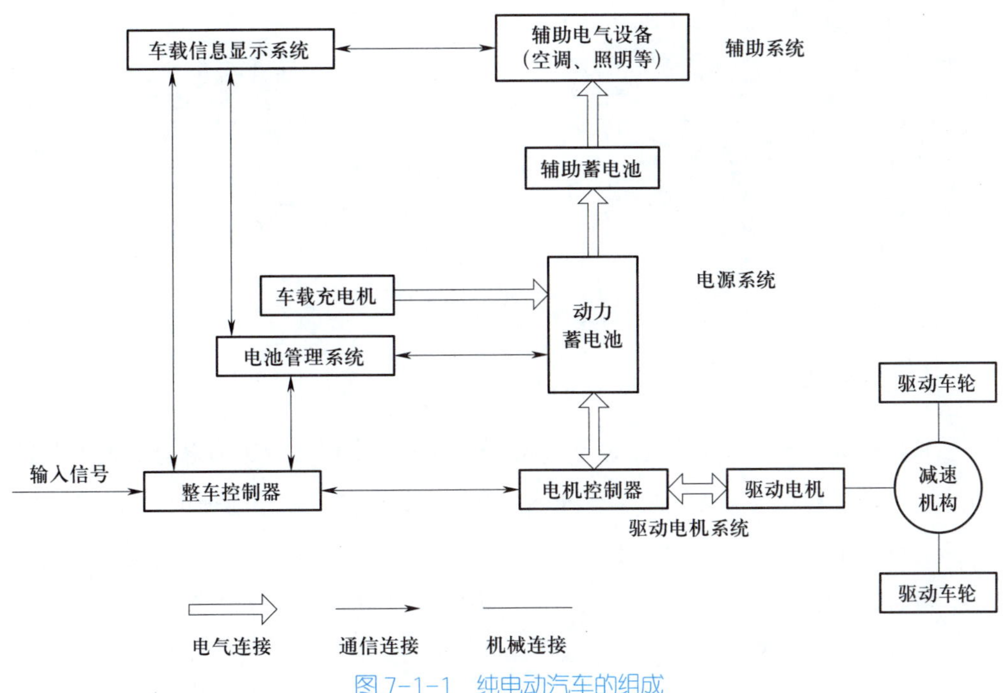

图 7-1-1 纯电动汽车的组成

二、纯电动汽车的电源系统

纯电动汽车的电源系统主要由动力蓄电池、电池管理系统、高压系统、低压系统、辅助蓄电池及车载充电机等组成，其作用是为驱动电机及其他用电装置提供电能、监测动力蓄电池使用情况以及控制充电设备向蓄电池充电。

1. 动力蓄电池

纯电动汽车使用的动力蓄电池主要有铅酸蓄电池、锂电池、燃料电池、超级电容器等。铅酸蓄电池主要用于低速电动汽车，超级电容器主要用于城市公交车。目前，我国纯电动汽车中，锂电池的应用最为广泛（见图 1–1–2）。

（1）锂电池

锂电池分为圆柱形和方形两种，电池内部为卷式结构，由正极、负极和含锂盐的有机溶液组成（见图 7–1–3）。锂电池在充放电过程中不消耗电解液，也不产生气体，只是锂离子在正负极之间移动，所以锂电池可以做成完全封闭式，其优点是充电效率高、能量密度大、使用寿命长。

图 7-1-2 纯电动汽车上的锂电池

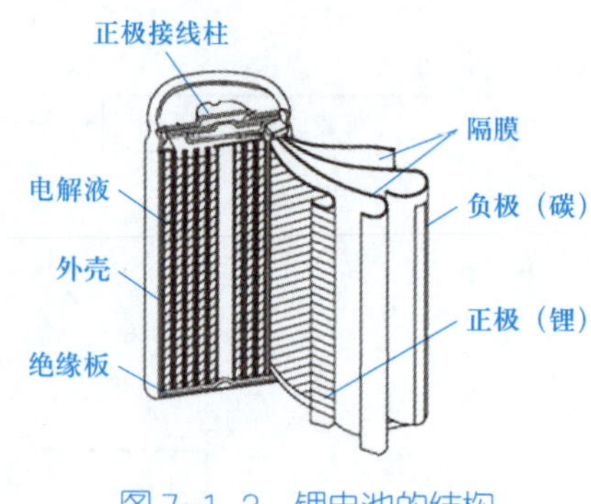

图 7-1-3 锂电池的结构

（2）燃料电池

燃料电池是一种将存在于燃料与氧化剂中的化学能直接转化为电能的发电装置。例如，氢－氧燃料电池就是一种最普通的燃料电池，由氢气罐不断提供氢气（燃料），氢气与氧气在电池的两极发生氧化、还原反应，从而产生电能。燃料电池是非常高效、清洁、环保的能源，而且不需要充电，只要不断供应燃料就可持续使用，适合作为电动汽车的动力源。燃料电池及其应用如图 7-1-4 所示。

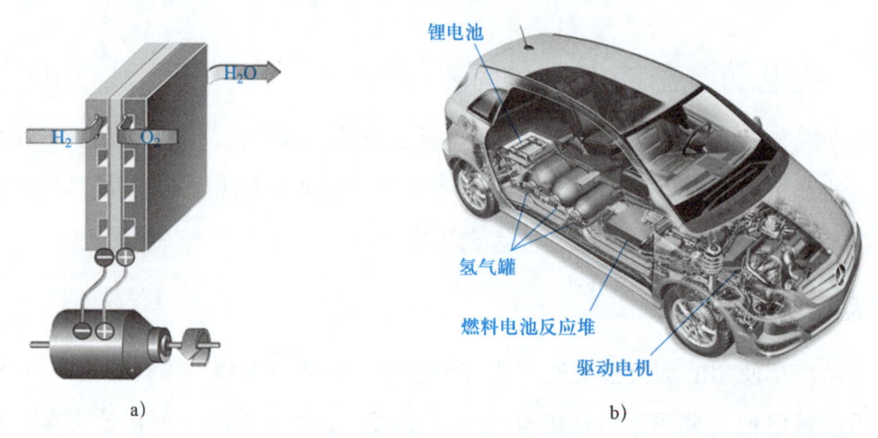

图 7-1-4 燃料电池及其应用

a）原理图 b）汽车中的燃料电池

2. 电池管理系统（BMS）

电池管理系统主要由检测模块、均衡电源模块和控制模块三部分组成，其基本功能如下。

（1）电池状态监测

一般是指对电池电压、电流及温度进行监测。

（2）电池状态分析

一般是指对电池剩余电量和电池老化程度进行评估。

（3）电池安全保护

一般是指对电池的过流、过充、过放、过热等进行保护。

（4）能量控制管理

一般是指对电池的充电、放电和均衡控制进行管理。

（5）电池信息管理

电池信息管理包括电池的信息显示、系统内外信息的交换和储存。

例如，每辆特斯拉电动汽车使用约 8 000 节小容量锂电池组成电池组，如图 7–1–5a 所示。电池组采用分层管理设计，每 69 个单体电池并联成一个电池模块，9 个电池模块又串联成一个电池方块，最后再串联成整块电池板。每个单体电池、电池模块和电池方块都有熔丝，每个层级都有电流、电压和温度监控，一旦超限，立即熔断。

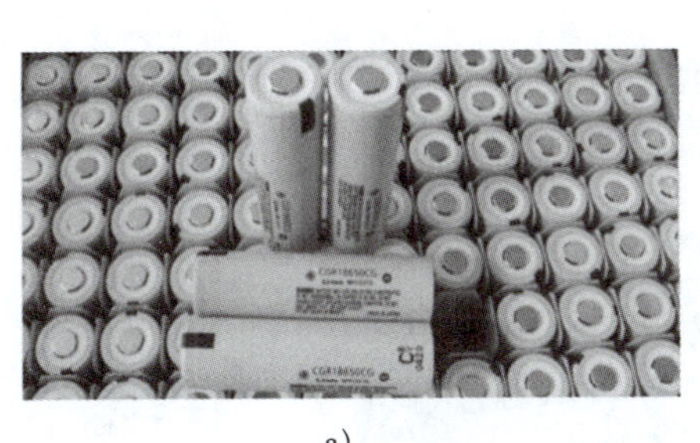

a）

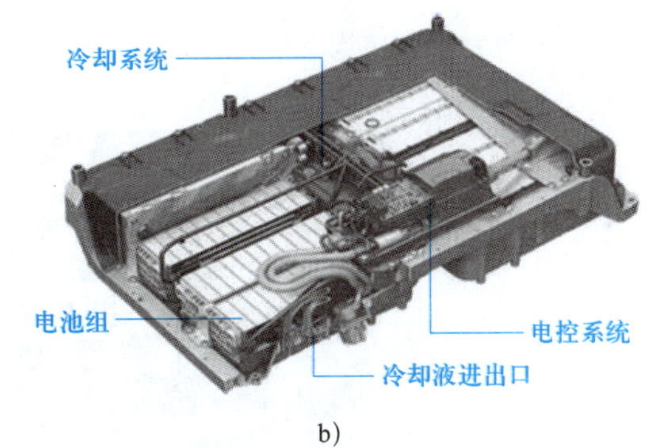

b）

图 7–1–5 特斯拉电动汽车的锂离子电池组及冷却系统

a）锂离子电池组 b）电池冷却系统

特斯拉电动汽车电池组中的每一个单体电池都连接着一个热敏电阻以及一系列光导纤维，并分别连接到相应的监控器。当某一个单体电池温度超限时，热敏电阻输出信号至电池监控器，电池冷却系统随之起动。冷却管道曲折分布在电池之间，管道两端既是进液口，也是出液口（见图 7–1–5b），冷却液双向流动，提高了散热能力，保证了单体电池间温度的均一性，从而降低整体的平均温度。当汽车发生激烈碰撞时，电池组与电机的能量传输路径被立即阻断，电池组外保护层将保护电池组免受碰撞影响。

3. 高压系统和低压系统

（1）高压系统的组成

电动汽车高压系统是指电动汽车内部与动力蓄电池直流母线相连或由动力蓄电池电源驱动的高压驱动零部件系统，其组成框图如图 7–1–6 所示。

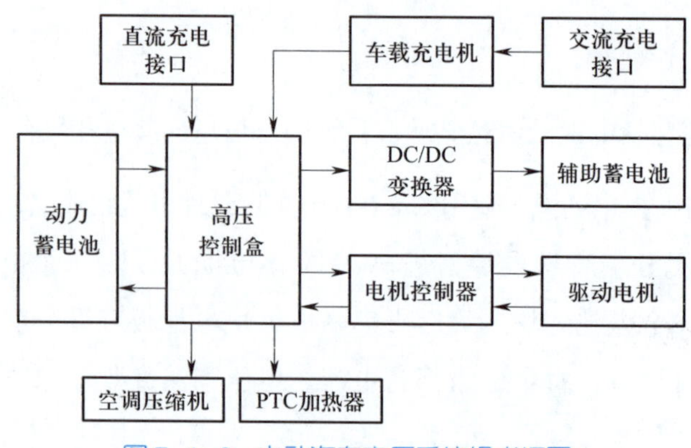

图 7–1–6　电动汽车高压系统组成框图

1）动力蓄电池为车辆提供高压电能，充电时储存电能，如图 7–1–7 所示。

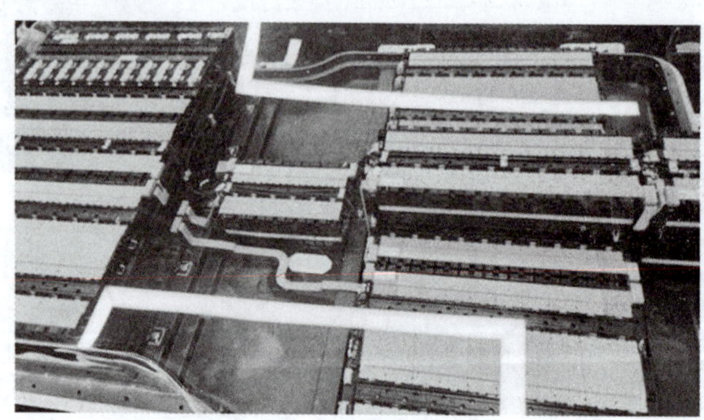

图 7–1–7　动力蓄电池组

2）高压控制盒（PDU，也称高压配电箱）为高压系统中各个零部件进行电能分配。图 7–1–8 所示为三合一高压电控总成（包含高压分配器、DC/DC 变换器、电机控制器等）。

3）驱动电机将电能转换成机械能，为车辆行驶提供驱动力（见图 7–1–9）。

图 7-1-8 三合一高压电控总成

4）电机控制器控制动力电源与驱动电机之间的能量传输（见图 7-1-10）。

图 7-1-9 驱动电机

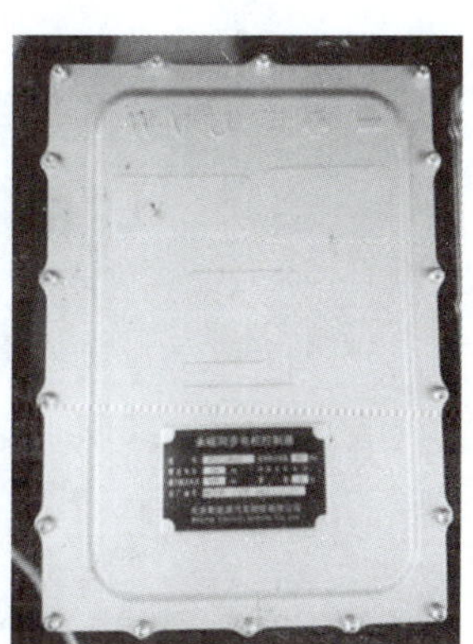
图 7-1-10 电机控制器

5）空调压缩机为空调制冷循环提供动力（见图 7-1-11）。

6）PTC 加热器为空调加热系统提供热能（见图 7-1-12）。

图 7-1-11 空调压缩机

图 7-1-12 PTC 加热器

7）车载充电机（OBC）将220 V交流电转换成直流电，为动力蓄电池补充电能（见图7-1-13）。

8）交流充电接口。输入高压交流电，经交流充电接口转化为高压直流电后，再经PDU为动力蓄电池充电（见图7-1-14）。

9）直流充电接口。输入高压直流电，经直流充电接口直接为动力蓄电池充电（见图7-1-14）。

10）DC/DC变换器将动力蓄电池输出的高压直流电转换为低压直流电，为车辆低压电路提供电源（见图7-1-15）。

图7-1-13 车载充电机（OBC）

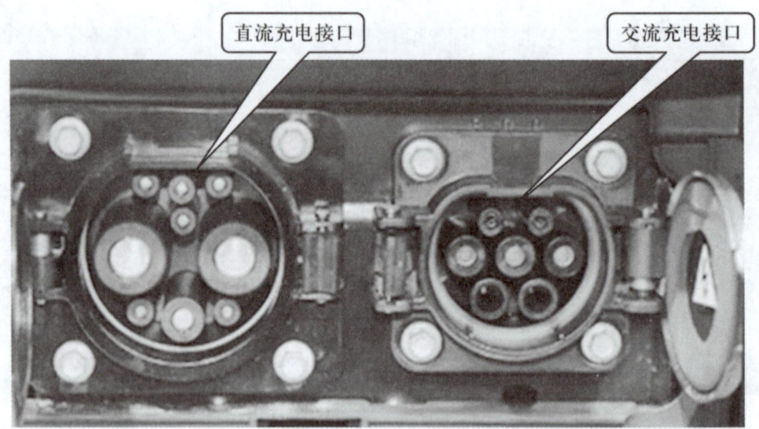

图7-1-14 交流充电接口和直流充电接口

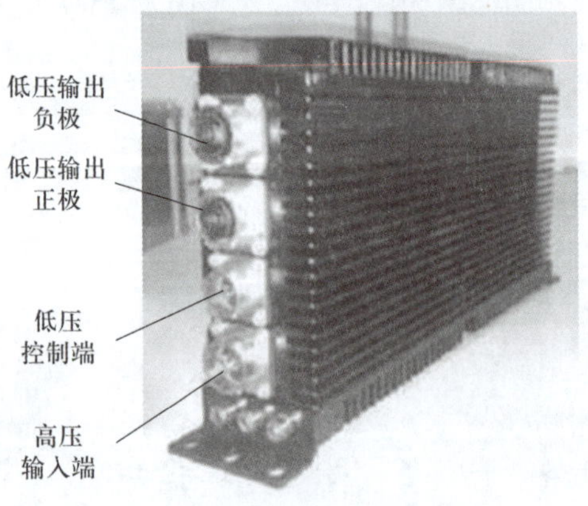

图7-1-15 DC/DC变换器

（2）低压系统

电动汽车低压系统是指由 12 V 或 24 V 低压直流电源供电的零部件系统。一方面为灯光、仪表、车身附件等常规低压电器供电；另一方面为整车控制器、高压电气设备的控制电路和辅助部件供电。

电动汽车与燃油汽车的低压系统相比，主要区别在于燃油汽车的辅助蓄电池是由与发动机相连的发电机充电，而电动汽车的辅助蓄电池则是由动力蓄电池通过 DC/DC 变换器充电（见图 7–1–16）。

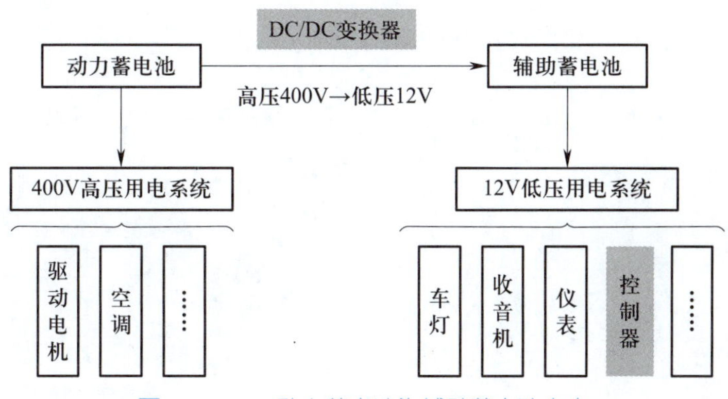

图 7–1–16 动力蓄电池为辅助蓄电池充电

三、纯电动汽车驱动电机系统

纯电动汽车驱动电机系统主要由驱动电机和电机控制器组成，由于电动汽车的驱动电机与常规的工业驱动电机不同，工业驱动电机通常优化在额定的工作点，而电动汽车的驱动电机必须适应一系列的特殊要求，如频繁的起动、停车、加速、减速，低速或者爬坡时要求高转矩，并要求变速范围大等。

电动汽车所使用的电动机主要有直流电动机、永磁无刷直流电动机、开关磁阻电动机、异步电动机、永磁同步电动机等。

1. 直流电动机

根据磁场来源不同，直流电动机分为永磁式和绕组励磁式两类。永磁式直流电动机按有无换向电刷，又分为有刷和无刷两种。绕组励磁式直流电动机按励磁方式不同，又分为他励式、并励式、串励式、复励式四种。

电动汽车所使用的直流电动机主要是他励式直流电动机（包括永磁式直流电动

机）串励式直流电动机、复励式直流电动机三种。例如，小功率（100 W ~ 10 kW）永磁式有刷直流电动机可用于电动叉车、休闲用电动汽车或电动自行车；中等功率（10 kW ~ 100 kW）他励、复励或串励式直流电动机可用于结构简单、转矩要求较大的电动货车；大功率（大于 100 kW）串励式直流电动机可用于要求低速、大转矩的专用电动汽车，如电动矿石搬运车、电动玻璃搬运车等。

2. 永磁无刷直流电动机

永磁无刷直流电动机用电子换向装置取代了有刷直流电动机的机械换向装置（见图 7–1–17），克服了有刷直流电动机机械换向带来的一系列缺点，是最理想的调速电动机之一，在电动汽车上得到了广泛的应用。

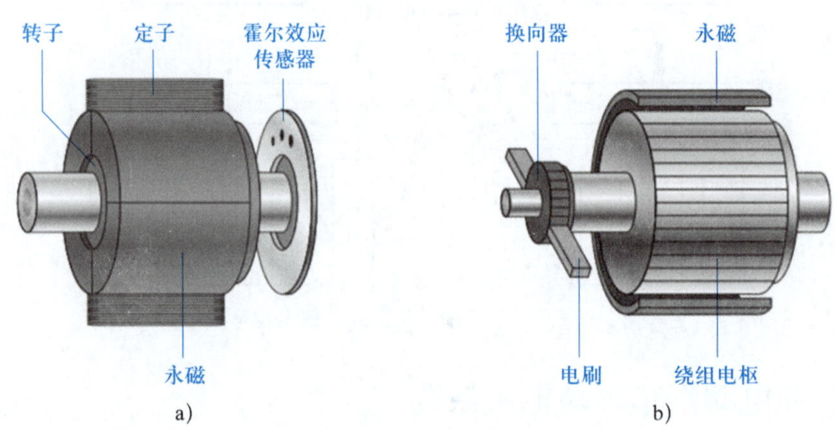

图 7–1–17　永磁无刷直流电动机和永磁有刷直流电动机的比较

a）无刷电动机　b）有刷电动机

（1）永磁无刷直流电动机的结构

图 7–1–18a 所示为三相无刷直流电动机，定子是电动机的静止部分，主要由定子铁芯和绕组线圈组成，转子由高磁能永磁材料制成。为了减小电动机转子的转矩脉动，通常将定子相数和转子磁极数同步加倍，如图 7–1–18b 所示，A_1X_1 和 A_2X_2 串联构成 A 相，这样在通电时会同时产生磁通，使转矩脉动减小。

（2）永磁无刷直流电动机的工作原理

永磁无刷直流电动机的驱动系统主要由电动机本体、电子换向器和转子位置传感器三部分组成，如图 7–1–19 所示。

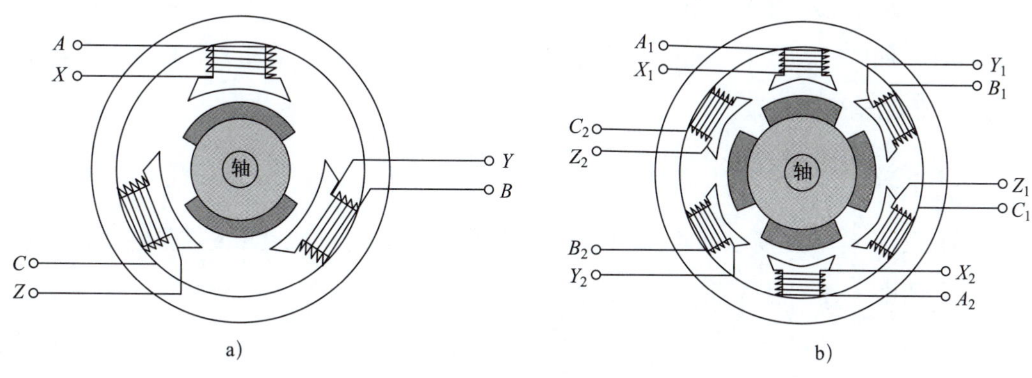

图 7-1-18　三相无刷直流电动机

a）简单型　b）改进型

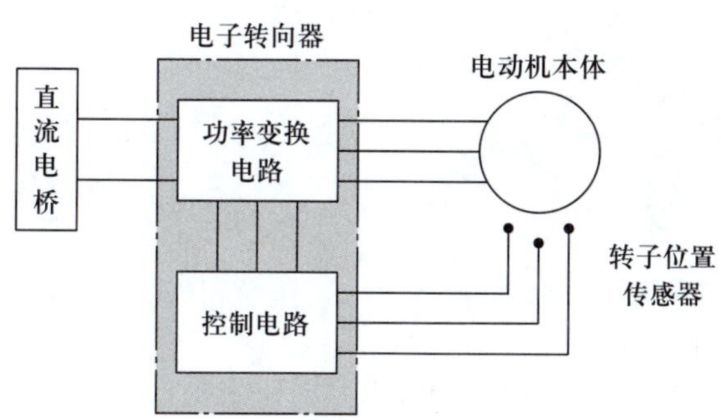

图 7-1-19　永磁无刷直流电动机的驱动系统

永磁无刷直流电动机的工作原理与有刷直流电动机基本相同，它利用电动机转子位置传感器输出信号，再由控制电路驱动功率变换电路中的逆变器（将直流电变换为交流电），按一定顺序给各相绕组轮流通电，在定子上产生旋转磁场，从而使转子旋转。

定子绕组输入电流的频率和电动机转速始终保持同步，根据输入电流波形的不同，永磁无刷直流电动机可以分为具有直流电动机特性的矩形波同步电动机和具有交流电动机特性的正弦波同步电动机。

3. 开关磁阻电动机

（1）开关磁阻电动机的结构

开关磁阻电动机主要由双凸极的定子和转子组成，如图 7-1-20 所示。定子和转子的极数并不相等。定子极上绕有集中绕组，把径向相对的两个绕组串联成为“一相”；转子既无绕组，又无永磁体，仅由硅钢片叠成。

开关磁阻电动机有多种不同的相数结构，如单相、两相、四相等，且定子和转子的极数有多种搭配。低于三相的开关磁阻电动机一般没有自起动能力。相数多则转矩脉动小，但结构更为复杂。

（2）开关磁阻电动机的工作原理

下面以图 7–1–21 所示四相 8/6 极开关磁阻电动机为例，介绍开关磁阻电动机的工作原理。图中，S1、S2 为电子开关。

图 7–1–20　开关磁阻电动机的结构

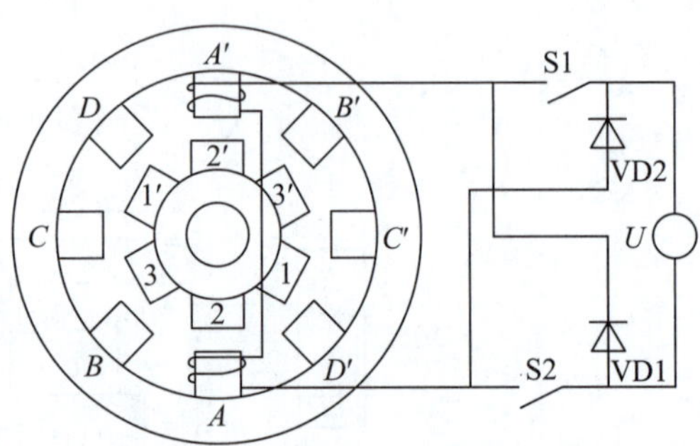

图 7–1–21　四相 8/6 极开关磁阻电动机

当转子磁极中心线与定子磁极中心线重合时，磁阻最小。根据“磁阻最小原理”，即“磁通总要沿着磁阻最小的路径闭合”，设 *D*–*D*′ 极励磁，并按 *D*–*A*–*B*–*C* 顺序通电，则所产生的磁力应使转子磁极中心线 1–1′ 旋转到与定子磁极中心线 *D*–*D*′ 重合的位置，连续通电，转子便按逆时针方向连续旋转。若通电顺序改为 *B*–*A*–*D*–*C*，转子便按顺时针方向旋转。

开关磁阻电动机驱动系统由开关磁阻电动机本体和控制系统两部分组成，而控制系统主要由功率变换器、电流检测器、位置检测器、控制器等组成，如图 7–1–22 所示。

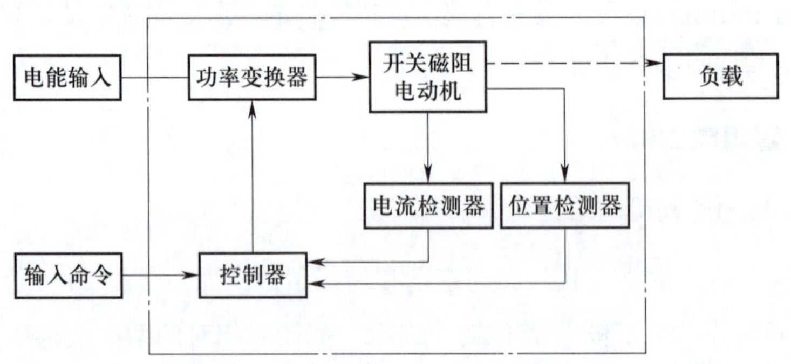

图 7–1–22　开关磁阻电动机驱动系统

4. 异步电动机

异步电动机是由定子旋转磁场与转子感应电流相互作用产生电磁转矩，从而将电能转换为机械能的一种交流电动机。

异步电动机按转子结构来分，有笼型和绕线型；按定子绕组相数来分，有单相、三相等。在电动汽车中，主要使用三相笼型异步电动机。

（1）三相笼型异步电动机的结构

如图 7-1-23 所示，三相笼型异步电动机主要由定子和转子两部分组成。

定子是电动机的静止部分，包括机座、定子铁芯和定子绕组。转子是电动机的旋转部分，笼型转子就是在铁芯两端用导电的端环将槽孔内的铜条连接起来形成回路，如果去掉转子铁芯，转子的结构成笼型，其名称即由此而来。

定子的作用是产生旋转磁场，转子的作用是产生电磁转矩。

（2）三相笼型异步电动机的工作原理

三个对称绕组互成 120°嵌入铁芯槽中，并以星形连接，当通入三相交流电时，在三个绕组中会产生同样按正弦规律变化的旋转磁场（设转速为 n_o）。由于转子绕组是闭合的，因此转子绕组中便有感应电流流过，绕组中的感应电流同时又受到旋转磁场的作用从而产生电磁转矩，于是转子就沿着旋转磁场的方向旋转起来（设转速为 n_o），如图 7-1-24 所示。

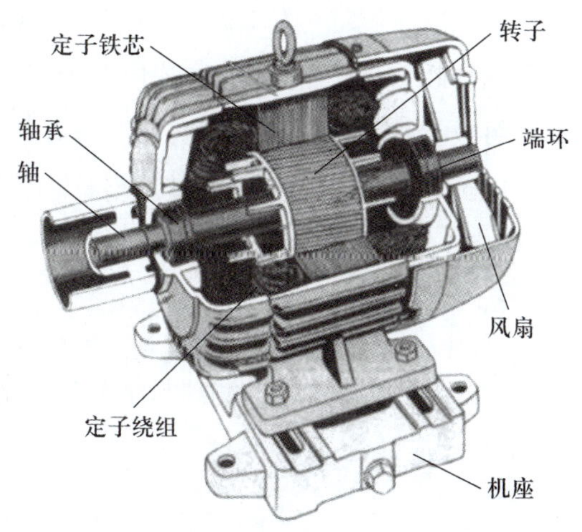

图 7-1-23 三相笼型异步电动机的结构

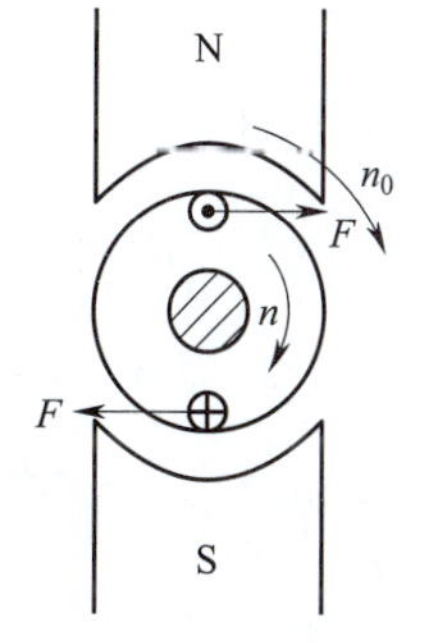

图 7-1-24 笼型转子转动原理

异步电动机的转速 n 必定小于旋转磁场转速 n_0（又称同步转速），如果 $n=n_0$，则转子和磁场之间没有相对运动，转子中无感应电流，不能产生电磁转矩，电动机就不能转动。

由此可见，$n<n_0$ 是异步电动机工作的必要条件，所以称其为异步电动机。又由于这类电动机的转子电流是由电磁感应产生的，故又称其为感应电动机。

若交流电频率为 f，则旋转磁场转速 $n_0=60f$（r/min）。如果旋转磁场有两对磁极，当电流变化一周时，磁场只转过半周。以此类推，当旋转磁场具有 P 对磁极时，磁场的转速为

$$n_0=\frac{60f}{p}$$

旋转磁场转速 n_0 与 n 之差称为转差，转差 Δn 与旋转磁场转速 n_0 之比称为转差率，用 S 表示，即

$$S=\frac{\Delta n}{n_0}=\frac{n_0-n}{n_0}\times 100\%$$

电动机转速的计算式为

$$n=(1-S)\,n_0$$

由以上分析可知，对于笼型交流异步电动机，通过改变定子绕组极对数或改变定子电源频率都可以达到调速的目的。

5. 电机控制器

电机控制器是控制动力电源与驱动电机之间能量传输的装置，主要由电子控制模块、驱动模块、功率变换模块和各种传感器组成。其功能是从动力蓄电池获得电能，经逆变器调制后，提供给驱动电机所需要的电压和电流，满足车辆对转速和转矩等在各种工况下的要求。

（1）电子控制模块

电子控制模块对电机电流、电压、转速、温度等状态进行监测，与整车各控制单元交互传输信息，根据不同电机的控制要求进行相应的计算。

（2）驱动模块

驱动模块将微处理器输出的控制信号转换为驱动电源变换器的信号。

（3）功率变换模块

功率变换模块对电机电流进行控制，常用功率器件有大功率晶体管、门极可关断晶体管、功率场效应管、绝缘栅双极型晶体管（IGBT）以及智能功率模块等。

（4）传感器

传感器包括电流传感器、电压传感器、温度传感器和位置传感器等。

§7-2　电源变换器

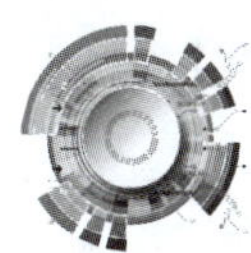

学习目标

1. 了解电动汽车中电源变换器的类型。
2. 掌握 DC/DC 变换器的组成和脉宽调制原理。
3. 掌握 DC/AC 变换器的组成和工作原理。

电动汽车电气系统包含许多不同的功能块，每个功能块对电源的功率等级、电压高低、电流大小等要求不尽相同，为了满足这些要求，电动汽车中必须使用各种电源变换器，包括直流 / 直流（DC/DC）变换器、直流 / 交流（DC/AC）变换器和交流 / 直流（AC/DC）变换器。其中，AC/DC 变换器已在本书前面章节中讲解，本节重点介绍前两种变换器。

一、直流 / 直流（DC/DC）变换器

DC/DC 变换器的作用是将动力蓄电池的高压直流电转换为低压直流电，为车辆低压电路提供电源。由于电动汽车无燃油发动机，无法利用交流发电机供电，所以大功率 DC/DC 变换器是必不可少的设备。下面以图 7-2-1 所示电路为例，讲解 DC/DC 变换器的工作原理。

1. 降压型 DC/DC 变换器

开关调整管（简称开关管）V1 与负载 RL 串联，对输出直流电压起稳定和调节作用。基准电压电路提供稳定的基准电压 U_R，IC1 对取样电压 u_F 与基准电压 U_R 的差值进行放大，其输出电压 u_A 送到电压比较器 IC2 的同相输入端。振荡器产生一个频率固定的三角波 u_T，它决定了电源的开关频率。u_T 送到电压比较器 IC2 的反相输入端，

与 u_A 进行比较。当 $u_A > u_T$ 时，IC2 输出电压 u_B 为高电平，开关管 V1 饱和导通；当 $u_A < u_T$ 时，输出电压 u_B 为低电平，开关管 V1 截止。u_A、u_T 和 u_B 的波形如图 7-2-2a、b 所示。

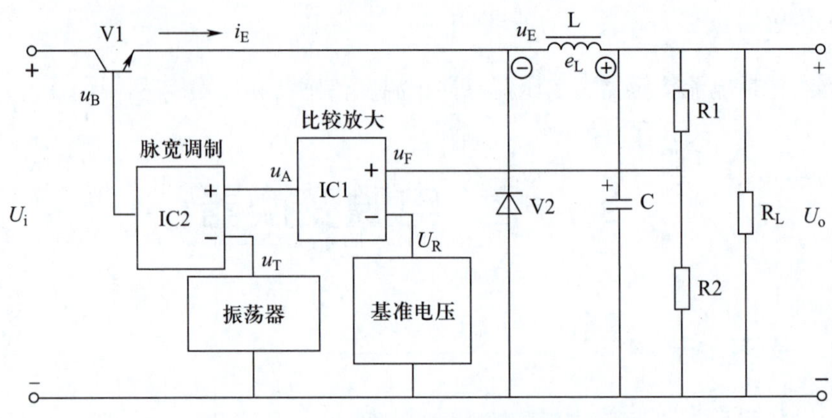

图 7-2-1　降压型 DC/DC 变换器组成框图

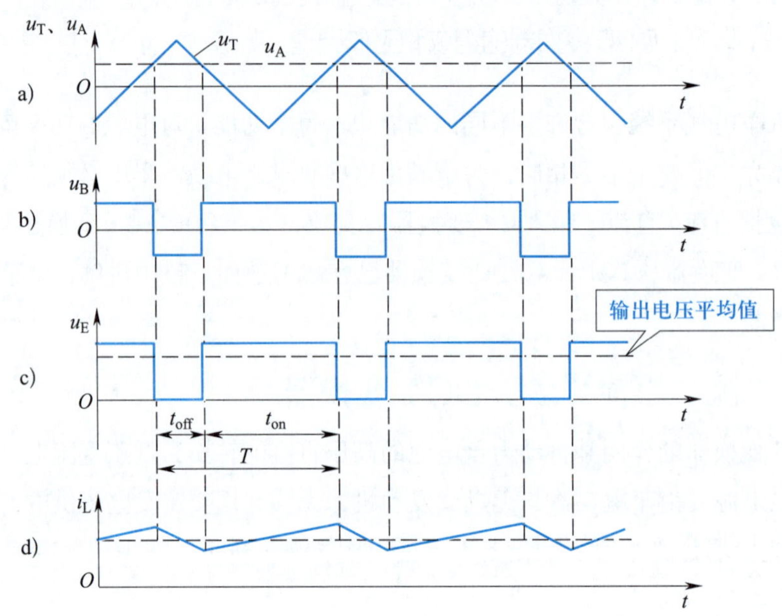

图 7-2-2　工作波形图

设开关管的导通时间为 t_{on}，截止时间为 t_{off}（见图 7-2-2c），脉冲波形的占空比定义为

$$q = \frac{t_{on}}{T} = \frac{t_{on}}{t_{on} + t_{off}}$$

当开关管饱和导通时，忽略饱和压降，$u_E \approx U_i$，则输出电压平均值为

$$U_o = qU_i$$

电路采取 LC 滤波，V2 为续流二极管。当开关管 V1 导通时，二极管 V2 截止；当 V1 截止时，电感 L 的自感电动势 e_L 极性如图 7–2–2c 所示。自感电动势 e_L 加在 RL 和 V2 的回路上，二极管 V2 导通（电容 C 同时放电），负载 RL 中继续保持原方向电流。续流滤波波形如图 7–2–2d 所示。

假设输出电压 U_o 升高，取样电压同时增大，比较放大器 IC1 输出电压 u_A 下降，开关管 V1 导通时间 t_{on} 减小，占空比 q 减小，输出电压 U_o 随之减小，结果使 U_o 基本不变。调节过程可用下式表示

$$U_o\uparrow \rightarrow U_P\uparrow \rightarrow U_A\uparrow \rightarrow U_B\uparrow \rightarrow q\downarrow \rightarrow U_o\downarrow$$

以上控制过程是在保持开关管开关周期 T 不变的情况下，通过改变其导通时间 t_{on} 来调节脉冲占空比，调整输出电压的平均值，从而实现 DC/DC 变换，这种开关控制方式称为脉宽调制（PWM），其简化电路如图 7–2–3 所示。

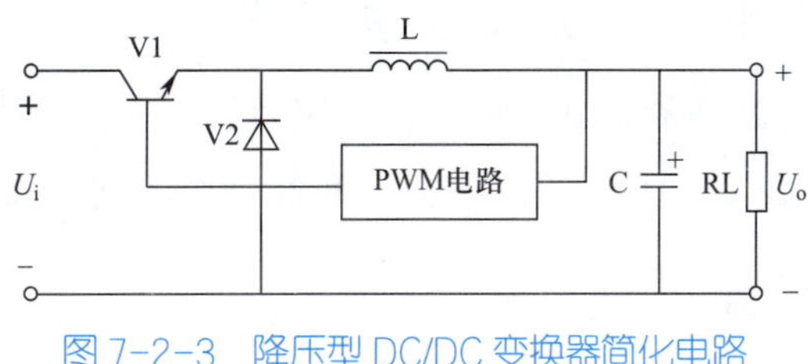

图 7–2–3 降压型 DC/DC 变换器简化电路

串联型 DC/DC 变换器的输出电压总是小于输入电压，所以又称其为降压型 DC/DC 变换器。

2. 升压型 DC/DC 变换器

升压型 DC/DC 变换器简化电路如图 7–2–4a 所示，开关管 V1 与负载 RL 并联。

当 PWM 电路输出高电平时，开关管 V1 饱和导通，集电极电位近似为零，电感 L 储能，续流二极管 V2 截止，电容 C 对负载 RL 放电，等效电路如图 7–2–4b 所示。

当 PWM 电路输出低电平时，开关管 V1 截止，电感 L 产生自感电动势，与输入电压 U_i 相加后通过二极管 V2 对电容 C 充电，等效电路如图 7–2–4c 所示。

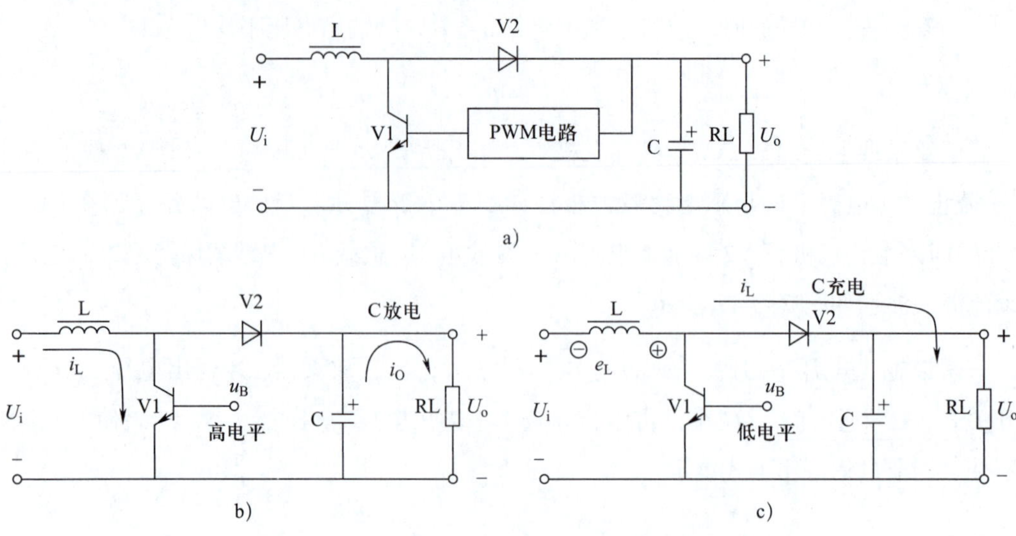

图 7-2-4　升压型 DC/DC 变换器简化电路

a）简化电路　b）开关管饱和导通时的等效电路　c）开关管截止时的等效电路

并联型 DC/DC 变换器的输出电压总是大于输入电压，所以又称其为升压型 DC/DC 变换器。电感越大，储能时间越长，输出电压就越大于输入电压。电容越大，则输出电压的脉动越小。

二、直流 / 交流（DC/AC）变换器

DC/AC 变换器也称逆变器，其作用是把固定直流电变换为固定或可调的交流电。使用交流电动机或无刷电动机的电动汽车必须配置 DC/AC 变换器。

1.“逆变”控制原理

图 7–2–5 所示为电动汽车“逆变”控制原理图。V1 ~ V6 共 6 只功率场效应管作为开关管构成逆变整流电路，控制三相绕组 U、V、W 的通电状态。由霍尔传感器采集的转子位置信号，经整形放大后输入数字信号处理器（DSP），形成六路脉宽调制脉冲波，脉冲波经隔离电路和反向驱动电路放大后，接入开关管 V1 ~ V6 的控制栅极，按一定顺序给各相绕组轮流通电。

2. 绕组通电模式

绕组通电模式有“两两导通”和“三三导通”两种。

图 7–2–6 所示为定子绕组“两两导通”工作原理图，开关管“两两导通”工作状态如图 7–2–7 所示。

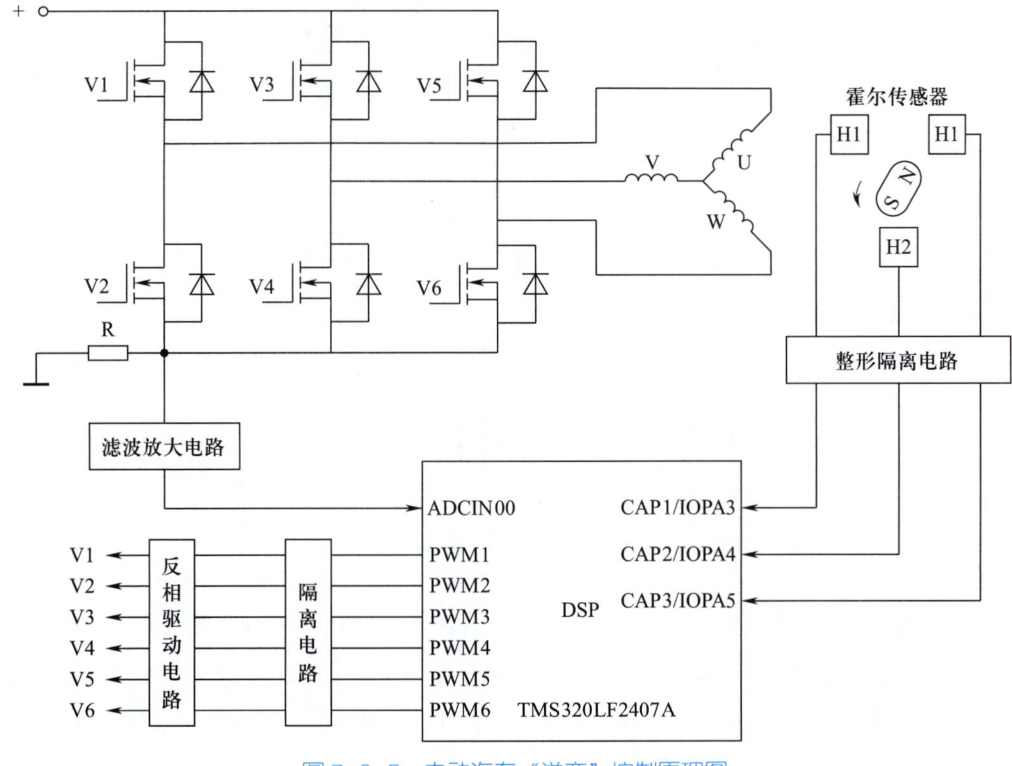

图 7-2-5　电动汽车“逆变”控制原理图

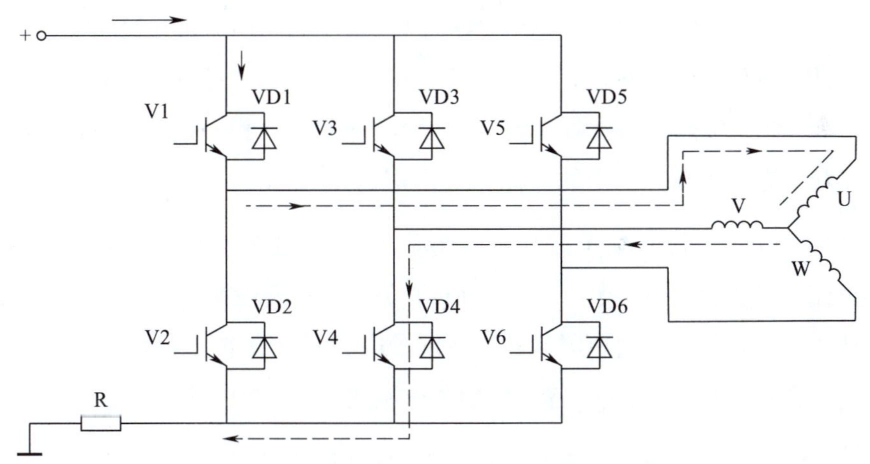

图 7-2-6　定子绕组“两两导通”工作原理图

以电动机转子在 0° 为始点。先让 V1 导通 120°，这期间 V4 先导通 60°，V4 的电流路径为：蓄电池正极→V1→U 相→V 相→V4→蓄电池负极。控制 V4 截止，再控制 V6 导通 60°，V6 的电流路径为：蓄电池正极→V1→U 相→W 相→V6→蓄电池负极。电动机转动 120°，距始点 120°。

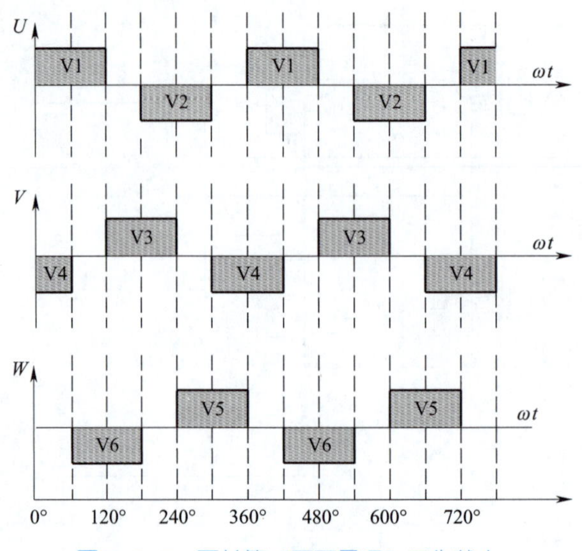

图 7-2-7 开关管“两两导通”工作状态

以电动机转子在 120°为始点。让 V3 导通 120°，这期间 V6 先导通 60°，电流路径为：蓄电池正极→V3→V 相→W 相→V6→蓄电池负极。控制 V6 截止，再控制 V2 导通 60°，电流路径为：蓄电池正极→V3→V 相→U 相→V2→蓄电池负极。电动机转动 120°，距始点 240°。

以电机转子在 240°为始点。让 V5 导通 120°，这期间 V2 先导通 60°，V2 的电流路径为：蓄电池正极→V5→W 相→U 相→V2→蓄电池负极。控制 V2 截止，再控制 V4 导通 60°，V4 的电流路径为：蓄电池正极→V5→W 相→V 相→V4→蓄电池负极。电动机转动 120°，距始点 360°。至此，转子旋转一周。

在理想情况下，每一瞬间有 2 只（不同相上、下臂各一只）开关管导通，两相绕组有电流。开关管每 60°换相一次，每只开关管在运行周期内导通 120°，所以也称 120°导通模式。开关管的通电时间越长，定子绕组的电流越大，产生的转矩也越大；反之，开关管的通电时间越短，定子绕组的电流就小，产生的转矩也越小。

“三三导通”模式，也称 180°导通模式，在理想情况下，每一瞬间有 3 只开关管导通，三相绕组都有电流。开关管每 60°换相一次，每只开关管在运行周期内导通 180°。与“两两导通”模式相比，“三三导通”模式提高了绕组的利用率，减小了转矩脉动，增大了电动机输出功率，“三三导通”模式有时会出现同一相上、下臂两只开关管同时导通的现象，容易损坏开关管，所以目前无刷直流电动机主要采用“两两导通”的控制模式。

§7-3　汽车中的电力电子器件

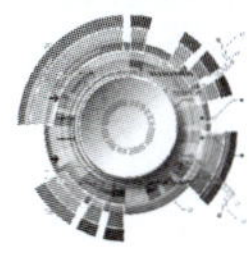

学习目标

1. 了解电力电子器件的特点和类型。
2. 掌握绝缘栅双极型晶体管的功能和应用。
3. 掌握智能功率模块的功能和应用。

电力电子器件又称功率半导体器件，是指可以直接用于处理电能的主电路中，实现电能的变换与控制的电子器件（通常其电流为数十至数千安，电压为数百伏以上）。在电动汽车中使用的电力电子器件主要有电力晶体管、电力场效应管、绝缘栅双极型晶体管、智能功率模块等。

一、电力晶体管（GTR）

在电力晶体管中，空穴和电子两种载流子都参与导电，故又称双极型电力晶体管。大功率电力晶体管如图 7-3-1 所示。电力晶体管的电流放大倍数和穿透电流都比小功率晶体管小得多，热稳定性好。在电路中工作于开关状态，虽然传输功率大，但自身损耗小。

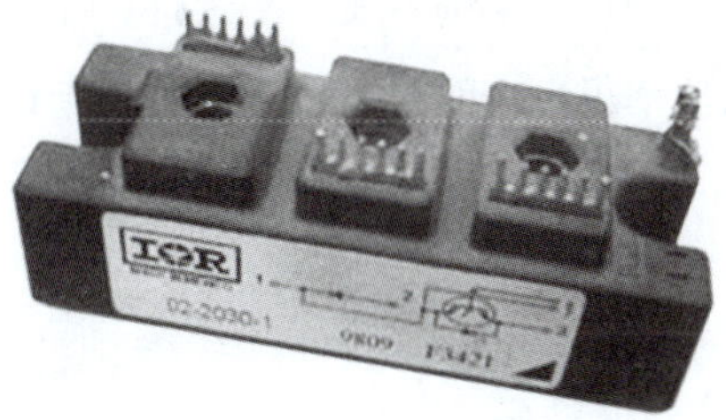

图 7-3-1　大功率电力晶体管

电力晶体管也有 NPN 和 PNP 两种结构，在同样条件下，NPN 型晶体管比 PNP 型晶体管的性能更为优越，所以在电力电子设备中，NPN 结构的电力晶体管应用更为广泛。

二、电力场效应管（MOSFET）

电力场效应管只有一种极性的载流子（多数载流子）参与导电，故又称单极型电力晶体管。与小功率场效应管类似，它也分绝缘栅型和结型两大类，其中绝缘栅型由于制造工艺简单，便于实现集成化，应用更为广泛。绝缘栅型场效应管（MOSFET）也有 N 沟道和 P 沟道两类，每一类又可分增强型和耗尽型两种，因此，共有四种类型，其图形符号见表 7-3-1。

表 7-3-1　　　　绝缘栅型场效应管（MOSFET）的图形符号

N 沟道		P 沟道	
耗尽型	增强型	耗尽型	增强型
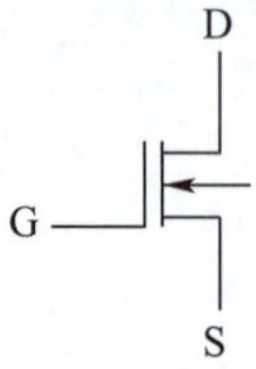 D G S	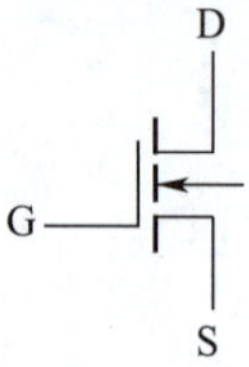 D G S	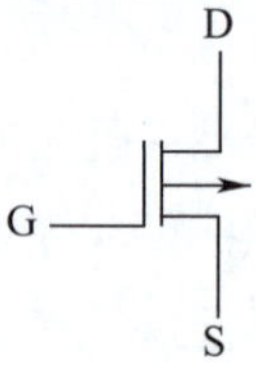 D G S	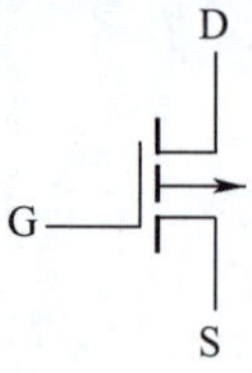 D G S

场效应管的 3 个引脚分别为源极（S）、栅极（G）和漏极（D），分别对应于三极管的发射极、基极和集电极。D 极和 S 极之间为三段断续线表示增强型，为连续线表示耗尽型。一般来说，耗尽型场效应管多用于放大，增强型场效应管多用于开关。与普通晶体管相比，场效应管具有以下特点。

1. 场效应管是电压控制器件（用栅极电压控制漏极电流），输入电阻极高，驱动功率很小；而普通晶体管是电流控制器件，输入电阻低，驱动功率大。

2. 开关速度快，工作频率高。

3. 因为少数载流子不参与导电，其热稳定性优于双极型电力晶体管。

但由于电力场效应管电流容量小、导通压降大、耐压低，所以只适用于小功率电力电子装置。

三、绝缘栅双极型晶体管（IGBT）

1. 绝缘栅双极型晶体管的结构和特性

绝缘栅双极型晶体管（IGBT）是一种典型的双极复合型功率器件。它将单极型绝缘栅电力场效应管（MOSFET）和双极型电力晶体管（GTR）集成在同一个芯片中，兼有 MOSFET 的驱动功率小、开关速度快、热稳定性好和 GTR 的低饱和电压、大电流等优点，被广泛应用于工业控制、电力电子等领域（如调速、变频电源等）。

绝缘栅双极型晶体管（IGBT）的等效电路、图形符号和输出特性见表 7-3-2。

表 7-3-2 绝缘栅双极型晶体管（IGBT）的等效电路、图形符号和输出特性

等效电路	图形符号	输出特性
C G E	C G E	i_C u_G O u_{CE}

一单元 IGBT 由一只 MOSFET 和一只 PNP 晶体管构成，栅极加正向电压后，MOSFET 导通，从而给 PNP 晶体管提供基极电流使其导通；栅极加反向电压，则 MOSFET 关断，PNP 晶体管截止。IGBT 导通后的饱和压降比 MOSFET 低，且随栅极电压的增加而降低。目前，IGBT 的电压、电流等级已接近电力晶体管的水平，并已实现模块化，封装后的 IGBT 模块可直接应用于可控整流、逆变及变频器等设备。

一单元、两单元、六单元 IGBT 的结构如图 7-3-2 所示。

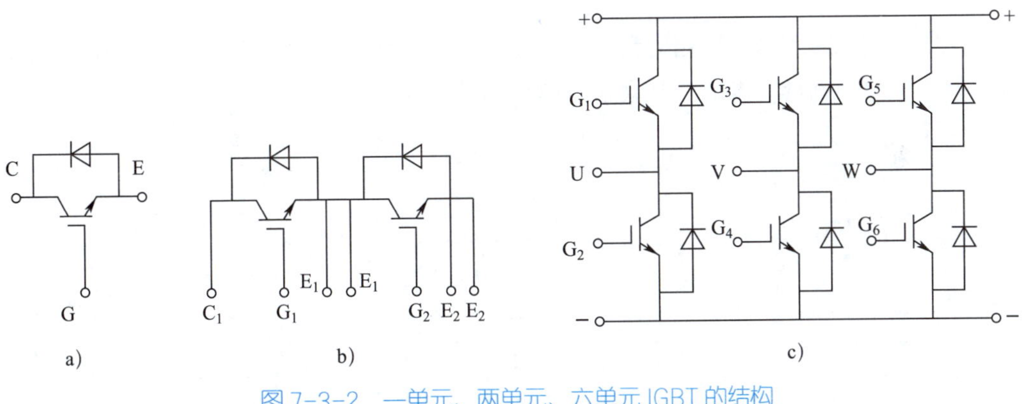

图 7-3-2 一单元、两单元、六单元 IGBT 的结构

a）一单元 b）两单元 c）六单元

图 7-3-3 所示为两单元 IGBT 模块实物图和接线图，模块内部有两个 IGBT 功率开关管。

2. IGBT 在变频器中的应用

变频器是通过改变电动机工作电源频率来控制交流电动机的电力控制设备，如图 7-3-4 所示。

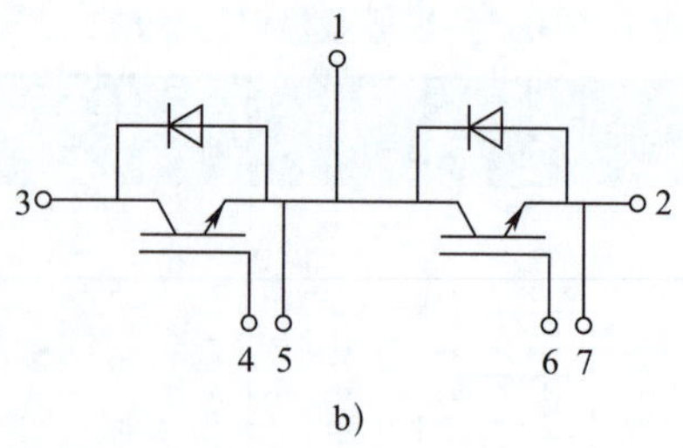

图 7-3-3　两单元 IGBT 模块实物图和接线图

a）IGBT 实物图　b）IGBT 接线图

图 7-3-4　变频器

变频器有交 - 交变频器和交 - 直 - 交变频器两种，下面以汽车中最常用的交 - 直 - 交变频器为例进行讲解，其基本电路如图 7-3-5 所示。

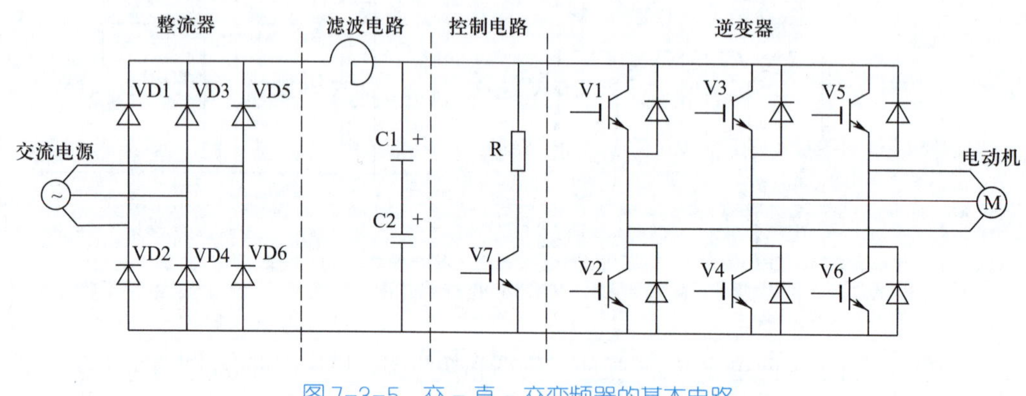

图 7-3-5　交 - 直 - 交变频器的基本电路

该变频器电路由整流器、滤波电路、逆变器和控制电路四部分组成。

（1）整流器

采用功率二极管模块作为整流器件，组成三相桥式全控整流器，将三相交流电变换为直流电。

（2）逆变器

采用6个大功率开关器件组成三相桥式逆变电路（简称逆变桥），采用脉宽调制技术，通过有规律地控制逆变器中主开关器件的通断，即可得到任意频率和电压的交流电输出。大功率开关器件可采用电力晶体管、可关断晶闸管、电力场效应管、绝缘栅双极型晶体管（IGBT）等，目前大都采用IGBT功率模块。

（3）滤波电路

采用电容器或电抗器对整流后的电压或电流进行滤波。若采用电容器滤波，则称为电压型逆变电路；若采用电感器滤波，则称为电流型逆变电路。

（4）控制电路

现代的变频器采用微型计算机，实现对逆变器输出电压的脉宽调制及各种保护功能，简化了控制电路的硬件电路，充分利用软件的灵活性，极大地提高了变频器的性能，使变频器的应用更为广泛。

3. IGBT的使用注意事项

IGBT是变频器中的核心部件，也是最容易损坏的部件。因静电导致栅极击穿是其失效的主要原因。使用中应注意以下几点。

（1）尽量不要用手触摸模块的驱动端，当必须触摸时，要先将人体或衣服上的静电通过电阻接地放电后再接触。

（2）采用双绞线传送栅极驱动信号，减小寄生电感，防止过高的感应电压。

（3）在安装或更换IGBT模块时，应尽量在底板良好接地的情况下操作，充分重视IGBT模块与散热片的接触面状态和拧紧程度，在IGBT模块与散热片之间应有充足的导热硅脂。

为了避免影响检测的准确度，检测前先将IGBT模块的3只引脚短路放电，然后再开始检测。

实训任务 16

用万用表检测 IGBT

一、实训目的

掌握使用万用表检测 IGBT 的方法。

二、实训器材

指针式万用表 1 只，绝缘栅双极型晶体管 IGBT 2 只（好、坏各 1 只）。

三、实训步骤

1. 判断极性

将万用表置于 R×1 kΩ 挡，若测得某一极与其他两极的阻值为无穷大，调换红、黑表笔后，该极与其他两极的阻值仍为无穷大，则判断此极为栅极（G）。再用万用表测量其余两极，若测得的阻值为无穷大，调换红、黑表笔后测得的阻值较小，则在测得阻值较小的一次中，红表笔所接引脚为集电极（C），黑表笔所接引脚为发射极（E）。

提示：也可以用数字式万用表二极管挡测量 PN 结正向电压进行判断。

2. 判断好坏

将万用表置于 R×1 kΩ 挡，用两支表笔正反测量 G、E 两极及 G、C 两极的正反向电阻，对于正常的无阻尼二极管的 IGBT，所测值均为无穷大；对于正常的内含阻尼二极管的 IGBT，则有 4 kΩ 的正向电阻。

用红表笔接集电极（C），黑表笔接发射极（E），若所测值在 3.5 kΩ 左右，则所测管为内含阻尼二极管的 IGBT；若所测值在 50 kΩ 左右，则所测管为不含阻尼二极管的 IGBT。

说明：若用数字式万用表测量，在正常情况下，IGBT 管的 C、E 极之间的正向电压约为 0.5 V。

若测得 3 个引脚间电阻均为无穷大，则说明该管已开路损坏；若测得 3 个引脚间电阻均很小，则说明该管已击穿损坏。在维修时，IGBT 多为击穿损坏。